재미있는 우리말 아름다운 우리말

우리말의 쓰임새

신기상 지음

북스힐

머 리 말

언어의 모습은 참으로 다양하고, 다양한 방향으로 변한다. 말의 모양은 바라보는 방향에 따라 여러 모양을 지녔다. 완벽해 보이는가 하면 한없이 불완전한 것이 말이다. 우리말도 분명 그렇다. 그래서 우리말을 파고들면 재미있는 부분도 많고 애정을 가지고 뒤적이면 정답고 아름답기도 하다.

우리말에서 표준어만이 소중한 것은 아니다. 점잖은 말만이 귀한 것이 아니다. 한국인 어느 누구도 표준어만을 사용하지는 않으며 점잖은 말만을 쓰지도 않는다. 때로는 사투리가 더 정확하고 적절한 표현이기도 하며, 때로는 거친 표현이 제 감정을 가장 잘 나타내 주기도 한다. 이 책은 표준어 교육, 맞춤법 교육의 차원에서 쓴 것이 아니다. 있는 그대로의 우리말의 참 모습을 그려 보려고 하였다.

우리말은 배달말인 고유어만으로 되어 있지는 않다. 배달말에 한자어가 많이 유입되었고, 일찍부터 인도어, 만주어, 몽고어가 들어 왔으며, 근세에 일본어가 들어왔는가 하면 지금은 영어를 비롯한 서구 외래어가 정신 못 차리게 들어오고 있다. 그런데 그렇게 밀려들어온 그 말들의 쓰임은 극히 일부를 제외하고는 우리 배달말에 용해되어 우리말의 특성이 그대로 적용되고 있다. 따라서 여기서는 배달말만이 아니고 우리 말 속에 들어와 우리말을 풍성하게 하고 있는 한자어와 외래어도 모두 관심의 대상이다.

'넉넉한 보기, 간결한 설명'의 체계를 취하였다. 곧, 빈약한 보기로 구구한 설명을 하기보다는 설명은 간결하게 하였으되 넉넉한 보기로 귀납할 수 있도록 하였다. 그것이 더 이해하기 쉽고 자료의 활용에도 도움이 되리라는 생각에서다.

언어학이나 국어학의 전문용어, 학술용어는 되도록 쓰지 않기로 하고 그러면서도 우리말의 특성을 드러내려고 하였다.

언어는 사회의 산물이다. 방송을 듣다가도 얻은 자료가 있고, 지하철 광고 속에서도 재미난 자료가 눈에 띄기도 하였다. 국어와 관련된 기사(記事)가 보이면 그것도 오려 여기에 <참고>로 실었다.

국어학의 분야는 넓고 할 일도 많아 실용적인 분야라 해도 어느 누구 한두 사람이 모든 영역을 두루 연구할 수 있는 것이 아니다. 여기에 엮은 내용은 많은 분들의 여러 영역에 걸친 연구업적 중에서 찾아내어 실은 것도 많다. 많은 연구자를 일일이 밝히지 못함을 죄송하게 생각한다.

이 책은 문학작품 창작을 공부하는 학생들에게 국어를 강의하면서 우리말의 온갖 것을 두루 살피면서 얻은 우리말의 여러 모습들에 대해 집필한 것이다. 아마도 필자와 비슷한 흥미를 가진 분들이 많으리라 생각한다. 그런 분들과 함께 대화를 나누듯 이 책을 나누고 싶다.

끝으로 불황에도 선뜻 출판을 맡아 주신 북스힐 조승식 사장님께 감사드리며, 어지러운 원고를 잘 다듬어 주신 편집부 박지혜 님께도 감사드린다.

2008년 8월 11일

지은이 신 기 상

기호 설명

기호	보기	설명
( )	학교(學校)	: 괄호 바깥 음과 일치하는 한자
[ ]	떡[餠]	: 괄호 바깥 말의 의미에 해당하는 한자
→	같이→가치	: 공시적 변동 기호
〉	ᄀᆞᄅᆞ비〉가랑비	: 통시적 변화 기호
*	*흰흑판	: 문법이나 의미가 바르지 못한 문장이나 표현의 기호
	*더버〉더버〉더워	: 재구성한 형태의 기호
?	?아버지도 잔다	: 문법이 온전하지 못한 문장이나 표현의 기호
¶	가닥 ¶결가닥.	: 보기나, 예문을 보이는 기호

차 례

0장 신비한 언어

0.1 언어의 자의성과 필연성과 사회성

모든 언어에는 자의성(恣意性)과 필연성(必然性)과 사회성(社會性)이 있다.

'새'를 영어에서는 'bird'라 하고, 한어(漢語)에서는 '鳥(兒)[niǎo(r)]'라 하고 일어(日語)에서는 'とり[tori]'라 한다. 왜 그렇게 부르는가? 이유가 없다. 언제 누구부터인지 그렇게 부르게 되어 오늘까지 그렇게 통용되고 있다. 이것이 언어의 자의성이다.

(1) 새, bird, 鳥(兒)[niǎo(r)], とり[tori]

낱말 중에는 그 사물의 특징을 따서 된 경우도 있다. '뻐꾸기'를 영어에서는 'cuckoo', 중국어에서는 '郭公[guōgōng]'라고 하는 것은 그 새의 울음소리를 따서 붙여진 이름임에 분명하다. 이런 것을 언어의 필연성이라 한다. 그러나, 같은 새의 울음소리를 듣고도 그 이름이 똑같지는 않은 것은 필연성보다 자의성이 훨씬 강하게 작용함을 알 수 있다.

(2) • 뻐꾸기, cuckoo, 郭公[guō gōng], かっこう(郭公)

• 꼬끼오, cock-a-doodle, 喔喔[wō wō], コケコッコウ

누구로부터인지는 모르지만 자의성과 필연성이 작용하여 그렇게 부르게 된 것을 마치 약속이나 한 듯이 언어대중 모두가 그렇게 부르게 된 것을 언어의 사회성이라 한다.

자의성, 필연성, 사회성이 작용하여 오늘의 각기 다른 언어가 형성되었으나 전혀 다른 두 언어가 꼭 같이 표현할 수도 있고, 서로 약간 닮은 표현을 쓸 수도 있다.

(3) 하늘이 푸르다. Sky is blue.

(4) 바늘 귀, eye of the needle

0.2 사실과 언어 표현의 차이

언어는 완벽한 것이 아니다. 아무리 정교한 언어라 해도 무지개 색의 경계가 모호하듯이 모호하여 사실을 사실대로 꼭 같이는 표현할 수가 없다. 그래도, 무지개 색의 특징이 다르듯이 그렇게 달리는 표현할 수 있는 것이 언어다. 그래서 밥과 죽의 경계가 아무리 모호하다 해도 '이것은 밥, 저것은 죽'이라고 명시할 수 있는 것이 언어다.

0.3 언어의 통일 지향성과 이화 지향성

언어는 한 방향으로 가지런히 변화하려고도 하고, 그와 반대로 각자의 다양성을 향해 제 나름대로 뿔뿔이 변화하려고도 한다. 그것이 언어의 통일 지향성(統一指向性)과 이화 지향성(異化指向性)이다. 이 통일 지향성과 이화 지향성으로 말미암아 언어에 획일성과 규칙성이 있는가 하면, 다양성과 불규칙성도 있다.

(1) • 묻다[埋] 묻고, 묻지, 묻게, 묻어, 묻어서, 묻어라
• 묻다[問] 묻고, 묻지, 묻게, 물어, 물어서, 물어라

(2) • 눈시울 〉 눈시울 〉 눈시울
• 입시울 〉 입슐 〉 입술

대칭 균형의 결함도 그러한 예다. 대칭(대립 · 반대)되는 말들은 대개 그 대칭이 서로 균형을 유지하지만 반드시 그런 것은 아니다. 그 예를 '없다'와 '있다'에서 찾아보자. 이 말은 서로 대칭되어 활용형들이 대칭적으로 쓰이지만 청유형, 명령형, 부사화 접미사 '-이'의 접미형 등은 그러하지 못하여 균형이 깨져 있다.

(3) 없다 있다
없고 있고
없지 있지
없어 있어
⋮ ⋮
*없자 있자
*없어라 있어라
없이 *있이

(4) 하염없이 *하염있이
엉터리없이 *엉터리있이
걱정 없이 *걱정 있이
버릇없다 *버릇있다

0.4 언어의 쓰임

표현방법은 다양하다. 같은 사과 하나를 두고 여러 사람이 그린다면 그 여러 사람의 사과 그림이 꼭 같을 수 없듯이 그 사과에 대한 느낌을 한두 줄로 표현해 보아도 역시 여러 사람의 표현이 각각 다를 수밖에 없다.

또 표현하고자 하는 것을 말로 다 말하지 않는다. 표현하고자 하는 것의 절반만 표현해도 상대는 표현하지 않은 부분까지 알아듣기도 한다.

이렇게 언어는 그 쓰임의 길이 다양하다. 그래서 말은 참 신비한 것이다.

1장 발 음

1.1 호기와 발음

공기를 내쉬는 호기(呼氣)와 공기를 들이쉬는 흡기(吸氣)의 반복이 호흡(呼吸)이다. 발음은 주로 호기에서 되기 때문에 긴 시간 동안 연속으로 발음할 수는 없다. 악보(樂譜)에 숨표나 쉼표가 있듯이 흡기를 해야 호기가 가능하고 그래야 자연스럽게 발음할 수 있다.

(1) 국물을 후루룩후루룩 마신다.

It's not polite to slurp your food.

'후루룩후루룩'이나 'slurp'는 그 뜻이나 소리로 보아 숨을 들이쉬면서 음식을 먹을 때 내는 소리의 의성어지만 언어로서 '후루룩후루룩'이나 'slurp'을 발음할 때는 숨을 들이쉬면서 발음하지 않고 숨을 내쉬면서 발음한다.

이와 같이 숨을 들이쉬는 것에 관련된 말도 숨을 내쉬면서 발음하고 그 밖의 말은 두말할 나위 없이 숨을 내쉬면서 발음한다.

다만, 국어에서 입맞춤의 의성어, '못마땅하다'는 의미로 혀끝을 '끌끌' 차는 의성어, '안 됐다'는 의미로 혀끝이나 혀뿌리를 '쯔쯔, 끌끌' 차는 의성어는 흡기로 발음된다.

1.2 음운체계

국어는 국어 나름의 독특한 음운체계가 있다. 현대국어의 음운체계를 크게 자음체계, 모음체계, 운소체계로 나누어 보면 다음과 같다.

1. 자음체계

현대국어 자음은 모두 19개로 자음체계는 다음과 같다.

		양순음	치조음	구개음	연구개음	후 음
파열음	평음	ㅂ	ㄷ		ㄱ	
	경음	ㅃ	ㄸ		ㄲ	
	격음	ㅍ	ㅌ		ㅋ	
파찰음	평음			ㅈ		
	경음			ㅉ		
	격음			ㅊ		
마찰음	평음		ㅅ			ㅎ
	경음		ㅆ			
비 음		ㅁ	ㄴ		ㅇ	
유 음			ㄹ			

2. 7개의 받침 소리

1989년 3월부터 시행하게 된 〈표준어 규정〉의 제2부 표준발음법 제8항, 제9항, 제10항의 받침소리에 관한 규정은 다음과 같다.

제8항 받침소리로는 'ㄱ, ㄴ, ㄷ, ㄹ, ㅁ, ㅂ, ㅇ'의 7개 자음만 발음한다.

국 둑 떡 목 복 북 속 턱
간 논 눈 돈 문 분 손 신
만 난
길 물 불 알 일 줄 칠 풀
감 남 담 몸 봄 잠 짐 힘
갑 굽 깁 납 밥 입 집 톱
꿩 땅 등 뽕 상 종 창 콩

제9항 받침 'ㄲ, ㅋ', 'ㅅ, ㅆ, ㅈ, ㅊ, ㅌ', 'ㅍ'은 어말 또는 자음 앞에서 각각 대표음 [ㄱ, ㄷ, ㅂ]으로 발음한다.

ㄲ → ㄱ 밖[박] 밖도[박또]
ㅋ → ㄱ 부엌[부억] 부엌도[부억또]

ㅅ → ㄷ 옷[옫] 옷도[옫또]
ㅆ → ㄷ 있다[읻따]
ㅈ → ㄷ 젖[젇] 젖다[젇따]
ㅊ → ㄷ 꽃[꼳] 꽃과[꼳꽈]
ㅌ → ㄷ 솥[솓] 뱉다[밷:따]

ㅍ → ㅂ 앞[압] 덮다[덥따]

第10항 겹받침 'ㄳ', 'ㄵ', 'ㄼ, ㄽ, ㄾ', 'ㅄ'은 어말 또는 자음 앞에서 각각 대표음 [ㄱ, ㄴ, ㄹ, ㅂ]으로 발음한다.

ㄳ → ㄱ 넋[넉] 넋과[넉꽈]

ㄵ → ㄴ 앉다[안따] 얹고[언꼬]

ㄼ → ㄹ 여덟[여덜] 넓다[널따]
ㄽ → ㄹ 외곬[외골]
ㄾ → ㄹ 핥다[할따]

ㅄ → ㅂ 값[갑] 없다[업:따]

3. 모음체계

현대국어의 모음은 모두 21개로 모음체계는 다음과 같다.

가. 단모음체계 (10개 모음)

현대국어의 단모음은 10개다.

ㅣ (ㅟ) ㅡ (ㅜ)
ㅔ (ㅚ) ㅓ (ㅗ)
ㅐ ㅏ

나. 이중모음체계 (11개 모음)

현대국어의 이중모음은 단모음이 3개의 반모음 'ㅗ[w] ㅣ[y]

ㅡ[i]'와 결합한 11개다. {ㅟ ㅚ}는 경우에 따라 이중모음으로 발음된다.

ㅑ ㅒ ㅕ ㅖ ㅛ ㅠ

ㅘ ㅙ ㅝ ㅞ {ㅟ ㅚ}

ㅢ

4. 운소체계

국어의 운소(韻素) 중에서 의미 변별(辨別) 기능을 인정하는 것은 장단(長短)이다. 일부 방언 중에는 고저(高低)의 기능도 분명히 존재하지만 표준어에서는 인정하지 않는다. 고유어와 한자어로 나누어 그 예를 보면 다음과 같다.

가. 고유어의 장단

(1) • [눈][眼] / [눈:][雪]
• [말][馬] / [말:][言]
• [발][足] / [발:][簾]
• [솔][松] / [솔:][刷]
• [줄][絃] / [줄:][鑢]

(2) • [갈다][交] / [갈:다][耕]
• [말다][捲] / [말:다][勿]
• [물다][咬] / [물:다][辨]
• [걷다][收] / [걷:다][步]
• [달다][衡] / [달:다][熱]

나. 한자어의 장단

(3) • [가] 家 加 歌 賈 / [가:] 假 可 街 佳

• [동] 東 同 銅 洞 / [동:] 涷 動 冬 童

(4) • [가정](家庭) ⇒ [가:정](假定)

• [감정](鑑定) ⇒ [감:정](感情)

• [고가](高價) ⇒ [고:가](古家)

• [고대](苦待) ⇒ [고:대](古代)

• [고문](顧問) ⇒ [고:문](古文)

• [고사](固辭) ⇒ [고:사](考查)

• [공작](工作) ⇒ [공:작](孔雀)

• [광주](光州) ⇒ [광:주](廣州)

(5) • [사기] 仕記 寺基 私記 砂器 邪氣 社旗 射技 詞氣 詐欺

• [사:기] 士氣 四氣 史記 死期 事記 使氣 事機 射器 肆氣

1.3 국어 음절의 수와 한글 활자의 수

1. 현대국어의 음절 수

한글의 자모(子母) 수는 자음(子音)과 모음(母音)을 합하여 24자다.

자음 14 : ㄱ ㄴ ㄷ ㄹ ㅁ ㅂ ㅅ ㅇ ㅈ ㅊ ㅋ ㅌ ㅍ ㅎ

모음 10 : ㅏ ㅑ ㅓ ㅕ ㅗ ㅛ ㅜ ㅠ ㅡ ㅣ

그러나 현대국어는 자음 19, 모음 10, 반모음 3의 모두 32개음으로 이루어진다.

자음 19 : ㄱ ㄲ ㄴ ㄷ ㄸ ㄹ ㅁ ㅂ ㅃ ㅅ ㅆ ㅇ ㅈ ㅉ ㅊ ㅋ ㅌ ㅍ ㅎ

모음 10 : ㅏ ㅓ ㅗ ㅜ ㅡ ㅣ ㅔ ㅐ ㅟ ㅚ

반모음 3 : ㅗ[w] ㅣ[y] ㅡ[i]

한글은 이 32음으로 우리말의 온갖 소리를 나타낼 수 있다. 한글로 기록할 수 있는 음절을 계산하면 다음과 같다.

초성음 : 19		ㄱ ㄲ ㄴ ㄷ ㄸ ㄹ ㅁ ㅂ ㅃ ㅅ ㅆ ㅇ ㅈ ㅉ ㅊ ㅋ ㅌ ㅍ ㅎ
중성음 : 21	단모음 10	ㅏ ㅓ ㅗ ㅜ ㅡ ㅣ ㅔ ㅐ ㅟ ㅚ
	이중모음 11	ㅑ ㅒ ㅕ ㅖ ㅘ ㅙ ㅛ ㅝ ㅞ ㅠ ㅢ
종성음 : 7		ㄱ ㄴ ㄷ ㄹ ㅁ ㅂ ㅇ

(초성19×중성21)+(초성19×중성21×종성7)=399+2793=3192

이 3192 음절은 고어가 포함되지 않은 현대국어만을 기준으로 한 것이다. 물론 이 가운데는 현대 국어에서도 잘 쓰이지 않는 음절도 일부 포함된다.

2. 한글로 가능한 활자 수

한글로 만들어 낼 수 있는 활자 수는 얼마나 될까? 현대국어의 받침소리는 'ㄱ, ㄴ, ㄷ, ㄹ, ㅁ, ㅂ, ㅇ'의 일곱이지만 한글맞춤법에서 허용하는 받침 글자는 27자나 된다.

초성자 : 19　ㄱ ㄲ ㄴ ㄷ ㄸ ㄹ ㅁ ㅂ ㅃ ㅅ ㅆ ㅇ ㅈ ㅉ ㅊ
ㅋ ㅌ ㅍ ㅎ

중성자 : 21　ㅏ ㅐ ㅑ ㅒ ㅓ ㅔ ㅕ ㅖ ㅗ ㅘ ㅙ ㅚ ㅛ ㅜ ㅝ
ㅞ ㅟ ㅠ ㅡ ㅢ ㅣ

종성자 : 27　ㄱ ㄲ ㄳ ㄴ ㄵ ㄶ ㄷ ㄹ ㄺ ㄻ ㄼ ㄽ ㄾ ㄿ ㅀ
ㅁ ㅂ ㅄ ㅅ ㅆ ㅇ ㅈ ㅊ ㅋ ㅌ ㅍ ㅎ

(초성19×중성21)+(초성19×중성21×종성27)=399+10,773
=11,172

한글맞춤법에 의해 만들어 낼 수 있는 활자 수가 무려 11,172자나 된다니 놀랍도록 많은데 여기에 고어의 자모까지 합하면 그 수가 엄청 늘어난다. 이 가운데는 '쁠, 놟, 쫄' 등 전혀 쓰이지 않는 활자까지 포함되어 있으니 실제 서적, 신문 등에서 쓰였던 활자 수는 2,300자 정도였다고 한다. 지금은 컴퓨터로 조판까지 하게 되어 활자가 많은데서 오는 불편은 없다.

1.4 [잠자리]와 [잠짜리]

문자대로 발음하고 발음대로 문자로 기록할 수 있다면 이상적이지만, 문자 대 음이 일 대 일로 빈틈없이 갖춰진 문자는 없다. 없다기보다 있을 수 없다.

한글이 지구상의 으뜸 되는 문자라지만 한글도 한국인의 발음을 완벽하게는 표기할 수는 없다. 다만 국어의 음운을 적기에는 한글이 가장 알맞은 문자이며, 한국어 이외의 다른 언어를 표기하기에도 한글은 매우 뛰어난 문자임에는 틀림없다.

표기와 발음이 일치하기 어려운 한 예를 보자.

'잠자리'를 [잠자리]로 읽느냐 [잠짜리]로 읽느냐에 따라 그 뜻이 달라진다.

(1) • 잠자리[잠자리] : 잠자리[잠짜리]
  • 연줄(緣-)[연줄] : 연줄(鳶-)[연쭐]
  • 나무배[木船][나무배] : 나뭇배(나무 실은 배)[나묻빼]
  • 고기 배[魚復][고기배] : 고깃배[漁船][고긷빼]
  • 고기 집(고기가 사는 집)[고기집] : 고깃집(고기를 파는 집)[고긷찝]

된소리를 표기하는 것에는 '사이시옷'이 있다. 그 표기는 발음을 우선으로 하였으니 발음에 유의해야 한다.

(2) ㄱ 갯값
  ㄴ 개구멍, 개발, 개밥, 개잠
  ㄷ 개똥, 개띠, 개싸움
  ㄹ 개털, 개코, 개차반

ㄱ 뒷말 '값'의 첫소리가 된소리로 나기 때문에 '사이시옷'을 적고,

ㄴ 뒷말 '구멍, 발, 밥, 잠'의 첫소리가 예사소리이기 때문에 '사이시옷'을 적지 않는다.

ㄷ, ㄹ 뒷말의 첫소리가 이미 된소리이거나 거센소리이기 때문에 '사이시옷'을 적지 않는다.

다음의 (3)을 보고 다시 확인할 수 있다.

(3) • 나뭇가지, 나뭇단, 나뭇짐
• 나무그릇, 나무다리, 나무배[木船], 나무상자, 나무젓가락
• 나무꾼, 나무딸기, 나무뿌리
• 나무칼, 나무통, 나무판, 나무총

1.5 자장면

국어는 음운(音韻)의 수가 많은 언어이며, 한글은 그 다양한 음운을 표기할 수 있는 문자다. 그러나 많은 음운을 보다 정확히 표기하려 하면 할수록 표기법은 더 까다로워진다. 그러한 몇 예를 보기로 한다.

표준발음으로 정하였으나 언어 대중이 잘 따르지 못하는 것이 있다.

1. 경음(硬音) 여부

(1) • 자장면 ○[자장면] ×[짜장면]
• 백(back) ○[백] ×[빽]
• 버스(bus) ○[버스] ×[뻐스]
• 잼(jam) ○[잼] ×[쨈]

(2) • 관건(關鍵) ○[관건] ×[관껀]
• 불법(不法) ○[불법] ×[불뻡]
• 효과(效果) ○[효과] ×[효꽈]

(3) • 발달(發達) ○[발딸] ×[발달]
• 발사(發射) ○[발싸] ×[발사]
• 발전(發展) ○[발쩐] ×[발전]
• 사건(事件) ○[사껀] ×[사건]
• 조건(條件) ○[조껀] ×[조건]
• 헌법(憲法) ○[헌뻡] ×[헌법]

2. 단모음(單母音) 여부

(4) • 가져 ○[가저] ×[가져]
• 살쪄 ○[살쩌] ×[살쪄]
• 바쳐 ○[바처] ×[바쳐]
• 시계(時計) [계~게]
• 지혜(知慧) [혜~헤]
• 폐업(閉業) [폐~페]

같은 음운환경에서 발음이 다를 수도 있다.

(5) • 알약 ○[알략]×[알냑] 할 일 ○[할릴]×[할닐]
솔잎 ○[솔립]×[솔닙]
• 활용 ○[화룡]×[활룡] 탈영 ○[타령]×[탈령]
일요일 ○[이료일]×[일료일]

〈참고〉 국민 56.7% "자장면 표기법 '짜장면'으로…"
(〈뉴시스〉2007. 12. 1.)

지난 1989년 외래어 표기법에 중국어가 포함되면서 '짜장면'의 표준 표기법이 '자장면'으로 정해진 가운데 우리 국민 절반 이상은 일상생활에서 쓰는 관행대로 '짜장면'으로 표기법을 바꿔야 한다고 응답했다.

SBS 라디오는 여론조사 전문기관 리얼미터(대표 이택수)에 의뢰해 조사한 결과 '짜장면'으로 표기해야 한다는 응답이 56.7%였으며 현행 표기법인 '자장면'으로 써야 한다는 의견은 25.6%로 31%포인트 가량 낮았다고 1일 밝혔다. (중략)

일부 한글 단체와 학자들은 이와 관련해 최근 개정의 필요성을 요구하고 있으나 국립국어원은 표기법 개정에 여전히 부정적 입장을 나타내고 있다. (후략) 배민욱 기자

1.6 coffee와 커피

'coffee'와 '커피'의 발음은 다르다.

영어의 발음이 한국 사람에게는 어렵다. 발음이 어렵다는 것은 듣기도 어렵다. 한국어의 음운체계와 영어의 음운체계가 다르기 때문에 한국인에게 영어의 발음이 어려운 것은 당연하다.

'coffee'의 발음은 [kɔ́ːfi, kɑ́fi, kɔ́fi]이지만 '커피'의 발음은 [kəpi]이다. 한국어에는 [f]발음이 필요하지 않다. 이와 같이 한국어의 발음에 필요하지 않는 음이 영어에 있기도 하고 영어의 발음에 필요하지 않는 발음이 한국어에 있기도 하다. 따라서 외국어와 외래어의 발음이 같을 수 없다.

(1) • 피아노 / piano[piǽnou]
• 카메라 / camera[kǽmərə]
• 오렌지 / orange[ɔ́ːrindʒ]
• 미사일 / missile[mísəl]
• 걸 / girl[gərl]

- 메일 / mail[meil]
- 커피 / coffee[kɔ́fiː]
- 뷔페 / buffet(프랑스어)[bəféi]

글을 아는 사람은 무의식중에 발음이 문자에 이끌린다. 한글의 철자는 주로 음절이다. 한국 사람은 은연중에 음절에 이끌린 발음을 하게 되어 그것이 오래 답습 계승되는 가운데 음절 의식이 뚜렷한 발음을 하게 되었다. 음절 의식이 뚜렷한 발음은 모든 음절에 음량(音量)을 고루 배분하여 각 음절을 분명히 발음하려 한다. 다음 예에서 뒤의 발음들이 음절 의식이 강하게 작용된 발음이다.

(2) • 것입니다 → [거심니다]~[거딤니다]
- 월요일 → [워료일]~[월료일]
- 갈현동(지명) → [가련동]~[갈련동]
- 백영근(인명) → [배경근]~[백영근]~[뱅영근]~[뱅녕근]
- 석란(임명) → [성란]~[성난]~[석란]

영문은 음절구분이 분명하지 않은 음소배열의 철자다. 그런 까닭에 영어는 음절 경계가 불분명한 언어로 발달하였다. 'strong'과 '스트롱'의 표기는 그러한 차이를 보여주는 예다. 한국어와 영어의 발음 차이에 이러한 차이가 있어 한국인에게 영어 발음이 더 어렵기도 하다.

(3) • 그라운드 / ground
- 스트롱 / strong

• 밀크 / milk

한국어는 장단이 변별적이지만 영어는 악센트가 변별적이다. 강음이 있는 음절의 앞뒤 음절은 약하게 발음되어 귀에 잘 들리지 않는 수가 있다. 국어는 음절별로 또렷하게 발음하려 하고 영어는 그렇지 못하다. 이것 또한 한국인에게 영어 발음이 어려운 한 이유이다.

1.7 마호병과 보온병

일본어식 발음이 아직도 적잖이 남아 있다. 일본어 자체가 남아 있기도 하고, 한자어나 서구 외래어를 일본어식 발음으로 발음하기도 한다.

1. 국어와 다른 일본 한자어

(1) • 보온병(保溫甁) / 마호병[まほうびん(魔法甁)]
• 풍로(風爐) / 곤로[こんろ(焜爐)]

2. 국어와 다른 일본 한자음

(2) • 감색(紺色) / 곤색[こんいろ(紺色)]
※ '감색[柿色]'과는 다르다.
• 건배(乾杯) / 간빠이[かんぱい(乾杯)]
• 건빵(乾-) / 간빵[かんパン(乾pão)]
• 대(臺・代) / 다이[たい(臺・代)]

3. 일본어식 서양 외래어 발음

일본어를 거쳐 국어에 유입된 서양 외래어는 발음에 차이가 많다. 모음을 두고 말하면, 단모음이 5개밖에 안 되는 일본어를 거쳐 국어에 유입된 서양 외래어는 모음이 매우 단조로운데, 단모음 10개에다 이중모음이 11개나 되는 국어는 외국어에 보다 가까운 발음이 가능하다.

(3) • 그램(gram) / 그람(グラム)
• 넘버(number) / 남바(ナンバ)
• 도넛(doughnut) / 도나쓰(ドナス)
• 라이터(lighter) / 라이타(ライター)
• 런닝(running) / 란닝구(ランニング)
• 리어카(rear car) / 리야까(リヤカ)
• 머플러(muffler) / 마후라(マフラ)
• 모터(moter) / 모타(モーター)
• 미터(meter) / 메따(メーター)
• 밀리(㎜) / 미리(ミリ)
• 바흐(Bach)(인명) / 바하(バハ)
• 백(back) / 빠꾸(バック)
• 버터(butter) / 바타(バター)
• 베니어합판(veneer合板) / 베니야판(ベニヤいた(板))
• 보닛(bonnet) / 본네트(ボンネット)
• 브레이크(brake) / 부레끼(ブレーキ)
• 센터(center) / 센따(センター)
• 센티(㎝) / 센찌(センチ)

- 셔츠(shirt) / 샤츠(シャツ)
- 셔터(shutter) / 샷다(シャッター)
- 슬레이트(slate) / 스레뜨(スレト)
- 슬리퍼(slipper) / 스릿빠(スリッパ)
- 시너(thinner) / 신나(シンナー)
- 엠원(M1) / 에무원(エムワン)
- 잼(jam) / 짬(ジャム)
- 점퍼(jumper) / 잠바(ジャンバ)
- 지엠시(GMC) / 지에무시(ジエムシ)
- 캔(can) / 깡(カン)
- 케이크(cake) / 케키(ケーキ)
- 콘크리트(concrete) / 콩구리~콩그리트(コンクリート)
- 크림(cream) / 구리무(クリーム)
- 클럽(club) / 구랍뿌(クラブ)
- 튜브(tube) / 쥬부(チューブ)
- 트랜스(transformer, 변압기) / 도란스(トランス)
- 파이버(fiber) / 하이바(ファイバ)
- 파이프(pipe) / 빠이뿌(パイプ)
- 팬(fan) / 후앙(フアン)
- 팬츠(pants) / 빤츠(パンツ)
- 펌프(pump) / 뽐뿌(ポンプ)
- 포마드(pomade) / 뽀마도(ポマード)
- 퓨즈(fuse) / 휴즈(ヒューズ)

1.8 망고와 존마개

본말의 본뜻은 그렇지 않으나, 그 음을 듣기 거북한 말이 더러 있다.

언어마다 음운이 다르고 단어가 다르다 보니, 국어에서는 문제되지 않는 소리나 단어가 다른 언어에서는 상스럽거나 기피하는 말이 되기도 하고 그 반대이기도 하다. 그러한 몇 예를 모아 본다.

1. 한국어

(1) ㄱ 시발택시

ㄴ 소나타 자동차

ㄷ 십방(十方) → 시방

ㄹ 십월(十月) → 시월

ㅁ 십팔(18) → 열여덟

ㄱ 1960년대 중반 우리나라 유선형 자동차의 첫 모형으로 시발택시가 시판되던 시절 '시발택시, 시발택시…'하는 광고용 노래를 지어 불렀는데 발음이 고약하여 웃음거리가 되었다 한다. (가수 *** 증언 2002. 10. 10. **TV)

ㄴ 소나타 자동차의 시판 초기 하자수리 요구를 들어주지 않는데 불만을 품은 어느 소비자가 '소나 타는 차…'라는 현수막을 차에 매달고 서울 시내를 누벼 화제가 되었었다.

ㄷ, ㄹ 이 음을 기피하여 아예 다른 음으로 바뀌어 굳어졌다.

ㅁ 이 음을 기피하여 고유어로 바꿔 쓰려고 한다.

다음과 같은 말도 뜻은 그렇지 않는데 듣기는 좀 거북한 낱말들이다.

(2) • 개좆부리, 개좆불, 개좆머리 : 감기의 속된 말.
• 홀아비좆 : 쟁기의 한마루의 위 멍에 줄이 닿는 곳에 가로로 꿰어 아래덧방을 누르는 작은 나무.
• 개불알꽃 : 난초과의 여러해살이풀.
• 개흘레 : 집의 벽 밖으로 조그맣게 달아 낸 칸살. 칸을 늘리거나 벽장을 만들 때 낸다.
• 십장(什長) : 일꾼들을 감독 지시하는 우두머리. 병졸 열 사람의 우두머리.

2. 일본어

(3) ㄱ 존마개 [ちょんまげ(丁髷)] 일본식 상투
ㄴ 쫓도 [ちょっと(一寸)] 조금, 약간

ㄱ 존마개[ちょんまげ(丁髷)] : 일본 에도[江戶]시대의 남자가 하던 상투의 한 가지. 지금은 씨름꾼이 하고 있음. 한국인이 듣기에는 좀 거북하다.
ㄴ 쫓도 맛데 (구다사이)[ちょっと まって (ください)] : 일본어 '조금 기다려 (주세요)'이다. 한국인이 듣기에는 좀 거북하다.

(4) • 겟세키 [けっせき(缺席)] 결석(缺席)
• 나쓰메 소세키 [なつめそうせき(夏目漱石)] 문인 이름
• 방구세쯔 [ばんぐせつ(萬愚節)] 만우절(萬愚節)
• 슛세키 [しゅっせき(出席)] 출석(出席)

• 씨바 [しば(芝)] 잔디
• 이세키 [いせき(遺蹟)] 유적(遺蹟)
• 케시키 [けしき(景色)] 경치(景致)

(5) 독매보지(讀賣報知) [よみうり ほうち] 신문 이름

3. 중국어

(6) ㄱ 화즈(花子)
ㄴ 따꺼(大兄)
ㄷ 니츠판르마?(你吃飯了嗎? nǐ chīfànle ma?)
ㄹ 유방(劉邦)
ㅁ 황쥐(黃菊) (사람 이름)
ㅂ 똥사오원(董少文) (사람 이름)
ㅅ 쟈지(加急)

ㄱ 한국의 여자이름 '화자(花子)'는 일본인의 여자 이름 'hanako(はなこ(花子))'에서 유래하였다. 중국어의 '花子[hūaji]'는 '거지, 걸인(乞人)'이다.
ㄴ 따꺼(大兄) '형님'. '신형(申兄)'은 '신따꺼(申大兄)', 듣기가 거북한 발음이다.
ㄷ 니츠판르마?(你吃飯了嗎?) '너 밥 먹었니?' 인사말이지만 듣기가 거북한 발음이다.
ㄹ 중국 한(漢)나라 고조(高祖)의 휘(諱)
ㅁ 중국 부총리 이름(2003. 3.)
ㅂ 중국 언어학자 이름

ㅅ 급속(急速), 급행(急行)

4. 그 밖에

(7) ㄱ 망고(mango)

ㄴ 에미상(Emmy賞)

ㄱ 망고[mango]는 옻나무과의 상록 교목. 열매는 즙액이 많아 식용함. 최근 제주도에서도 재배함. [manko]는 일본어로 '보×'다. 일본어를 아는 사람은 듣기 거북하다.

1960년대 후반 '망고'가 처음 수입되어 망고를 원료로 만든 '망고'란 청량음료 제품이 라디오에 선전되었을 적에 여성 단체의 항의로 방송 광고가 중단되었었다.

ㄴ 에미상(Emmy賞)은 미국의 텔레비전 과학 아카데미가 연간 가장 우수 텔레비전 프로그램·출연자·작곡자 등에게 주는 상. 그 음은 한국인에게 '애미[母]상(賞)'으로 들린다.

(8) • 에밀졸라(Emile Zola) : 프랑스의 소설가(1840~1902)

• 메르치 보끄 : 프랑스어, 대단히 감사합니다

• 코피 아난 : 유엔 사무총장 이름(2003)

• 콘도 : '콘도미니엄(condominium)'의 준말

• 개브럴 T : 영양제 이름

• 플라자호텔(Plaza Hotel) : 호텔 이름

• 알자지라(Aljazeera) : 카타르(Qatar)의 민영 위성방송사 이름

(9) • civil[sivəl] : 시민사회의
• sepal[sipəl] : 꽃받침 조각
• George : 미국 인명, 지명
• Virginia : 미국 지명

〈참고〉 … 자동차 이름이 타 언어에서 전혀 엉뚱한 의미로 해석되는 경우다. 이렇게 되면 판매에 직접적인 영향을 줄 수도 있고 특정 지역에서 제조회사 전체의 이미지에 부정적인 영향을 주기도 한다. 따라서 자동차의 이름을 정할 때나 해외시장에 진출할 때는 해당국가의 언어에서 자동차 이름이 부적절한 의미를 내포하지는 않는지 주의를 기울여야 한다.

제너럴모터스MG의 시보레 모델 가운데 70년대에 소개된 노바Nova라는 세단이 있었다. 이 모델은 타언어상의 오류 때문에 남미와 이태리에서 철저하게 실패한 모델로 기록되고 있다. 영어나 불어에서는 nova가 '신성神聖'을 뜻하지마 라틴어계통의 언어에서는 no(won't) va(go)의 의미가 되어 '가지 않는 자동차'가 되어 버렸기 때문이다.

포드자동차가 브라질에서 판매할 칼리엔테Caliente라는 모델은 현지 포르투갈어로 '창녀'였다고 한다. 그런 걸 보면 현대자동차의 아미카Amica는 경미한 사례에 해당된다.

최근 GM은 고상한 분위기를 연출하기 위해 뷰익Buick의 한 모델의 이름을 라크로스LaCrosse로 변경했는데 이 말은 캐나다 퀘벡지역에서는 '자위행위'를 가리키는 젊은이들의 속어 표현이다. 그래서 GM은 캐나다에서 판매되는 라크로스를 다시 얼루어Allure라는 이름으로 대체했다.

미쓰비시자동차의 파헤로Pajero는 스페인어 속어로 '자위행위자'를 말하고 토요타의 피에라Fiera는 푸에르토리코에서 '못생긴 늙은 여자'를 의미한다는 것이다. 포드의 핀토Pinto는 포르투갈어로 '성기small penis'

를 의미한다고 한다. (최용식 『한국영어를 고발한다』 2005:227-228)

〈참고〉 쓰빠시바! (고맙습니다) (〈조선일보〉 2004. 2. 24.)

난치병에 걸린 러시아 핵물리학자를 서울대병원측이 무료로 수술해 주기로 했다.

국가 최고교육자상을 수상한 바 있는 러시아 국립극동대 핵물리학과 레오니드 라자레비치(55) 교수가 그 주인공. 그는 21일 한국에 도착해 서울대병원에 입원하자마자 대학 관계자와 의료진에게 '쓰빠시바(고맙습니다')를 연발했다. (이하 생략)

5. 이와 반대되는 경우

외국어권에서 한국어를 쓸 적에 한국어가 그 외국어로는 민망한 뜻으로 쓰이는 경우도 있다.

(10) ㄱ 성씨(姓氏) Gang(姜・康)

ㄴ 성씨(姓氏) Sin(辛・申・愼)

ㄷ 오빠 - おっぱい (젖, 유방)

ㄹ Gimpo(金浦) - 짐뽀 - ちんぽ (잠지)

ㄱ Gang은 '노예・노동자들의 일단(一團), 악한의 일당'이란 뜻이므로 강(姜・康)은 〈국어의 로마자 표기법〉에 어긋나지만 Kang으로 쓰는 것이 좋겠다.

ㄴ Sin은 '도덕상의 죄, 잘못'이란 뜻이므로 신(辛・申・愼)은 〈국어의 로마자 표기법〉에 어긋나지만 Shin으로 쓰는 것이 좋겠다.

ㄷ '오빠'는 일어 '옵빠이(おっぱい (젖, 유방))'와 음이 유사하다.

ㄹ 'Gimpo'는 일어 '짐뽀(ちんぽ (잠지))'와 음이 유사하다.

〈보충〉 부산 자갈치에서 장을 보고 나온 아주머니와 미국인이 버스를 기다리고 있는데 저 쪽에서 버스가 오가 있다.

아줌마 : 왔데이.(왔다. What day?)

외국인 : 먼데이?(Monday. 뭔데?)

아줌마 : 버스데이.(버스다. Birthday.)

외국인 : 콩그레이츄레이션!(Congratulation!)

2장 단 어

2.1 국어의 어휘체계

우리 배달겨레의 말은 '배달말'이다. 배달말을 오늘날 국가 이름을 따서 '한국어(韓國語)'라고도 한다. (북한과 중국에서는 '조선어(朝鮮語)'라 한다.) 이것은 영국의 말을 영국어(영어), 중국의 말을 중국어(중어), 일본의 말을 일본어(일어)라고 하는 것과 같다. 또 배달말이 오늘날 우리들의 국가 공용어이므로 '국어(國語)'라고도 한다. 이것은 국가마다 그런 개념으로 그들의 언어를 그렇게 부른다.

배달말은 순수 우리 배달말(고유어)에 한자어가 들어오고 범어, 만주어, 몽고어, 일본어가 들어오고 또 영어를 비롯한 서양의 여러 언어가 들어와 오늘에 이른다.

배달말은 고유한 배달말과 이래저래 섞인 70%에 가까운 한자어와 그 밖의 외래어로 크게 구분할 수 있다.

- 배달말(한국어)
  - 배달말(고유어)
  - 외래어
    - 한자어
    - 외래어(한자어를 제외한 외래어)

- 한국어
  - 고유어(배달말)
  - 한자어
  - 외래어

2.2 흡연을 (삼가 / *삼가해) 주세요

표준어를 바르게 쓰기가 쉽지 않다. 틀리기 쉬운 것이라고 여러 책에서 공통으로 지적하고 있는 예들을 들면 다음과 같다.

(1)
- 흡연을 삼가/*삼가해 주시기 바랍니다.
- 문을 잠갔다/*잠궜다.
- 나랑 사귀어/*사겨 볼래?
- 머리가 벗어지다/*벗겨지다.
- 물음에 알맞은/*알맞는 답을 고르시오.
- ‘천사’라고 불리는/*불리우는 아이가 바로 이 아이입니다.
- 친구 집에 들르고/*들리고 나서 학교에 갔다.
- ‘사랑’이란 말을 듣기만 하여도 가슴이 설렌다/*설레인다.
- 이게 맞나요? 아니요/*아니오.
  (cf. 이것은 연필이 아니오.)
- 화장실을 깨끗이 이용해 주십시오/*주십시요.

(2) • 나의 바람/*마램은 통일이다.

• 발이 빠질 위험이 있사오니/*있아오니 조심하시기 바랍니다.

• 방을 깨끗이/*깨끗히 치우자.

• 아무튼/*아뭏든 그건 우리 잘못이야.

• 이거 너 줄게/*줄께.

• 너도 같이 갈거나/*갈꺼나?

• 나도 중학생이 됐다/*됬다.

• 생각건대/*생각컨대 그건 잘못이랄 수 없잖니?

• 일을 제대로 할는지/*할런지/*할른지 모르겠다.

(3) • 라면 곱빼기/*곱배기를 시켰다.

• 눈에 낀 눈곱/*눈꼽이나 떼라.

• 고래도 배꼽/*배곱이 있을까?

• 비가 내렸다. 그러고/*그리고 나서 싹이 돋기 시작했다.

• 며칠/*몇일 지나면 추석이다.

• 금세/*금새 울음을 그쳤구나.

• 숟가락/*숫가락과 젓가락/*젇가락

• 고랭지(高冷地)/*고냉지 채소

• 서울내기/*서울나기와 시골내기/*시골나기

• 넌지시/*넌즈시 속을 떠 보지 않겠어.

• 내로라하는/*내노라하는 인사들이 그럴 수 없지.

• 지금 졸리니?/*졸립니?

(4) • 장밋빛/*장미빛, 피자집/*피잣집

• 초점(焦點)/*촛점, 주가(株價)/*줏가

• 개똥/*갯똥, 개털/*갯털

〈 참고문헌 〉

김계곤(1990) 『우리 말 · 글살이의 바른 길』, 어문각.
리의도(1997) 『말을 잘하고 글을 잘 쓰려면 꼭 알아야 할 것들』, 석필.
리의도(1999) 『이야기 한글 맞춤법』, 석필.
이선웅 · 정희창(2002) 『우리말 우리글 묻고 답하기』, 태학사.

2.3 햇볕정책 / *햇빛정책

소리나, 뜻이나, 한자가 서로 비슷하여 헷갈리기 쉬운 말이 있다.

1. '볕'과 '빛'은 다르다

(1) • 황장엽(2001) 『어둠의 편이 된 햇볕은 어둠을 밝힐 수 없다』
• 햇볕정책 / *햇빛정책

2. '왠'과 '웬'은 다르다

(2) 왜 : 무슨 까닭으로. 어째서.
¶왜 날 보고 웃니?
¶가을이면 왠지 고향이 더 그리워져.
웬 : 어찌된. 어떠한.
¶웬 사람이 이렇게 많은가?
¶웬걸, 다음은 1등도 하겠단다.

헷갈리기 쉬운 것이라고 여러 책에서 공통으로 지적하고 있는 예들을 들면 다음과 같다.

(3) -(으)러/-(으)려, -(으)로서/-(으)로써, -마는/-만은, -(으)ㅁ으로(써)/-(으)므로서, -노라고/-느라고, -대/-데, -던/-든

(4) 가르마/가리마, 가르치다/가리키다, 갑절/곱절, 개펄/갯벌, 거스르다/거슬리다, 거저/그저, 검불/덤불, 겨누다/겨루다, 겯다/절다, 고명/고물, 굳다/궂다, 그러므로/그럼으로, 깃들다/깃들이다, 나가다/나아가다, 낟알/낱알, 너머/넘어, 너비/넓이, 넝쿨·덩굴/덤불, 노름/놀음, 놀라다/놀래다, 누나/누이, 늘리다/늘이다, 다리다/달이다, 닫치다/닫히다, 담그다/담다, 닻/돛, 돋구다/돋우다, 돌라앉다·둘러앉다/돌아앉다, 두껍다/두텁다, 들르다/들리다, 들이켜다/들이키다, 들추다/들치다, 듯이/-듯이, 떼다/띄다/띠다, 띄다/띠다, 마치다/맞히다, 맞추다/맞히다, 매기다/메기다, 반드시/반듯이, 벌리다/벌이다, 복어/북어, 봉오리/봉우리, 부딪치다/부딪히다, 부수다/부시다, 부치다/붙이다, 비다/빌리다, 비치다/비추다, 빼개다/빼기다, 사뭇/자못, 새싹/떡잎, 썩이다/썩히다, 아람/알밤, 아물다/여물다, 안/않, 안갚음/앙갚음, 애끊다/애끓다, 어떡해/어떻게, 여위다/여의다, 웃-/윗-, 작다/적다, 장사/장수, -장이/-쟁이, 저리다/절이다, 조리다/졸이다, 좇다/쫓다, 주검/죽음, 주리다/줄이다, 지그시/지긋이, 채/체, 한참/한창

(5) 가외(加外)/과외(課外), 간여(干與)/관여(關與), 개발(開發)/계발(啓發), 개재(介在)/게재(揭載), 갱신(更新)/경신(更新), 결단(決斷)/결딴, 고발(告發)/고소(告訴), 곤욕(困辱)/곤혹(困惑), 공포(公布)/공표(公表), 괘도(掛圖)/궤도(軌道), 구구(句句)이/구구(區區)히, 구명(究明)/규명(糾明), 구별(區別)/구분(區分), 군색(窘塞)/궁색(窮塞), 군핍(窘乏)/궁핍(窮乏), 금실(琴瑟)/금슬(琴瑟), 막연(漠然)한/막역(莫逆)한, 모독(冒瀆)/모욕(侮辱), 목재(木材)/목제(木製), 반론(反論)/변론(辯論), 반증(反證)/방증(傍證), 반향(反響)/반항(反抗), 보상(報償)/보상(補償)/포상(褒賞), 보전(保全)/보존(保存), 산림(山林)/삼림(森林), 시각(時刻)/시간(時間), 식해(食醢)/식혜(食醯), 신문(訊問)/심문(審問), 실재(實在)/실제(實際), 안정(安定)/안전(安全), 인가(認可)/허가(許可), 인습(因習)/인습(因襲), 일절(一切)/일체(一切), 자료(資料)/재료(材料), 자청(自請)/자초(自招), 작열(灼熱)/작렬(炸裂), 장애(障碍)/장해(障害), 전통(傳統)/정통(正統), 조위금(弔慰金)/조의금(弔意金), 주관(主管)/주최(主催), 지양(止揚)/지향(指向), 철재(鐵材)/철제(鐵製), 추도(追悼)/추모(追慕), 추돌(追突)/충돌(衝突), 편안(便安)/평안(平安), 피난(避難)/피란(避亂), 혼돈(混沌)/혼동(混同), 화장(化粧)/분장(扮裝), 확정(確定)/획정(劃定), 희곡(戱曲)/희극(戱劇)/희극(喜劇)

〈 참고문헌 〉

임창호(2005) 『헷갈리는 말 가려서 써야 뜻이 통한다』, 차송.

박유희 외(2003) 『쓰면서도 헷갈리는 우리말 오류사전』, 경당.

2.4 화전밭과 타향객지

같은 의미의 말을 중복하여 쓰는 경우가 흔하다. 중복의 요인은 일부 의미가 상실되었거나, 한자나 외래어의 의미를 잘못 알거나, 강조하기 위한 경우인데 대부분 잘못된 표현이다. 그 가운데는 잘못 중복된 형이 관용화(慣用化)된 것도 있다.

1. 고유어와 한자어의 중복이 굳어버린 말

(1) • 익숙하다〈 닉숙다 ← 닉+숙(熟)

• 바람벽〈 ᄇᆞᄅᆞᆷ+벽(壁)

2. 고유어가 중복된 말

(2) 고갯마루, 계집년, 바윗돌, 사내놈, 신발, 흙자국, 흙터

3. 한자어와 고유어가 중복된 말

(3) • 화전밭(火田-) → 화전

• 완두콩(豌豆-) → 완두

• 처갓집(妻家-) → 처가

• 모음집(-集) → 모음

4. 한자어가 중복된 말

(4) 점심식사(點心食事), 취사선택(取捨選擇), 타향객지(他鄕

客地), 양친부모(兩親父母), 탄신일(誕辰日)

5. 외래어에 또 다른 말이 중복된 말

(5) • LAN망 (local area network 망(網))
• TOEFL시험
(test of English as a foreign language 시험)
• TOEIC시험 (test of English for international communication 시험)
• LPG가스 (liquefied petroleum gas 가스)
• LNG가스 (liquefied natural gas 가스)
• 감지센서 (感知 sensor)
• 종합 마스터플랜 (綜合 master plan)
• 머그잔 (mug盞)
• 코스피지수 (Korea Composite Stock Price Index 指數)
• 히트 치다 (hit 치다)

6. 한자어의 의미를 잘못 파악하여 생긴 중복된 말

(6) • 퇴비 증산으로 기름진 옥토를 가꿉시다. (홍천군 광고문)
→ 퇴비 증산으로 옥토로 가꿉시다.
→ 퇴비 증산으로 기름진 땅으로 가꿉시다.
• 아내의 여동생의 남편을 부르는 호칭은?
(MBC '퀴즈가 좋다' 자막)
→ 아내의 여동생의 남편에 대한 호칭은?
→ 아내의 여동생의 남편을 어떻게 부르는가?

• 세계로 가는 첫출발역 ○○대학교입니다.
(어느 대학교 광고문)
→ 세계로 가는 출발역
→ 세계로 가는 첫 역

• 입산 출입을 금지합니다.
→ 입산을 금지합니다.
→ 출입을 금지합니다.

• 금연 예방 운동
→ 금연 운동
→ 흡연 예방 운동

• 인구밀도가 많다.
→ 인구가 많다.
→ 인구밀도가 높다.

• 북한에서 탈북한 25명이 오늘 한국에 도착했다.
→ 북한에서 탈출한 …
→ 탈북한 …

• 남은 여생을 행복하게
→ 여생을 행복하게
→ 남은 생애를 행복하게

• 자연과 인간이 함께 공존하는 세계
(노원구 2007 현대미술제)
→ 함께하는
→ 공존하는

(7) • 공사(工事)를 시공(施工)하다.
• 공사(工事)를 완공(完工)하다.

• 문제(問題)를 출제(出題)하다.
• 시험(試驗)에 응시(應試)하다.
• 음식(飮食)을 시식(試食)하다.
• 작품(作品)을 출품(出品)하다.
• 전기(電氣)가 누전(漏電)되다.
• 책(冊)을 배본(配本)하다.

2.5 아파트와 컴맹

말을 경제적으로 하기 위해서 말의 일부를 생략하기도 한다.

(1) • 남세 ← 남우세
• 남세스럽다 ← 남우세스럽다
• 노찾사 ← 노래를 찾는 사람들
• 박사모 ← 박근혜를 사랑하는 모임
• 동방 ← 동아리방
• 웃찾사 ← 웃음을 찾는 사람들
• 아더매치 ← 아니꼽고, 더럽고, 매스껍고, 치사하다

(2) • 물냉 ← 물 냉면
• 불백 ← 불고기 백반
• 불낙 ← 불고기 낙지 전골
• 불낙곱 ← 불고기 낙지 곱창 전골

(3) • 가판(街販) ← 가(두)판(매)(街頭販賣)
• 검정(檢定) ← 검정(고시)(檢定考試)

- 고교(高校) ← 고(등학)교(高等學校)
- 한국(韓國) ← (대)한(민)국(大韓民國)
- 엽서(葉書) ← (우편)엽서(郵便葉書)
- 수출입(輸出入) ← 수출(수)입(輸出・輸入)
- 양요리(洋料理) ← (서)양요리(西洋料理)

(4) • 양복(洋服) ← (서)양복(西洋服)
- 양옥(洋屋) ← (서)양옥(西洋屋)
- 양말(洋襪) ← (서)양말(西洋襪)

(5) • 디플레 ← 디플레이션(deflation)
- 레지 ← 레지스터(register)
- 마이크 ← 마이크로폰(microphone)
- 맥 ← 매킨토시(Macintosh)
- 멘스 ← 멘스트루에이션(menstruation)
- 미싱 ← (sewing machine), 재봉틀(裁縫-)
- 바바리 ← 바바리 코트(Burbarry caot)
- 사이버 ← 사이버스페이스(cyberspace)
- 삼뿌라 ← 산플라티나[サンプラ sanplatina]
- 샤프 ← 샤프 펜슬(シャープ ペンシル(sharp pencil))
- 세일 ← 바겐세일(bargain sale)
- 센티하다 ← 센티멘털하다(sentimental-)
- 아마 ← 아마추어(amatueur)
- 아파트 ← 아파트먼트 하우스(apartment house)
- 알바 ← 아르바이트(Arbiet)
- 애니 ← 애니메이션(animation)

- 엑스포 ← 엑스포지션(exposition)
- 인텔리 ← 인텔리겐치아(intelligentsia)
- 인플레 ← 인플레이션(inflation)
- 케미 슈즈 ← 케미컬 슈즈(chemical shoes)
- 콘도 ← 콘도미니엄(condominium)
- 콘택트 ← 콘택트 렌즈(contact lens)
- 콤비 ← 콤비네이션(combination)
- 텔레비 ← 텔레비전(television)
- 포르노 ← 포르노그라피(pornography)
- 폴라로이드 ← 폴라로이드 랜드 카메라(Polaroid Land camera)
- 폼 ← 플랫폼(platform)
- 프로 ← (procento) = 퍼센트(percent)
- 프로 ← 프로페셔널(professional)
- 프로 ← 프로그램(program)
- 프로 ← 프롤레타리아(prolětariat)
- 프로 ← 프로덕션(production)
- 하이 힐 ← 하이 힐(high heeled shoes)
- 휴대폰 ← 携帶 telephone
- 힐 ← 하이 힐(high heeled shoes)

억지 준말

(6) • 오리지날 : 오리도 지랄하면 날 수 있다.
- 옥떨메 : 옥상에서 떨어진 메주

2.6 스텐과 문방구

말을 생략하는 과정에 생략해서는 안 될 핵심부분이 생략되어 알맹이 없는 말이 통용되기도 한다.

(1) ㄱ 콜라 ← 콜라 음료(飮料)

ㄴ 스텐 ← 스테인리스강(鋼)

ㄷ 벤처 ← 벤처 비즈니스(venture business)

ㄱ 콜라 음료 : 콜라나무의 씨와 코카나무의 잎을 주원료로 하는 청량음료.

ㄴ 스테인리스강(stainless鋼) : 니켈, 크롬 등을 많이 넣어 녹슬지 않고 약품에도 부식되지 않도록 한 강철.

ㄷ 벤처 비즈니스(venture business) : 고도의 기술 집약형인 새로운 형태의 중소 기업.

(2) • 숙맥(菽麥) ← 숙맥불변(菽麥不辨)

• 조장(助長) ← 조장발묘(助長拔苗)

(3) • 왕재수(王財數) ← 왕재수(王財數) 없다

• 기러기 아빠 ← 외기러기 아빠

• 메이커 상품 ← 유명 메이커 상품

• 이것은 메이커다 ← 이것은 유명 메이커 상품이다

(4) • 구공탄 ← 십구공탄(十九孔炭)

• 남방 ← 남방셔츠(南方 shirts)

• 슈퍼 ← 슈퍼마켓(super market)

- 매직 ← 매직잉크(magic ink)
- 맨션 ← 맨션 아파트먼트 하우스(mansion apartment house)
- 미니 ← 미니스커트(mini skirt)
- 도자 ← 불도저(bulldozer)
- 스텐 ← 스텐레스(stainless)
- 멘트 ← (announcement)
- 파마 ← (permanent)
- 콘센트 ← (concentric plug)
- 도란스 ← (トランス current transformer), 변압기(變壓器)

(5) • 연필은 문방구에서 판다. ← 문방구점
- 저런 싸가지 봤나. ← 싸가지 없는 놈
- 아이디어 상품 ← 좋은(굿) 아이디어
- 수준급 상품 ← 높은 수준급(水準級)

2.7 헬기와 브런치

합성된 두 말의 일부가 줄어 한 말로 굳어진 경우도 있다.

1. 고유어 + 고유어

(1) 맛징어 ← 맛(있는) 오징어 (상품명)

2. 외래어 + 외래어

(2) • 글로비시 ← global English
- 네티켓 ← net etiquette
- 디카 ← digital camera
- 레포츠 ← leisure sports
- 리모컨 ← remote control
- 매스컴 ← mass communication
- 브런치 ← breakfast lunch
- 아지프로 ← asitation propaganda, 선동적인 선전활동,
  ¶아지프로문학
- 에어컨 ← air conditioner
- 오토바이 ← auto bicycle, 모터사이클(motorcycle)
- 오피스텔 ← office hotel
- 웹진 ← web magazine
- 이모티콘 ← emotion icon, 표정기호
- 테크노피아 ← technology utopia, 상가 이름

3. 외래어 + 한자어

(3) • 헬기 ← 헬리콥터 비행기(helicoper 飛行機)
- 초코색 ← 초콜릿 색(chocolate 色)
- 고속터미널 ← 고속버스 터미널(高速 bus terminal)
- 재테크 ← 재 테크놀로지(財 technology)
- 컴맹 ← 컴퓨터 맹인(computer 盲人)

2.8 초학교와 대등학교

체계를 요구하는 명칭들이 있다.

(1) ㄱ 1학년, 2학년, 3학년
　　ㄴ 학사, 석사, 박사
　　ㄷ 안과, 치과, 내과, 외과

(1)은 쉽게 그 체계나 계열을 짐작하게 하는 이름들이다.

(2) ㄱ 은우(恩雨), 진우(鎭雨), 덕우(德雨)
　　ㄴ 상규(相奎), 상덕(相德), 상민(相敏)
　　ㄷ 영희(英熙), 정희(正熙), 수희(秀熙)

(2)는 어느 집안의 항렬이라고 가정하여 할아버지 대는 ㄱ의 '우(雨)'가 항렬자이고, 아버지 대는 ㄴ의 '상(相)'이 항렬자이고, 아들 대는 ㄷ의 '희(熙)'가 항렬자라고 하면 이름만 들어도 항렬을 알 수 있다.

이와 같이 체계를 요구하는 명칭은 그 체계가 쉽게 파악되게 명명(命名)하는 것이 좋다. 그러나 그 이름들이 체계성이 없거나 이름을 들어서는 그 체계를 알 수 없는 것도 있다.

(3) ㄱ 초등학교 중학교 고등학교 대학교
　　ㄴ 초학교 중학교 고학교 대학교
　　ㄷ 초등학교 중등하교 고등학교 대등학교

(3)은 현재의 초·중·고·대학의 이름인데, ㄱ이 현재 쓰고 있는 이름이다. '-등-'이 들기도 하고 빠지기도 하여 전체 체계

로 보면 절름발이다. ㄴ이거나 ㄷ이면 균형이 잡힌다. 현재 '중등학교'란 '중·고등학교'를 말한다.

(4) 이병, 일병, 상병, 병장

(4)는 사병 계급 이름인데 상하 위계가 명확하지 않다. 이병 계급장은 가로줄이 하나고, 일병 계급장은 가로줄이 둘이다. '일-이-삼'에 유추되어 '상병'도 혼란스럽다.

(5) 의경, 순경, 경장, 경사
경위, 경감, 경정, 총경
경무관, 치안감, 치안정감, 치안총감

(5)는 경찰 계급 이름인데 역시 상하 위계가 명확하지 않다. '-경, -장, -사, -위, -정, -관, -감' 등의 혼란으로 위계를 알기 어렵다.

체계를 의도적으로 피하는 경우도 없지 않다.

시(市)의 장이 시청장(市廳長)이 아닌 시장(市長)이듯이 '구청(區廳)'의 장은 '구청장(區廳長)'이 아니라 '구장(區長)'이라야 옳다. 그러나 예전에 지금의 '이장(里長)'에 해당하는 사람을 '구장(區長)'이라 하였기에 당연한 '구장'이란 명칭을 기피하고 '구청장'이라 부른다.

'생활관(生活館)'에 학생들이 들어가는 것을 '입관(入館)'이라 하고 그런 행사라면 '입관식(入館式)'이라 해야 한다. 그러나 '입관(入棺)'과 음이 같아 '입소(入所)', '입소식(入所式)'이라 한다.

2.9 애늙은이와 작은 거인

문맥상 앞뒤가 모순(矛盾)되는 표현이 더러 있다. 또 더러는 애매하게 표현하기도 한다. 의도적으로 그렇게 쓰는 경우도 있고, 관용화한 경우도 있고, 잘못 쓴 경우도 있다.

(1) • 깨끗한 헌책 있습니다. (헌책방에 붙은 문구)
• 눈 딱 감고 한번 만나 보자.
• 늦었다고 하는 때가 가장 이른 때이다.
• 님은 갔지만은 나는 님을 보내지 아니하였습니다. (한용운의 시 「님의 침묵」)
• 바쁠수록 돌아가라.
• 사랑하기 때문에 헤어진다.
• 살고자 하면 죽고 죽고자 하면 산다.
• 아이는 어른의 아버지다.
• 여자는 약하나 어머니는 강하다.
• 좋아 죽겠다.
• 지는 것이 이기는 것이다.
• 천천히 서두르다.
• 텅 비우기만 하면 그 안에 모든 것이 갖추어진다. (無一物中無盡藏)

(2) • 고요 속의 외침
• 공공연한 비밀
• 늙은 청춘
• 대중 속의 고독

- 도시(都市)의 화전민(火田民) (권일송의 소설명)
- 무자식 상팔자
- 불타는 냉소
- 사랑의 매
- 사랑의 증오
- 상처뿐인 영광
- 설화에서 잉태한 슬프도록 아름다운 사랑 이야기
  (최인호 소설 『몽유도원도』 광고문, 2002, 10.)
- 소리 없는 아우성 (유치환의 시 「깃발」)
- 슬픈 축배 (소방차의 노래 「G까페」)
- 슬픈 미소
- 악마의 천사
- 애늙은이
- 오래된 미래 (헬레나 노르베리 호지가 쓴 책 이름)
- 은발의 청춘
- 작은 거인(巨人)
- 조용한 외침, 침묵의 외침, 소리 없는 외침
- 즐거운 비명
- 찬란한 슬픔
- 초대받은 불청객 (만화 제목)
- 쾌락의 고통
- 텅 빈 충만
- 풍요 속의 빈곤
- 현명한 바보

2.10 활동이 눈부시다

시각(視覺), 청각(聽覺), 촉각(觸覺), 미각(味覺), 후각(嗅覺)의 오감(五感)으로 느끼는 표현은 각각 다르다. 각각 다른 이 오감의 표현을 동시에 표현하기도 하고 서로 엇바꾸어 표현의 묘미를 구사하기도 한다. 또 어떤 표현은 상투적(常套的) 구문으로 굳어졌다.

1. 시각 → 청각

(1) • 맑은 목소리
• 희미한 소리
• 가느다란 목소리

2. 촉각 → 청각

(2) • 부드러운 노랫소리
• 싸늘한 목소리
• 거친 소리

3. 미각 → 청각

(3) • 감미로운 속삭임
• 달콤한 목소리

4. 촉각 → 시각

(4) • 온색(溫色), 난색(暖色), 한색(寒色)
• 싸늘한 빛

• 부드러운 색상

5. 후각 → 미각

(5) • 향긋한 맛
• 매캐한 맛

6. 촉각 → 미각

(6) • 거친 맛
• 시원한 맛

7. 그 밖에

(7) • 구수한 이야기 (미각)
• 달콤한 꾀임 (미각)
• 따끈따끈한 소식 (촉각)
• 뜨거운 환영 (촉각)
• 시끄러운 세상 (청각)
• 조용한 나라 (청각)
• 고리타분한 생각 (후각)
• 향기로운 여인 (후각)
• 향기로운 말소리 (후각)
• 화려한 변신 (시각)
• 눈부신 활동 (시각)

(8) • 생각이 깊다, 생각이 얕다 (깊이)
• 입이 무겁다, 입이 가볍다 (무게)

〈 참고문헌 〉

南星祐(1985/1993:256-262)『國語意味論』, 영언문화사.

2.11 모르는 게 약이다

이치에 맞는 말이라도 그 말과는 상충되는 또 다른 이치의 말이 존재하기도 한다.

(1) • 모르는 게 약이다. ↔ 아는 것이 힘이다.
• 웅변은 은이고 침묵은 금이다. ↔ 말은 해야 맛이다.
• 잠자코 있으면 중간은 간다.
↔ 말 잘하면 천 냥 빚도 갚는다.
• 뚫린 입으로 왜 말 못해. ↔ 입이 열 개라도 할 말이 없다.
• 피는 물보다 진하다. ↔ 사촌이 땅 사면 배가 아프다.
• 공든 탑이 무너지랴. ↔ 십 년 공부 나무아미타불.
• 못 오를 나무 쳐다보지 마라.
↔ 열 번 찍어 안 넘어갈 나무 없다.
• 빛 좋은 개살구 ↔ 보기 좋은 떡이 먹기도 좋다.
• 시작이 반이다. ↔ 천리 길도 한 걸음부터

(2) • 형만한 아우 없다. → 형보다 우수한 아우가 얼마든지 있다.
• 될성부른 나무는 떡잎부터 알아본다.
→ 성장하면서 사람이 크게 달라지기도 한다.
• 공것 바라면 이마가 벗겨진다.
→ 공것 바라지 않았지만 이마가 벗겨지기도 한다.

(3) • 휴강 한두 번 해야 인간적이다.

↔ 휴강 한두 번 안 하면 비인간적인가?

• 햄버그를 먹으면 뚱뚱해진다.

↔ 햄버그를 안 먹으면 날씬해지는가?

• 미인은 잠꾸러기 ↔ 잠이 적으면 추녀인가?

• 사랑을 하면 예뻐진다.

↔ 사랑을 하지 않으면 추녀가 되는가?

2.12 나는 하나도 무서워

여러 가지 조건의 호응이 있다. 앞뒤 호응되지 않는 문장은 의미가 불완전하다.

(1) 교사 : 아직 다했어요?

학생 : 벌써 못했어요.

교사 : 벌써 못했다고?

학생 : 아직 다 돼 갑니다.

1. 반어의문과의 호응

'여북하다 (여북하면 여북해서 여북해야)'는 반어의문(反語疑問)이 되게 종결된다.

(2) • 여북하면 자식을 버렸을까.

• 여북해서 그런 말을 했겠는가.

• 여북해야 포기하고 말았을까.

2. 부정어와의 호응

뒤에 오는 '않다', '못하다', '없다', '모르다' 따위의 부정하는 말과 호응하여 쓰이는 말이 있다.

(3)
- 석연하지 않다, 못하다. ¶분위기가 석연치 않다.
- 그다지 ~지 않다, 못하다. ¶그다지 크지 않다.
- 좀처럼 ~지 않다, 못하다. ¶더위가 좀처럼 가시지 않았다.
- 통 ~ 않다, 못하다, 없다, 모르다. ¶그는 통 말이 없다.
- 하등(何等)의 ~ 없다, 않다. ¶그것은 하등의 이유가 되지 못한다.
- 별로 ~지 않다, 못하다. ¶별로 많지 않다.
- ~도 ~ 없다, 않다 등 부정어 ¶뭐가 뭔지 하나도 모르겠다.

(4)
- 하나도 안 무서워 / 하나도 무서워(×)
- 조금도 안 추워 / 조금도 추워(×)

2.13 아닌 밤중에 홍두깨

국어 관용표현 가운데는 그 관용표현이 이루어지게 된 연유(緣由)가 있는 것이 있다. 그 연유를 정확히 알지 못하면 그 말을 바르게 쓸 수 없다.

(1)
- 백안시(白眼視)하다
- 뺑이요

- 시치미 떼다
- 아닌 밤중에 홍두깨
- 억지 춘향
- 엿 먹어라
- 엿장수 마음대로
- 육갑한다, 육갑떨다
- 지랄하다
- 해인사 밥이냐
- 혹 떼러 갔다가 혹 붙이고 왔다

(2) • 강강수월래(强羌水越來)
- 함흥차사(咸興差使)
- 야단법석(惹端法席)

그렇게 말하게 된 연유가 있을 듯한데 그 연유가 분명하지 않은 것도 있다.

(3) • 뚱딴지같다
- 터무니없다

2.14 모기한테 물렸다

관용적으로 쓰고 있는 표현 가운데는 이치에 맞지 않는 표현이 더러 있다. 그 중 어떤 것은 이미 우리 언어생활에 굳어져 바로잡기가 어려운 것도 있다.

(1) ㄱ 모기한테 물렸다. 모기한테 뜯겼다.
ㄴ 하나도 안 추워. 하나도 안 아파.
ㄷ 오곡이 무르익는 가을.
ㄹ 화무는 십일홍이요 달도 차면은 기우나니라.

ㄱ '모기한테 물렸다.'는 '물다'를 두고 생각해 보자. 무는 것은 이빨이 있는 동물이 먹이를 문다고 생각한다. 개가 물고 뱀이 문다. 모기는 이빨이 없다. 그러니까 '모기한테 물렸다'는 바르지 않다. '모기한테 뜯겼다'는 것도 옳지 않다. '갈비를 뜯다'와는 다르다. 이빨이 없는 모기가 갈비 뜯듯 한다는 것인가? 모기는 흡혈(吸血)하니까 '모기한테 빨렸다'가 바른 표현이다. 그러나 오히려 이 표현은 생소하고 우습기까지 하다.

ㄴ 추위는 하나 둘 셋으로 셀 수 있는 것이 아니다. 이것이 바르다면 이보다 더 추우면 '오늘은 둘 추워'란 표현이 통해야 한다. '조금도 안 추워.' 또는 '별로 춥지 않아'의 관용표현이다.

ㄷ '오곡(五穀)'은 '쌀, 보리, 콩, 조, 기장'이다. 이 가운데 '보리'는 초여름에 익는다. 그렇다고 '사곡이 무르익는 가을'은 웃음을 자아내게 한다. 여기서 '오곡'은 '여러 가지 곡식'의 뜻으로 받아들여야겠다.

ㄹ 화무십일홍(花無十日紅)… 꽃 중에는 흰 꽃, 노란 꽃, 자주색 꽃 … 다양하다. 여기서의 '붉다(紅)'는 '신선하게 아름다움'의 뜻으로 봐야겠다.

(2) ㄱ 욕(을) 먹다. / 애(를) 먹다.

ㄴ 눈코 뜰 새 없다.

ㄷ 잠시 눈 붙이다.

ㄱ '욕'이나, '애'는 먹을 수 있는 것이 아니다. 각각 '욕(을) 듣다', '애(가) 타다'의 다른 표현이다.

ㄴ '코'는 눈처럼 뜨고 감을 수 없다. 여기서는 '눈은 말할 것도 없고, 코까지'란 뜻으로 익살이 가미된 강조로 보아야겠다.

ㄷ '잠을 자다'란 뜻의 관용구다. 아래위의 눈꺼풀은 붙일 수 있지만 눈은 붙일 수 없다.

(3) • 귀가 번쩍 뜨인다.
• 머리를 짜다.
• 발이 넓다.
• 발이 짧다.
• 입을 모으다.
• 입이 가볍다.
• 입이 무겁다.
• 입이 짧다.

(4) • 고민을 털어놓다
• 대소변을 보다
• 머리(를) 깎다
• 머리(를) 하다
• 머리가 무겁다
• 머리를 자르다
• 발자국 소리를 내다

• 배워 달라
• 살 빼다
• 숨을 죽이다
• 시험에 미끄러지다
• 시험에 붙다
• 장 보러 가다
• 좋은 시간 되세요

(5) ㄱ 극장 구경 가자.
ㄴ 라디오를 듣다.
ㄷ 화장실 가다.

ㄱ 구경하고자 하는 것은 '영화관, 극장'이 아니라, 영화나 연극이다.
ㄴ 듣는 것은 라디오가 아니다. 라디오를 통해 방송을 듣는다.
ㄷ 화장실에 가는 것이 목적이 아니다. 거기서 용무를 보는 것이 목적이다.

(6) • 문 닫고 나가. → 나가고 문 닫아.
• 꼼짝 말고 손들어. → 손들고 꼼짝 마.
• 팔뚝을 걷어붙이다. → 소매 걷어 올리다.
• 팔을 걷어올리다. → 소매 걷어 올리다.
• 종아리 걷어올리다. → 바지 걷어올리다.

(7) ㄱ 고속터미널
ㄴ 피로회복제

ㄷ 오래달리기

ㄹ 칠전팔기(七顚八起)

ㄱ '고속버스터미널'이 줄어진 말이다. '터미널'이 '고속'일 수 없다. '버스터미널'이 바르다.

ㄴ '피로회복제'를 복용하면 '피로'가 회복되어 피로해진다. '원기회복제'라면 마시겠다.

ㄷ 말 그대로 오래 달리기라면 가장 오래 달려 늦게 들어온 사람에게 좋은 점수를 매겨야 한다. '장거리 달리기'가 바르다.

ㄹ 일곱 번 넘어졌으면 일곱 번 일어날 수는 있지만 여덟 번 일어날 수는 없다. 여기서는 '일곱 번은 물론이고 여덟 번이고 아홉 번이고'의 강조로 해석해야겠다.

(8) • 항공권 매표소 → 매권소
• 학생지원센터 소장 → 센터장
• 생활관 입소 → 입관

(9) ㄱ 바리바리 싸들고 간다. (MBC 7시 뉴스, 2002. 9. 21.)
ㄴ 안전선 밖으로 한 걸음 물러나 주시기 바랍니다. (지하철 안내 방송)
ㄷ 사리 한 접시 더 주세요.

ㄱ '바리'란 '마소의 등에 실은 짐'이다. 추석에 고향 찾은 아들·딸들이 귀성길에 부모가 싸준 것들을 보따리에 싸서 많이 가져간다는 설명 대목의 표현이다. 바리는 마소의 등에 싣고 가는 것이지 싸들고 가는 것이 아니다.

ㄴ '안전선' 밖으로 물러나면 위험하게 된다.

ㄷ 사리를 '국수나, 메밀' 등의 명사로 잘못 쓰고 있다. '사리'란 새끼, 실, 끈, 국수 등을 사리어 감은 뭉치를 이르는 말로 '실 사리, 새끼 사리'등으로 쓰며, 이러한 뭉치를 세는 단위로 '새끼 두 사리, 국수 한 사리'와 같이 쓴다.

중세 국어에 '발[足]'과 'ᄇᆞᆯ[臂]'이 다른데 'ㅏ'와 'ㆍ'의 음이 닮아가면서 'ᄇᆞᆯ[臂]'은 오늘날의 '팔'로 변하였다. '발[足]'과 유관한 동사 '밟다'가 있듯이 'ᄇᆞᆯ[臂]'과 유관한 'ᄇᆞᆲ다〉밟다'가 있다. '두 팔을 벌려서 길이를 재다.'란 뜻이다. 새끼를 꼬고 나서 그 새끼를 밟아 새끼 사리를 만드는데, 밟은 양으로 그 새끼의 길이를 가늠한다. 이와 비슷한 동작이 '사리다'이고 사려서 만들어진 뭉치가 '사리'다. '국수 한 사리 더 주세요.'가 바르다.

(10) • 차 가지고 왔다 → 차 타고 왔다.
• 우산 끄다 → 우산 접다
• 커피 끓이다 → 커피 타 마실 물을 끓이다
• 기대하셔도 좋습니다. → 기대하십시오.
• 나는 다음 역에서 내려주세요.
→ 나를 다음 역에서 내리게 해 주세요.

2.15 동냥은 안 주고 쪽박만 깬다

(1) • 벌집 쑤셔놓은 듯하다.
• 닭 잡아먹고 오리발 내민다.

(1)은 한국의 문화를 모르는 경우라도 그 의미를 쉬이 알 수 있다.

그러나, 다음 (2)~(4)와 같은 표현은 한국의 생활문화 속에서 관용화된 표현이라 우리의 생활문화를 모르고서는 이해하기 어려운 표현들이다.

(2) • 국수 먹다 → 결혼하다.
• 미역국 먹다 → 낙방하다.
• 바가지 긁다 → (아내가 남편에게) 잔소리하다.
• 콩나물 교실
→ 교실에 꽉 차게 학생이 들어찬 열악한 교육 현장

(3) • 가난한 집 제사 돌아오듯.
• 가는 방망이 오는 홍두깨
• 가을에는 부지깽이도 덤빙인다.
• 감투(를) 쓰다.
• 개 보름 쇠듯 한다.
• 개밥에 도토리
• 개천에서 용 나다.
• 거문고 인 놈이 춤을 추면 칼 쓴 놈도 춤을 춘다.
• 곶감 빼먹듯.
• 구들장 지다.
• 국수 잘하는 솜씨 수제비 못 하랴.
• 군불에 밥 짓기
• 굽은 나무가 선산(先山)을 지킨다.
• 귀신이 곡할 노릇이다.

• 금강산도 식후경
• 깡통 차다.
• 눈치가 빠르면 절에 가서도 젓갈 얻어먹는다.
• 대궐 역사는 한이 없다.
• 동냥은 못 줘도 쪽박은 깨지 마라.
• 된장에 고추 박듯.
• 떡 줄 사람 생각지도 않는데 김칫국부터 마신다.
• 뚝배기보다 장맛이 좋다.
• 말 많은 집구석은 장맛도 쓰다.
• 묵사발이 되다.
• 바가지 쓰다.
• 바지저고리
• 서당 개 삼 년에 풍월 읊는다.
• 선무당 풍물 나무란다.
• 소금 뿌려라.
• 속 빈 강정
• 아닌 밤중에 홍두깨
• 여자 팔자 뒤웅박 팔자.
• 장가가다, 시집가다, 장가들다.
• 쪽박 차다.
• 콩으로 메주를 쑨다 해도 곧이듣지 않는다.

(4) ㄱ 고수레
ㄴ 돌엄마
ㄷ 달동네

ㄱ 고수레 : 무당이 굿을 하거나 들에서 음식을 먹을 때 귀신에게 먼저 바친다는 뜻으로 음식을 조금 떼어 던지며 하는 소리.

ㄴ 돌엄마 : 아들이 탈 없이 잘 크도록 돌에다가 치성(致誠)을 드리는 민간풍속에서 그 돌을 어머니로 삼아 부르는 말.

ㄷ 달동네 : 산등성이나 산비탈 따위의 높은 곳에 가난한 사람들이 모여 사는 동네.

〈참고〉 발렌타인 데이(Valentine's Day) 등은 외국에서 수입된 것이요 상업적 의도에서 조성된 날이다. 한국의 자생 신종 명절을 만들자는 상혼(商魂)도 있다. 매년 10월 24일을 '애플 데이 (apple day)'로 정하여 '사과(謝過)'하고자 하는 사람에게 사과를 보내자고 하는 보도. (2002. 10. 24. 9시 MBC 뉴스)

2.16 물새야 울지 마라

자연환경에 따라 그 곳에 사는 사람들의 정서가 다르기도 하다. 반대로 같은 자연환경이라 해도 그 자연을 보는 사람들의 정서에 따라 다르게 인식되기도 할 것이다.

자연을 보는 우리의 정서가 관념화된 것이 있다. 우리는 지연을 어떻게 보고 있는지 알아보기로 한다.

새는 우는 것인가 노래하는 것인가? 한국인은 대체로 새는 운다고 표현한다.

(1) 새소리 : 새가 우는 소리. 조성(鳥聲). 〈표준국어대사전〉
새소리 : 새가 우는 소리. 〈NAVER 국어사전〉

(2) 僧 絶壁雖危花笑立 절벽수위화소립
笠 陽春最好鳥啼歸 양춘최호조제귀
깎아지른 절벽에도 꽃은 웃으며 서 있고,
더없이 좋은 봄날에도 새는 울며 돌아가오.
(김삿갓과 공허 스님의 「시회(詩會)」에서)

(3) 물새야 울지 말아 유수 같은 세월이…
(대중 가요 가사에서)

(4) 눈물 없이 울고 있는 새가 있다 (조영희의 시)

울어도 울어도
눈물 없는 새가 있다
혼자서 흐느끼다
목이 쉰 새가 있다

살다보니 그 무엇으로
가슴에 쟁여지듯 가득 고인 물
눈물로는 백년을 흘릴 수 없어
참고 또 참다가
웃으려 해도 울어야 하는 새가 있다

소리내어 한번 웃어 보지도
호사스럽게 호들갑 한번 떨어 보지도

눈물 한 방울 흘려 보지도
못하는 설움에
평생을 울면서 사는 새가 있다

웃고 싶을 때 화들짝 웃어나 보며
울고 싶을 때 펑펑 눈물 흘리며
가슴 후련하게 소리질러 볼
무엇으로 다시 환생하는 윤회설
꿈이나 꾸며 오늘도
눈물 없이 울고 있는 새가 있다.

〈비교〉 the birds sing a song

2.17 색상어

국어는 색상어(色相語)가 풍부하다.

고유어 색상어는 '희다, 검다, 붉다, 푸르다, 누르다'와 같은 기본형도 있고, '하얗다, 까맣다, 빨갛다, 파랗다, 노랗다'와 같이 어간의 끝소리가 'ㅎ'으로 된 기본형도 있으며, '하양, 까망, 빨강, 파랑, 노랑'과 같이 'ㅇ'으로 맺는 명사가 있는 등 가지런한 모습을 갖추고 있으면서 이들의 변형도 다양하다.

또한 다른 대상의 색깔에서 유연(有緣)한 '가을빛, 가짓빛, 감빛, 구리빛, 귤빛(橘-), 금빛(金-), 꽈릿빛, 눈빛, 먹빛, 잿빛, 젖빛, 쪽빛, 풀빛 … 가지색, 감색, 나무색, 똥색, 물색, 밤색, 살색, 풀색, 하늘색, 흙색 …'과 같은 색상명도 풍부하다.

한자어 색상명은 '백(白), 흑(黑), 적(赤), 청(靑), 황(黃), 녹

(綠), 자(紫), 홍(紅), 주(朱), 벽(碧), 단(丹) …' 등이 기본으로 쓰인다.

다음 1.은 '희다, 검다, 붉다, 푸르다, 누르다'의 변형 2.는 '-색'의 무연적(無緣的)인 색상명, 3.은 '-색'의 유연적(有緣的)인 색상명을 차례로 열거한다. 무연, 유연의 구분이 불명확한 것도 일부 있다.

1. '희다, 검다, 붉다, 푸르다, 누르다'의 변형

가. 백(白)

(1) 희-, 새하얗-, 샛하얗-, 시허옇-, 싯허옇-, 하야스레-, 하야스름-, 하양, 하얗-, 해끄무레-, 해끔-, 해끔해끔-, 해끗해끗-, 해뜩해뜩-, 허여무리-, 허여스름-, 허옇-, 희끄무레-, 희끔-, 희끔희끔-, 희끗희끗-, 희뜩벌긋-, 희뜩희뜩-, 희르스름-, 희스무레-, 희무스레-, 희무스름-, 희읍스름-

나. 흑(黑)

(2) 검-, 감-, 가마무트름-, 가마반드르-, 가마반지르- 가마잡잡-, 가망, 가맣-, 가마끄름-, 가무끼리-, 가무대대-, 가무댕댕-, 가무레-, 가무속속-, 가무숙숙-, 가무스럼-, 가무스레-, 가무스럼-, 가무잡잡-, 가무족족-, 가무촉촉-, 가무총총-, 가무칙칙-, 가무퇴퇴-, 가무트름-, 가무틱틱-, 가뭇-, 가뭇가뭇-, 감숭감숭-, 감숭-, 감장-, 거

멍, 거머무투룩-, 거머무트름-, 거머스레-, 거머죽죽-, 거멓-, 거머그럼-, 거머끼리-, 거무데데-, 거무뎅뎅-, 거무레-, 거무숙숙-, 거무스레-, 거무숙-, 거무스름-, 거무접접-, 거무죽죽-, 거무축축-, 거무충충-, 거무칙칙-, 거무튀튀-, 거뭇구뭇-, 거뭇-, 검부스레-, 검승검승-, 검승-, 검측측-, 검정, 검칙칙-, 깜-, 까마반지르-, 까마반드르-, 까마반지르-, 까망, 까마잡잡-, 까맣-, 까무끄름-, 까무끼리-, 까무대대-, 까무댕댕-, 까무레-, 까무리-, 까무숙숙-, 까무수레-, 까무스름-, 까무잡잡-, 까무족족-, 까무죽죽-, 까무촉촉-, 까무총총-, 까무칙칙-, 까무퇴퇴-, 까무트름-, 까무틱틱-, 까뭇까뭇-, 까뭇, 까맣-, 꺼멍, 꺼머트름-, 꺼멓-, 꺼머번드르-, 꺼머번지르-, 꺼무끄름-, 꺼무끼리-, 꺼무데데-, 꺼무뎅뎅-, 꺼무레-, 꺼무리죽죽-, 꺼무숙숙-, 꺼무스레-, 꺼무잡잡-, 꺼무접접-, 꺼무죽죽-, 꺼무축축-, 꺼무충충-, 꺼무칙칙-, 꺼무퇴퇴-, 꺼무튀튀-, 꺼무트름-, 꺼뭇꺼뭇-, 꺼뭇-, 껌-, 새가무대대-, 새가무스름-, 새까맣-, 새가무끄름-, 새까멓-, 새카맣-, 새까맣-, 시거무끄름-, 시거무스름-, 시꺼멓-, 시거무레-, 시꺼무죽죽-, 시커멓-

다. 적(赤)

(3) 붉-, 발가무리-, 발가스레-, 발갛-, 발그대대-, 발그댕댕-, 발그레-, 발그름-, 발그무레-, 발그속속-, 발그스레-, 발그스름-, 발긋-, 발그족족-, 발긋발긋-, 벌거무리-, 벌겋-, 벌그데데-, 벌그뎅뎅-, 벌그레-, 벌그름-,

벌그무레-, 벌그숙숙-, 벌그스름-, 벌그죽죽-, 벌긋벌긋-, 벌긋-, 볼그대대-, 볼그댕댕-, 볼그레-, 볼그름-, 볼그므레-, 볼그무레-, 볼그속속-, 볼그스름-, 볼그족족-, 볼긋볼긋-, 볼긋-, 볼그데데-, 볼그뎅뎅-, 볼그레죽죽-, 볼그레-, 불그렷-, 불그름-, 불그리-, 불그무레-, 불그숙숙-, 불그스레-, 불그스름-, 불그장장-, 불그죽죽-, 불그틱틱-, 불긋불긋-, 불긋-, 빨가틱틱-, 빨강, 빨갛-, 빨가대대-, 빨그댕댕-, 빨그레-, 빨그름-, 빨그무레-, 빨그족족-, 빨그스름-, 빨긋-, 뻘그레-, 뻘겋-, 뻘긋-, 뻘그스름-, 뻘그죽죽-, 뿔그레-, 뿔그름-, 뿔그스레-, 뿔그무레-, 뽈그속속-, 뽈그스롬-, 뽈그족족-, 뿔그레-, 뿔그숙숙-, 뿔그죽죽-, 새빨갛-, 새빨갛-, 시뻘겋-, 시뻘겋-

라. 청(靑)

(4) 푸르-, 새파랗-, 새파랗-, 시퍼러둥둥-, 시퍼렇-, 시푸르뎅뎅-, 파랑, 파르께-, 파르당당-, 파르대대-, 파르댕댕-, 파르무레-, 파르속속-, 파르숙숙-, 파르스레-, 파르스름-, 파르족족-, 파르탱탱-, 파릇파릇-, 파릇-, 파리께-, 파리-, 퍼렇-, 퍼르께-, 퍼르데데-, 퍼르뎅뎅-, 퍼르무레-, 퍼르속속-, 퍼르숙숙-, 퍼르스럼-, 퍼르스렷-, 퍼르스레-, 퍼르스름-, 퍼르족족-, 퍼르죽죽-, 퍼르틱틱-, 퍼러팅팅-, 퍼릇퍼릇-, 포랗-, 포로소롬-, 포로죽죽-, 포롯포롯-, 포롯-, 포르께-, 포르데데-, 포르댕댕-, 포르무레-, 포르므리-, 포르속속-, 포르숙숙-, 포

르수룸-, 포르스름-, 포르족족-, 포르죽죽-, 포르탱탱-, 포르틱틱-, 포름-, 포릇포릇-, 푸렇-, 푸르게-, 푸르끼리-, 푸르-, 푸르댕댕-, 푸르덩덩-, 푸르데데-, 푸르뎅뎅-, 푸르등등-, 푸르딩딩-, 푸르띵띵-, 푸르렇-, 푸르무레-, 푸르속속-, 푸르숙숙-, 푸르스그레-, 푸르스럼-푸르스레- 푸르스름- 푸르시림-, 푸르싱싱-, 푸르접접-, 푸르죽죽-, 푸르퉁퉁-, 푸르틱틱-, 푸릇푸릇-, 푸릇-

마. 황(黃)

(5) 누루-, 노라-, 노랑, 노로꼬롬-, 노르댕댕-, 노르께-, 노르꼬롬-, 노르꾸레-, 노르끄레-, 노르끼리-, 노르-, 노르무레-, 노르무리-, 노르스레-, 노르스름-, 노르족족-, 노르탱탱-, 노르퉁퉁-, 노르팅팅-, 노름-, 노릇노릇-, 노릇-, 노리꾸름-, 노리끼리-, 노리띵띵-, 노릿-, 놀놀-, 뇌랗-, 누렇-, 누르끼리-, 누르댕댕-, 누루팅팅-, 누룩누룩-, 누르기-, 누르께-, 누르끄레-, 누르끼리-, 누르데데-, 누르뎅뎅-, 누르띵띵-, 누르무레-, 누르스레-, 누르스름-, 누르잡잡-, 누르죽죽-, 누르칙칙-, 누르테테-, 누르튀튀-, 누르퉁퉁-, 누르팅팅-, 누름-, 누릇누릇-, 누릇-, 누리께-, 누리끼리-, 누리끔-, 누리탱탱-, 누리틱틱-, 누리팅팅-, 눌눌-, 뉘렇-, 니르탱탱-, 니리끼리-, 새노랗-, 샛노랗-, 시누렇-, 싯누렇-, 옅노랗-

2. '~색'으로 된 무연적(無緣的)인 색상명

(6) 갈매색(-色), 갈백색(褐白色), 갈색(褐色), 감색(紺色), 감은색(-色), 감자주색(紫朱色), 검보라색(-色), 검자주색(-紫朱色), 검회색(-灰色), 군청색(群青色), 녹갈색(綠褐色), 녹자색(綠紫色), 녹청색(綠青色), 녹황색(綠黃色), 녹회색(綠灰色), 농갈색(濃褐色), 농녹색(濃綠色), 농자색(濃紫色), 농적색(濃赤色), 농홍색(濃紅色), 농회색(濃灰色), 다홍색(-紅色), 단홍색(丹紅色), 담갈색(淡褐色), 담남색(淡藍色), 담녹색(淡綠色), 담록색(淡綠色), 담묵색(淡墨色), 담백색(淡白色), 담벽색(淡碧色), 담자색(淡紫色), 담적색(淡赤色), 담천황색(淡淺黃色), 담철색(淡鐵色), 담청색(淡青色), 담홍색(淡紅色), 담황색(淡黃色), 담흑색(淡黑色), 당홍색(唐紅色), 대갈색(帶褐色), 대록색(帶綠色), 대백색(帶白色), 대색(黛色), 대자색(帶紫色), 대적색(帶赤色), 대청색(帶青色), 대홍색(帶紅色), 대황색(帶黃色), 대회색(帶灰色), 대흑색(帶黑色), 미백색(微白色), 미색(米色), 미황색(微黃色), 백록색(白綠色), 백일색(白一色), 백자색(白紫色), 백황색(白黃色), 비색(緋色), 비색(翡色), 선녹색(鮮綠色), 선홍색(鮮紅色), 순백색(純白色), 순청색(純青色), 순홍색(純紅色), 순황색(純黃色), 순흑색(純黑色), 심녹색(深綠色), 심벽색(深碧色), 심청색(深青色), 심홍색(深紅色), 심황색(深黃色), 심흑색(深黑色), 암갈색(暗褐色), 암녹색(暗綠色), 암자색(暗紫色), 암적갈색(暗赤褐色), 암적색(暗赤色), 암청색(暗青色), 암청색(暗青色), 암황색(暗黃色),

암흑색(暗黑色), 연노란색(軟-色), 연녹색(軟綠色), 연녹색(軟綠色), 연보라색(軟-色), 연분홍색(軟粉紅色), 연붉은색(軟-色), 연색(鳶色), 연자주색(軟紫朱色), 연청색(軟青色), 연푸른색(軟-色), 연홍색(軟紅色), 연황색(軟黃色), 온백색(溫白色), 은홍색(殷紅色), 은홍색(隱紅色), 자갈색(紫褐色), 자녹색(紫綠色), 자색(紫色), 자주색(紫朱色), 자주색(紫朱色), 자홍색(紫紅色), 자흑색(紫黑色), 적갈색(赤褐色), 적록색(赤綠色), 적색(赤色), 적자색(赤紫色), 적황색(赤黃色), 적흑색(赤黑色), 주색(朱色), 주홍색(朱紅色), 주황색(朱黃色), 진갈색(津褐色), 진녹색(津綠色), 진분홍색(津粉紅色), 진홍색(眞紅色), 천홍색(淺紅色), 천황색(淺黃色), 천흑색(淺黑色), 청녹색(青綠色), 청록색(青綠色), 청백색(青白色), 청색(青色), 청홍색(青紅色), 초록색(草綠色), 취색(翠色), 홍갈색(紅褐色), 홍백색(紅白色), 홍색(紅色), 황갈색(黃褐色), 황록색(黃綠色), 황백색(黃白色), 황적색(黃赤色), 흑갈색(黑褐色), 흑색(黑色), 흑연색(黑鳶色), 흑자색(黑紫色), 흑적색(黑赤色), 희갈색(稀褐色)

3. '~색'으로 된 유연적(有緣的)인 색상명

(7) 강색(鋼色), 강철색(鋼鐵色), 강청색(鋼青色), 검정고동색(-古銅色), 겨자색(-色), 고동색(古銅色), 공간색(空間色), 공색(空色), 공작색(孔雀色), 국방색(國防色), 금색(金色), 금황색(金黃色), 낙타색(駱駝色), 난백색(卵白色), 난황색(卵黃色), 남자색(藍紫色), 남자주색(藍紫朱色), 남청색(藍

青色), 남흑색(藍黑色), 납색(-色), 놋색(-色), 놋황색(-黃色), 다갈색(茶褐色), 다색(茶色), 다색(茶色), 단백색(蛋白色), 달걀색(-色), 담람색(淡藍色), 대람색(帶藍色), 도백색(桃白色), 도색(桃色), 도홍색(桃紅色), 도화색(桃花色), 동색(銅色), 등갈색(橙褐色), 등률색(橙栗色), 등색(橙色), 등적색(橙赤色), 등황색(橙黃色), 등황색(橙黃色), 마노색(瑪瑙色), 모색(毛色), 목홍색(木紅色), 물색(-色), 미색(米色), 바다색(-色), 반금색(半金色), 반물색(-色), 백등색(白藤色), 벽옥색(碧玉色), 별색(-色), 보라색(-色), 분백색(粉白色), 불꽃색(-色), 비취색(翡翠色), 빨강고동색(-古銅色), 뿔색(-色), 산호색(珊瑚色), 상아색(象牙色), 석죽색(石竹色), 설백색(雪白色), 송화색(松花色), 수갈색(水褐色), 수묵색(水墨色), 수박색(-色), 수홍색(水紅色), 쑥색(-色), 암회색(暗灰色), 양회색(洋灰色), 연두색(軟豆色), 연미색(軟米色), 연밤색(軟-色), 연색(鉛色), 연옥색(軟玉色), 연초록색(軟草綠色), 연회색(軟灰色), 염색(焰色), 오동색(烏銅色), 옥색(玉色), 월백색(月白色), 유금색(乳金色), 유록색(柳綠色), 유백색(乳白色), 유황색(硫黃色), 육계색(肉桂色), 육계적색(肉桂赤色), 은광색(銀光色), 은록색(銀綠色), 은백색(銀白色), 은색(銀色), 은옥색(銀玉色), 은옥색(隱玉色), 은회색(銀灰色), 은흑색(銀黑色), 자금색(紫金色), 자남색(紫藍色), 자주고동색(紫朱古銅色), 장미색(薔薇色), 재색(-色), 적도색(赤桃色), 적동색(赤銅色), 적토색(赤土色), 쥐색(-色), 진주색(珍珠色), 진회색(津灰色), 차색(茶色), 채색(菜色), 철흑색(鐵黑色), 청동색(青銅

色), 청람색(青藍色), 청자색(青瓷色), 청죽색(青竹色), 청회색(青灰色), 초록색(草綠色), 취벽색(翠碧色), 칠색(漆色), 칠흑색(漆黑色), 포도색(葡萄色), 하늘색(-色), 호박색(琥珀色), 호박색(琥珀色), 황금색(黃金色), 황동색(黃銅色), 황등색(黃橙色), 황토색(黃土色), 황토색(黃土色), 회갈색(灰褐色), 회녹색(灰綠色), 회백색(灰白色), 회색(灰色), 회자색(灰紫色), 회청색(灰青色), 회황색(灰黃色), 회흑색(灰黑色), 흙색(-色), 흰회색(-灰色)

이외에도 외래어 색상명이 쓰이며 그림용 물감의 색상명도 쓰인다.

4. 외래어 색상어

(8) 브라운, 블루, 그린, 옐로우, 화이트, 레드, 핑크, 블랙, 그레이, 베이지 … 오렌지색(orange色), 올리브색(olive色), 에메랄드색(emerald色), 초콜릿색(chocolate色), 카키색(khaki色), 커피색(coffee色), 코발트색(cobalt色) …

5. 그림 용 물감의 색상어

(9) 라이트 레드(light red), 매더(madder), 버밀리온(vermilion), 비리디언(viridian), 시에나(sienna), 엄버(umber), 옐로우 오커(yellow ocher), 오우레올린(aureolin), 카드뮴 레드(cadmium red), 카드뮴 옐로우(cadmium yellow), 카드뮴 오렌지(cadmium orange), 코발트 블루(cobalt blue), 크롬 그린(chrome green), 크림슨 레이크(crimson lake),

티타늄 화이트(titanium white) …

색상에 대한 어휘가 이렇게 풍부한 한국어이건만 표현의 길은 무한하여 '파랗다, 푸르다'가 영어의 'blue, green'의 두 의미역(意味域)을 맡아 미분화된 부분도 있으며, '푸른 하늘 은하수 하얀 쪽배에 … (동요, 반달)'처럼 은하수가 보이는 밤하늘을 '푸른 하늘'이라고 표현하기도 했다.

6. 그 밖의 시각어

(10)
- 밝다, 환하다
- 어둡다, 침침하다, 어두침침하다
- 감감하다, 깜깜하다, 캄캄하다
- 흐리다, 흐릿하다
- 부옇다, 보얗다, 뿌옇다, 뽀얗다
- 뚜렷하다, 또릿하다
- 맑다, 말갛다, 멀겋다
- 투명하다(透明-), 불투명하다(不透明-), 탁하다(濁-), 희미하다(稀微-)

〈참고〉 크레파스 '살색' 표기는 인종차별 (〈동아일보〉 2002. 8. 1.)

앞으로 크레파스나 수채물감 등에서 '살색'이라는 명칭이 사라질 것으로 보인다.

국가인권위원회(위원장 김창국·金昌國)는 1일 크레파스와 수채물감의 특정색을 '살색'으로 명명한 것은 헌법 제11조의 평등권을 침해한 것이라며 기술표준원에 한국산업규격(KS)을 개정하도록 권고했다고 밝혔다.

인권위는 "기술표준원이 정한 '살색' 색명은 황인종이 아닌 인종에 대해 합리적 이유 없이 헌법에 보장된 평등권을 침해할 소지가 있으며 인종과 피부색에 대한 차별적 인식을 확대할 수 있다."고 설명했다.

1967년 기술표준원이 한국산업규격을 정하면서 일본의 공업규격상 색명을 번역하는 과정에서 황인종의 피부색과 유사한 색깔을 '살색'으로 명명했고 이에 따라 크레파스 생산업체들은 '살색'표기를 해왔다.

크레파스 생산업체 단체인 문구조합은 "기술표준원이 KS를 변경하면 업체들은 당연히 이를 따를 것"이라고 밝혔고, 기술표준원 김동철(金東哲) 원장은 "실무진과 논의해 입장을 밝힐 것"이라고 말했다.

가나인 커피딕슨씨(34) 등 외국인 4명과 성남외국인노동자의집 김해성 목사는 지난해 11월 황인종과 유사한 특정색을 '살색'으로 표기한 것은 황인종과 피부색이 다른 사람들에 대한 차별행위를 조장한다며 기술표준원장과 3개 크레파스 제조업체를 상대로 인권위에 진정을 냈다.

〈참고〉 우리말 표준 색이름 대폭 바뀐다

(〈서울=연합뉴스〉 2003. 10. 21.)

색 이름에 분홍, 갈색이 추가되고 녹색이 초록으로, 흰색이 하양으로 바뀐다. 또 기존에 '~띤'으로 사용되던 색상 수식어가 '~ㄴ'으로 변경되며 사용빈도가 높은 '흐린'이 수식 형용사에 추가된다.

산업자원부 기술표준원은 지난 64년에 제정된 일본식 색이름 체계를 40년만에 대폭 개편키로 하고 이같은 내용의 색 이름 KS규격 개정안을 마련, 올 연말부터 시행키로 했다고 21일 밝혔다.

개정안에 따르면 색 이름과 색상 분류에 기본이 되는 기본색 이름을 기존의 유채색 10색과 무채색 3색 등 13색에서 분홍과 갈색을 포함, 15색으로 확대한다. 한자어이며 색 수식어로 부적절한 녹색은 순 우리말인 초록으로 바꾸고 흰색을 하양으로 변경, '흰'은 수식어로만 사용키로 했다. 이에 따라 기본색 이름은 빨강, 주황, 노랑, 연두, 초록, 청록, 파랑, 남색, 보라, 자주, 분홍, 갈색(이상 유채색)과 하양, 회색, 검정(이상 무채색)으로 표현된다.

또 기본색 이름 앞에 붙여 색 이름을 수식하는 색 수식어는 기존 '~띤'을 '~ㄴ'형이나 단음절형, '~빛'으로 체계화한다. 예를 들어 빨강 띤 주황은 빨간 주황, 노란 띤 갈색은 황갈색, 녹색 띤 연두는 초록빛 연두로 표현이 교체되는 것이다.

또 명도, 채도와 관련된 '해맑은, 짙은, 칙칙한' 등 수식 형용사는 각각 '선명한, 진한, 탁한'으로 바뀌며 사용빈도가 높은 '흐린'이란 표현을 수식 형용사에 추가했다.

이와 함께 동식물 등의 이름과 단음절의 색 이름으로 사용하는 관용색 이름에 분홍을 새롭게 삽입하고 철감색, 대자색, 국방색 등 사용빈도가 적은 이름은 폐지한다.

우리말로 변경되는 관용색은 핑크→분홍, 브라운→갈색, 로즈→장미색, 피치→복숭아색, 블론드→금발색, 스칼릿→진홍색, 스트로베리→딸기색, 브론즈색→청동색 등이다.

각종 조명과 디스플레이 색상 표현에 사용되는 광원색 이름에는 자주, 주황, 남색, 연분홍색, 주광색, 주백색 등이 추가됐다.

기술표준원은 이번 개정안을 국민 의견수렴과 산업표준심의회 심의를 거쳐 연말부터 시행하고 앞으로 색종이, 색연필 등 색표현과 관련된 KS규격을 개정하는 한편 한국표준색표집, 관용색 이름색 견본 등을 제작해 보급키로 했다.

기술표준원은 "이번 개정안은 국민에 대한 색 인지도 조사와 색채, 심리 및 국어학 등 각 분야 전문가들의 의견을 종합해 만들어졌다"며 "일본식 색 이름 체계를 개편해 색상 표현방법을 과학적으로 재분류하고 한국 어문체계에 맞춰 쉽게 사용할 수 있도록 했다"고 설명했다.

〈 참고문헌 〉

송용주(1999) 『현대 국어 색상어의 형태 · 의미론적 연구』, 동아문화사.

2.18 미각어

색상어에 비하여 미각어(味覺語)는 그리 많은 편이 아니다.

1. 고유어 미각어

(1) 달다, 맵다, 짜다, 쓰다, 시다 (오미(五味))
싱겁다, 떫다, 고소하다, 지리다 …

2. 한자어 미각어

(2) 감미(甘味), 산미(酸味), 신미(辛味), 고미(苦味), 함미(鹹味), 담미(淡味) …

3. 유연적 미각어

(3) 소금 맛, 깨소금 맛, 귤 맛, 소태 맛, 꿀맛, 장맛(醬-) …

4. '달다, 맵다, 짜다, 쓰다, 시다' 등의 변형

가. 달다

(4) 달디달다, 달콤하다, 달큼하다, 들큼하다, 달곰하다, 달금하다, 달큰하다, 덜큰하다, 달작지근하다, 들적지근하다, 달짝지근하다, 들쩍지근하다, 달착지근하다, 들척지근하다, 달차근하다, 들처근하다, 달치근하다, 들치근하다, 달보드레하다, 들부드레하다, 감미롭다

나. 맵다

(5) 맵싸하다, 매콤하다, 매쿰하다 매큼하다, 매옴하다, 매움하다, 알알하다, 얼얼하다, 알근하다, 얼근하다, 알큰하다, 얼큰하다, 알짝지근하다, 얼쩍지근하다, 알싸하다

다. 짜다

(6) 짜다, 짜디짜다, 짭짤하다, 찝찔하다, 짭짜래하다, 짭조름하다, 찝찌름하다, 짐짐하다, 간간하다, 건건하다, 간간짭짤하다, 건건찝찔하다, 간맞다

라. 쓰다

(7) 쓰다, 쓰디쓰다, 쌉쌀하다, 씁쓸하다, 씁쓰름하다, 쌉싸래하다, 씁쓰레하다, 검쓰다

마. 시다

(8) 시다, 시디시다, 새곰하다, 새곰새곰하다, 새금하다, 새금새금하다, 새콤하다, 새콤새콤하다, 새큼하다, 새큼새큼하다, 시굼하다, 시굼시굼하다, 시금하다, 시금시금하다, 시쿰하다, 시쿰시쿰하다, 시큼하다, 시큼시큼하다, 새근하다, 새근새근하다, 새큰하다, 새큰새큰하다, 시근하다, 시근시근하다, 시큰하다, 시큰시큰하다, 새지근하다, 시지근하다, 새지금하다, 시지금하, 새치근하다, 시치근하다, 새척지근하다, 시척지근하다, 새근거리다, 시근거리다, 새큰거리다, 시큰거리다, 새근대다, 시근대다, 새큰대다, 시큰

대다, 쉬지근하다,

바. 떫다

(9) 떫디떫다, 떨떠름하다, 떠름하다, 삽삽하다(澁澁-), 빠득빠득하다, 빼득빼득하다

사. 싱겁다

(10) 싱겁다, 밍밍하다, 삼삼하다

아. 고시다

(11) 고시다, 구시다, 꼬시다, 고소하다, 구수하다

자. 비리다

(12) 비리다, 비리하다, 비리비리하다

차. 노리다

(13) 노리다, 누리다, 노착지근하다, 누척지근하다, 눠척지근하다, 눠지근하다

5. 복합적인 미각어

(14) • 새콤달콤하다, 시쿰털쿰하다
• 달콤새콤하다, 덜쿰시쿰하다, 달곰삼삼하다
• 시금씁쌀하다, 시금씁쓸하다, 시큼씁쌀하다, 시큼씁쓸하다

• 시금텁텁하다, 시큼텁텁하다, 시금떨떨하다, 시금털털하다
• 달곰삼삼하다, 달곰새금하다
• 달곰쌉쌀하다, 달곰씁쓸하다
• 알근달근하다, 얼근덜근하다
• 알짝지근하다, 얼쩍지근하다
• 맵짜하다
• 감산하다(甘酸-), 신산하다(辛酸-), 삽고하다(澁苦-)

6. 그 밖에

(15) • 탑탑하다, 텁텁하다
• 타분하다, 터분하다
• 텁터름하다
• 탑지근하다
• 모름하다
• 칼칼하다, 컬컬하다
• 느끼하다
• 지리다
• 시원하다, 개운하다, 담백하다

입안의 감각적 표현으로는 다음과 같은 것이 있다.

(16) 연하다, 깊다, 온화하다, 짜릿하다, 강하다, 약하다, 쓰다, 개운하다, 산뜻하다,

2.19 후각어

'내, 내음, 냄새, 향기'를 표현한 후각어(嗅覺語)에는 어떤 것이 있을까?

1. 후각어 형용사

(1) • 고리타분하다, 구리터분하다, 코리타분하다
• 고리탑탑하다, 구리텁텁하다, 코리탑탑하다
• 고소하다, 꼬소하다, 구수하다
• 고타분하다, 구터분하다, 코타분하다
• 고탑탑하다, 구텁텁하다, 코탑탑하다
• 골타분하다, 굴터분하다, 콜타분하다
• 골탑탑하다, 굴텁텁하다, 콜탑탑하다
• 구리다, 구리구리하다, 고리다, 고리고리하다
• 꾸리다, 꾸리꾸리하다, 꼬리다, 꼬리꼬리하다
• 쿠리다, 쿠리쿠리하다, 코리다, 코리코리하다
• 냅다, 내굽다, 내웁다
• 노리다, 누리다, 노릿하다, 누릿하다, 노리치근하다, 누리치근하다
• 노리착지근하다, 누리척지근하다, 노착지근하다, 누척지근하다
• 누케하다, 눠지근하다, 눠척지근하다
• 매큼하다. 매캐하다, 메케하다
• 배리다, 배리하다, 배리배리하다, 배릿하다, 배릿배릿하다
• 배리치근하다, 배치근하다, 배리착지근하다, 배착지근

하다

- 비리다, 비리하다, 비리비리하다, 비릿하다, 비릿비릿하다
- 비치근하다, 비척지근하다, 비리치근하다, 비리척지근하다
- 쉬척지근하다, 쉬지근하다
- 시큼하다, 시큼털털하다
- 싱그럽다, 상큼하다
- 알싸하다,
- 지리다, 지리하다, 지리지리하다, 지릿하다,
- 쾨쾨하다, 퀴퀴하다, 퀘퀘하다, 캐캐하다

(2) • 향긋하다, 향기롭다(香氣-), 유향하다(有香-),
- 방비하다(芳菲-), 분분하다(芬芬-)

2. 후각어 명사

(3) 고린내, 곰팡내, 구린내, 군내, 군둥내, 기름내, 꽃향내, 내, 노린내, 누린내, 단내, 들기름내, 똥내, 분내, 비린내, 송진내, 쉰내, 암내, 오줌내, 젖내, 젖비린내, 지린내, 참기름내, 코린내, 풀내, 향내(香의 냄새), 향내, 향수내, 화독내(火毒-), 화약내(火藥-), 흙내

(4) 닭똥냄새, 된장냄새바다냄새, 방구냄새, 생선냄새, 석유냄새, 솔잎냄새, 식초냄새, 휘발유냄새

(5) 단 내, 매운 내, 썩는 내, 썩은 내, 짠 내

(6) 묵향(墨香), 박하(薄荷香), 방향(芳香), 분방(芬芳), 암향(暗香), 차향(茶香), 청향(淸香)

2.20 청각어, 촉각어

청각(聽覺), 촉각(觸覺)을 나타내는 말들을 모아 본다.

1. 청각어

청각어는 발달하지 못하였으나 의성어가 다양하게 발달하였다.

(1) • 고요하다, 조용하다
• 시끄럽다, 소란하다, 왁자글하다, 왁자글왁자글하다

(2) • 달랑달랑/덜렁덜렁/딸랑딸랑/떨렁떨렁
• 땡땡/댕그랑댕그랑/땡그랑땡그랑

2. 촉각어

촉각어는 그리 많지 않다. 온도를 나타내는 말들도 여기에 포함시킬 수 있을 것이다.

(3) • 거칠다
• 딱딱하다
• 매끄럽다, 매끈매끈하다, 미끌미끌하다
• 까끌까끌하다, 꺼끌꺼끌하다
• 드틀드틀하다

• 보드랍다, 부드럽다, 보들보들하다, 부들부들하다, 보드레하다

• 뽀송뽀송하다, 푸석푸석하다

(4) 온기(溫氣), 냉기(冷氣), 찬기(-氣)

(5) • 덥다, 뜨겁다, 따뜻하다

• 춥다, 차다, 차갑다, 차디차다, 냉랭하다(冷冷-)

• 뜨뜻미지근하다, 미지근하다

• 시원하다, 시원시원하다

• 사늘하다, 서늘하다, 싸늘하다, 써늘하다, 싸느랗다, 써느렇다.

• 살살하다, 쌀쌀하다, 쓸쓸하다

2.21 국어의 수

국어의 수는 고유어 수사, 한자어 수사로 나누어진다.

1. 고유어 수사와 한자어 수사

(1) 하나, 둘, 셋, 넷, 다섯, 여섯, 일곱, 여덟, 아홉, 열, 스물, 서른, 마흔, 쉰, 예순, 일흔, 여든, 아흔, 온(=백), 즈믄(=천),

이 가운데 '온(=백(百))'은, '모두, 전부'의 의미로 바뀌었고, '즈믄'은 사어(死語)가 되었다.

〈보충〉 '여러 번'을 강조하는 말 '골백번(-百番)의 '골'이 숫자(만?)였을 듯도 하다.

(2) 일(一), 이(二 · 貳), 삼(三 · 參), 사(四), 오(五), 육(六), 칠(七), 팔(八), 구(九), 십(十), 백(百), 천(千), 만(萬), 억(億), 조(兆), 경(京), 해(垓) …

2. 소수(小數)의 십진급수(十進級數) 한자어

(3) • 할(割) : 1의 10분의 1. 10^{-1}
- 푼(分) : 할(割)의 1/10. 1의 100분의 1. 10^{-2}
- 리(厘) : 푼(分)의 1/10. 1의 1000분의 1. 10^{-3}
- 모(毛) : 리(厘)의 1/10. 1의 1만분의 1. 10^{-4}
- 사(絲) : 모(毛)의 1/10. 1의 10만분의 1. 10^{-5}
- 홀(忽) : 사(絲)의 1/10. 1의 100만분의 1. 10^{-6}
- 미(微) : 홀(忽)의 1/10. 1의 1000만분의 1. 10^{-7}
- 섬(纖) : 미(微)의 1/10. 1의 1억분의 1. 10^{-8}
- 사(沙) : 섬(纖)의 1/10. 1의 10억분의 1. 10^{-9}
- 진(塵) : 사(沙)의 1/10. 1의 100억분의 1. 10^{-10}
- 애(埃) : 진(塵)의 1/10. 1의 1000억분의 1. 10^{-11}

3. 미터법의 단위

(4) • 킬로(kilo) : 그 단위의 1000 배. 10^{3}. 기호 K.
- 메가(mega) : 그 단위의 100만 배. 10^{6}. 기호 M.
- 기가(giga) : 그 단위의 10억 배. 10^{9}. 기호 G.
- 테라(tera) : 그 단위의 1조 배. 10^{12}. 기호 T.

• 페타(peta) : 그 단위의 1000조 배. 10^{15}. 기호 P.

(5) • 밀리(milli) : 그 단위의 1000분의 1. 10^{-3}. 기호 m.

• 미크론(micron) : 그 단위의 100만분의 1. 10^{-6}. 기호 μ.

• 나노(nano) : 그 단위의 10억분의 1. 10^{-9}. 기호 n.

• 피코(pico) : 그 단위의 1조분의 1. 10^{-12}. 기호 p.

• 펨토(fento) : 그 단위의 1000조분의 1. 10^{-15}. 기호 f.

〈참고〉 PC 10만대 능력 '페타급 수퍼컴' 내년부터 가동

(〈조선일보〉 2007. 12. 4.)

1초에 1000조(兆)개 이상의 연산 명령을 수행할 수 있는 세계 최초의 '페타(peta·1000조)급' 수퍼 컴퓨터가 내년에 미국 에너지부 산하 로스앨러모스 연구소에서 가동을 시작한다고 워싱턴포스트가 3일 보도했다. 1996년 테라(tera · 1조)급 컴퓨터 시대가 처음 열린 지 12년 만의 쾌거인 셈이다. (중략)

컴퓨터의 역사에서 다음 이정표가 될 엑사(exa · 100경)급 수퍼컴퓨터의 등장은 10년 뒤인 2018년쯤 가능할 전망이다. 김민구 기자

〈참고〉 삼성전자, 세계 최초 나노 메모리 상용화

(〈동아일보〉 2002.9.16.)

삼성전자가 초(超)미세 기술인 나노(nm · 10억 분의 1m)급 공정기술을 적용한 D램 메모리 반도체 양산기술 개발에 성공했다. 이 기술은 메모리와 비(非)메모리 반도체를 합해 세계 반도체 업계에서 처음이다.

삼성전자는 16일 서울 호텔신라에서 내외신 기자간담회를 열어 90나노 D램 양산기술을 세계 최초로 개발했다고 발표했다. 또 같은 90나노 공정기술을 적용, 업계 최초로 2기가 바이트(GB) NAND(데이터저장용) 플래시메모리 시험생산에도 성공했다고 밝혔다. (하략)

4. 아라비아 숫자

(6) 0 1 2 3 4 5 6 7 8 9

아라비아 숫자는 인도에서 처음 쓰기 시작한 인도 숫자다. 이것을 아라비아인이 유럽에 전하여 아라비아 숫자라 불리게 되었다.

〈물음〉 아라비아 숫자가 우리 나라에 언제 전해졌을까?

5. 숫자 읽기

가. 국어의 숫자 읽기

5555,5555,5555,5555

5천5백5십5조 5천5백5십5억 5천5백5십5만 5천5백5십5

국어의 숫자 읽기를 위해서는 만, 억, 조 단위로, 곧 네 자리 단위로 끊어 써야 한다.

나. 영어식 숫자 읽기

555,555,555,555,555

555trillion(1조) 555billion(10억) 555million(100만)

555thousand(1천) 555

영어식 숫자 쓰기는 thousand(1천), million(백만), billion(10억), trillion(1조) 단위로, 곧 세 자리 단위로 끊어 써야 한다.

현재 통용되고 있는 숫자 쓰기는 영국식 숫자 쓰기이기 때문에 한국어를 쓰는 사람에게는 불편하다.

‘킬로(kilo), 메가(mega), 기가(giga), 테라(tera) …, 밀리(milli), 미크론(micron), 나노(nano) …’의 단위도 영어식 숫자 읽기와 일치하는 단위다.

〈보충〉 백범 김구 선생은 수를 한글 닿소리로 표기했다.

(〈문화일보〉 1995. 10. 10.)

김구선생은 중국 상해 프랑스 조계(租界) 숭산로의 공동묘지에 세운 김구선생 부인의 묘비에, 아내의 출생시기를 ㄹㄴㄴㄴ해 ㄷ달 ㅊㅈ날 (4222년 3월 19일)로 아내의 사망시기를 대한민국 ㅂ해 ㄱ달 ㄱ날 (대한민국 6년 (1924년) 1월 1일)로 새겼다.

3장 어 원

3.1 어원

(1) ㄱ 맞다

ㄴ 맞추다, 맞히다

ㄷ 맞겨누다, 맞닿다, 맞대들다, 맞먹다, 맞바꾸다, 맞물리다

ㄹ 달맞이, 봄맞이, 돌맞이, 물맞이, 바람맞이, 손님맞이

ㅁ 맞선, 맞벌이, 맞구멍, 맞담배, 맞각(-角), 맞대결(-對決)

ㅂ 마주, 마주보기, 마주잇기, 마주잡기, 마주치다

ㅅ 만나다 〈 맛나다 〈 맞나다

(1) ㄱ-ㅅ은 서로 유관하고 그 어근(語根)은 '맞'임을 알 수 있다. 그러면 '맞' 이전의 형태는 어떠할까?

'맞' 이전의 형태를 정확히 밝히기란 쉬운 일이 아니다. 그 한 예로 '하늘(天)'의 어원에 대해 각기 다른 다음의 견해를 보자.

(2) ㄱ 하늘〈하ᄂᆞᆯ ← 하-[大]+ᄂᆞᆯ[日,天][1)]

ㄴ 하늘〈한ᄋᆞᆯ〈한ᄫᆞᆯ〈한ᄇᆞᆯ ← 한[大]+ᄇᆞᆯ[原][2)]

ㄷ 하늘〈하ᄂᆞᆯ〈한울 ← 한[大]+울(덮개)[3)]

세 사람의 주장에 '하[大]~한[大]'은 일치하고 ᄂᆞᆯ[日・天]~ᄇᆞᆯ[原]~울(덮개)은 전혀 다르다. 어원을 정확히 밝히기란 어려운 일이다. 다음에 대체로 분명히 밝혀진 어원 일부를 들어본다.

1. 어원이 고유어인 것

(3) • 가깝-〈갓갑- ← 갗- + -ㄱ + -압-

• 가냘프-〈가냘ᄑᆞ- ← ᄀᆞᄂᆞᆯ-[細] + ᄋᆢᆲ-[薄] + -ᄇᆞ-

• 가닥 ← 갇-[線條] + -악

• 가락 ← 가ᄅᆞ-[岐] + -악

• 가람〈ᄀᆞᄅᆞᆷ ← ᄀᆞᄅᆞ-[分派] + -ㅁ

• 가랑비〈ᄀᆞᄅᆞᄫᅵ ← ᄀᆞᄅᆞ[紛] + 비[雨]

• 가랭이〈가랑이 ← 가ᄅᆞ[岐] + -앙이

• 가루〈ᄀᆞᄅᆞ[粉] ← ᄀᆞᆯ-[磨] + -ᄋᆞ

• 가물〈ᄀᆞ물〈ᄀᆞ믈〈ᄀᆞᄆᆞᆯ

• 가뭄〈가물음〈가ᄆᆞᆯᄋᆞᆷ ← ᄀᆞᄆᆞᆯ-[旱] + -ᄋᆞᆷ

• 가위〈ᄀᆞ애〈ᄀᆞᅀᅢ〈ᄀᆞ새 ← ᄀᆞᆺ-[切] + -애

• 가쟁이 ← 가지[枝] + -앙이

• 가죽 ← 갗[表皮] + -욱

---

1) 허영호(1950)「천지 일월관 : 어원기」,『신천지』5:5, 서울신문사.
2) 이남덕(1978)「한국인의 空間 觀念」『문학사상』66.
3) 안옥규(1989)『詞源辭典』, 동북조선민족출판사.

• 가지[枝] ← 갖[枝] + -이

• 강아지 < 개아지 < 가히아지 ← 가히[犬] + -아지

• 겨드랑이 ← 곁[傍] + -으- + -랑이

• 고드름 ← 곧-[直] + 어름[氷]

• 고랑 ← 골[谷] + 앙

• 고프- < 골ᄑᆞ- ← 곯-[飢] + -ᄇᆞ-

• 곶감 ← 곶-[揷] + 감[枾]

• 구실 < 구우실/구의실/구위실 < 구의질
← 구의[官廳.官員] + -질

• 글월 < 글왈 < 글발 ← 글[文] + 발[籍]

• 기둥 < 기동 ← 긷[柱] + -옹

• 기쁘- < 깃브- ← 깃-[喜] + -브-

• 까마귀 < 가마귀 < 가마괴 < 가막ᄋᆡ
← 감-[黑] + -악 + -ᄋᆡ

• 나쁘- < 낟브- < 낮브- ← 낮-[低] + -브-

• 낚시 < 낛시 ← 낛-[釣] + 시

• 눈시울 < 눈시울 ← 눈[眼] + 시울

• 늑장 < 늦장 ← 늦-[晩] + -장

• 다니- < ᄃᆞ니- < ᄃᆞᆮ니- < ᄃᆞᆮ니- ← ᄃᆞᆮ-[走] + 니-[行]

• 떨어지- < ᄯᅥ러지- < ᄠᅥ러디-
← ᄠᅥᆯ-[振] + -어 + 디-[落]

• 마당 ← 맏[場] + -앙

• 마렵- < ᄆᆞ렵- ← ᄆᆞᆯ[便] + -엽-

• 마중 ← 맞-[迎] + 웅

• 말씀 < 말ᄊᆞᆷ ← 말 + -ᄉᆞᆷ

• 매미〈 매아미〈 ᄆᆡ야미〈 ᄆᆡ아미 ← {ᄆᆡ암 + -이}

• 메아리〈 뫼아리〈 뫼ᄉᆞ리〈 뫼ᄉᆞᆯ이
← 뫼[山] + ᄉᆞᆲ- [白]+ -이

• 며칠〈 며ᄎᆞᆯ〈 몇을 ← 몇[幾] + 을[日]

• 모두〈 모다/모도 ← 몯-[集] + -아/-오

• 무덤 ← 묻-[埋] + -엄

• 무르팍 ← 무릎[膝] + -악

• 무리 ← 물[徒] + -이

• 무지개〈 므지게 ← 믈[水] + 지게[門]

• 믿브- ← 믿-[信] + -브-

• 바쁘-〈 밧ᄇᆞ- ← 밫-[忙] + -ᄇᆞ-

• 배꼽〈 ᄇᆡ꼽〈 ᄇᆡᆺ곱〈 ᄇᆡᆺ복 ← ᄇᆡ[腹] + -ㅅ + 복(복판)

• 뱃심〈 뱃힘 ← 배[腹] + ㅅ+ 힘[筋]

• 사나이〈 ᄉᆞ나ᄒᆡ ← ᄉᆞᆫ[男] + 아ᄒᆡ[兒]

• 솜씨〈 솜ᄡᅵ〈 손ᄡᅵ ← 손[手] + ᄡᅳ-[用] + -이

• 송아지〈 숑아지〈 쇼아지 ← 쇼[牛] + -아지

• 수이〈 수ᄫᅵ〈 수비〈 쉽이 ← 쉽-[易] + -이

• 시내〈 실내 ← 실[谷] + 내[川]

• 아버지 ← 압 + -어지

• 아범 ← 압[父] + -엄

• 어머니 ← 엄[母] + 엇 + -니

• 어멈 ← 엄[母] + -엄

• 얼마〈 언마〈 어느마 ← 어느[何] + 마[量]

• 온갖〈 온가지 ← 온[百] + 가지

• 올바르- ← 올-[全,專] + 바르-[正]

• 우뢰[雨雷] < 우레 < 울에 < 울게 ← 울-[鳴] + -게

• 우물 < 움물 ← 움[穴] + 물 < 믈[水]

• 입술 < 입슐 < 입시울 ← 입[口] + 시울

• 지팽이 < 지팡이 < 디팡이 ← 딮- + -앙 + -이

• 차마 < ᄎᆞ마 ← ᄎᆞᆷ-[忍] + -아

• 하얗- < ᄒᆞ얗- < ᄒᆡ얗- < ᄒᆡ앟-
← ᄒᆡ-[白] + -앟-[접미사]

• 함께 < ᄒᆞᆷᄢᅴ < ᄒᆞᆫᄢᅴ < ᄒᆞᆫᄣᅴ ← ᄒᆞᆫ[同一] + ᄣᅴ[時]

• 혼자 < 호자 < ᄒᆞ오ᅀᅡ < ᄒᆞᄫᆞᅀᅡ ← ᄒᆞᄫᆞᆯ + -ᅀᅡ

• 황소 < 항쇼 < 한쇼 ← 한[大] + 쇼[牛]

• 희다 < ᄒᆡ-[白] ← ᄒᆡ[,太陽]

2. 어원이 한자어나 중국어인 것

(4) • 가게 < 가가(假家)

• 가난 < 간난(艱難)

• 가난하- < 간난ᄒᆞ-(艱難-)

• 가지[茄] < 茄子

• 거지 < 乞子

• 겨자 < 芥子

• 고약하- < 고약ᄒᆞ- < 怪惡ᄒᆞ-

• 고추 < 고쵸 < 苦草

• 김장 < 짐장 < 딤장 < 팀장 < 沈藏 ← 沈菜貯藏

• 김치 < 짐치 < 짐ᄎᆡ < 딤ᄎᆡ < 沈菜

• 나중 < 내죵(乃終)

• 누비 < 衲衣. 누비다 ← 누비+다

- 되〈斗
- 띠〈씌〈씌〈帶
- 마고자〈馬褂子
- 마냥〈ᄆᆡ양〈ᄆᆡᅀᅣᆼ〈ᄆᆡ샹〈每常
- 마땅하-〈맞當하- ← 맞- + 當 + 하-
- 말〈ᄆᆞᆯ〈馬
- 매양〈ᄆᆡ양〈ᄆᆡᅀᅣᆼ〈ᄆᆡ샹〈每常
- 먹〈墨
- 멍석〈網席
- 박수〈박ᄉᆞ〈卜師
- 방석〈방셕〈方席
- 방죽〈防築
- 뱅어〈백어(白魚)
- 베〈뵈〈布
- 보배〈寶貝
- 본대〈본ᄃᆡ〈本來
- 사냥〈산힝〈山行
- 사랑(愛)〈ᄉᆞ랑(思) ← 思量
- 시금치〈시근ᄎᆡ〈치근ᄎᆡ〈赤根菜
- 붓〈붇〈筆
- 붕어〈부어(鮒魚)
- 서랍〈舌盒
- 성냥〈셩냥〈셩뉴앙〈셕뉴황〈石硫黃
- 소경〈쇼경〈숑경〈誦經
- 썰매〈설마(雪馬)

- 얌전 〈 엄전(嚴全)
- 얌체 〈 얌치 〈 염치(廉恥)
- 양말 〈 양말(洋襪) ← 西洋 + 襪
- 양재기 〈 양자기 ← 西洋 + 磁器
- 영계 〈 연계(軟鷄)
- 용수 〈 롱ᄉᆞ 〈 籠篩
- 으뭉 〈 음흉 〈 陰凶
- 저 〈 뎌 〈 笛
- 접시 〈 졉시 〈 뎝시 〈 楪子
- 조리 〈 죠리 〈 笊籬
- 조용하– 〈 죵용 〈 從容
- 조카 〈 족하 〈 族下
- 주발 〈 듀발 〈 鍮鉢
- 짐승 〈 즘싱 〈 즁싱 〈 衆生
- 차례 〈 차뎨 〈 次第
- 챙 〈 차양 〈 遮陽
- 초 〈 쵸 〈 燭
- 추렴 〈 츄렴 〈 出斂
- 퉁소 〈 洞簫
- 헛– 〈 虛
- 혹시(或是) 〈 혹 〈 시혹(是惑)

3. 어원이 고유어와 한자어가 복합된 것

(5) • 강냉이 〈 강남이 ← 강남(江南) + –이

- 괴롭-〈 고롭- ← 고(苦) + -롭-
- 대롱〈 대[竹] + 통(筒)
- 동치미〈 동침(冬沈) + 이
- 말짱하다〈 말쩡ᄒᆞ-〈 맑정ᄒᆞ- ← 맑- + 정(淨) + ᄒᆞ-
- 망아지〈 ᄆᆞ야지 ← ᄆᆞᆯ[馬] + -아지
- 이승〈 이ᄉᆡᆼ ← 이[此] + ᄉᆡᆼ(生)
- 재다〈 자히- ← 자ㅎ(尺) + -이-
- 저승〈 뎌ᄉᆡᆼ ← 뎌[彼] + 生
- 토끼〈 톳기 ← 토(兎) + -ㅅ + -기

〈 참고문헌 〉

김방한(1990) 『語源論』, 민음사.

박갑천(1995) 『재미있는 어원 이야기』, 을유문화사.

안옥규(1996) 『어원사전』, 한국문화사.

이남덕(1985) 『韓國語 語源 硏究 I-IV』, 梨花女子大學校出版部.

조항범(1994) 『國語 語源硏究 叢說』, 太學社.

조항범(1997) 『다시 쓴 우리말 어원이야기』, 한국문원.

최창렬(1986/1993) 『우리말 語源硏究』, 일지사.

3.2 남으면 넘는다

동일한 어원에서 모음이 교체하면 의미도 바뀌는 경우가 있다. 이를 모음교체(母音交替 ablaut)라고 한다. 이것은 어감만 달라지는 음상(音相)과는 다르다.

1. 명사

(1) • 갖 〉 가죽/겇 〉 거죽
- 나/너
- 나비/너비
- 마리/머리, 실마리/말머리
- 맛/멋, 맛대가리/멋대가리
- 밭[田]/벌[野]
- 살[歲]/설[元旦]
- 아비/어미
- 알[卵]/얼[魂]
- 염치(廉恥)/얌체
- 졸가리/줄거리

2. 동사, 형용사

(2) • 갓다 〉 깎다/것다 〉 꺾다
- 곧다[直]/굳다[固]
- 가르다/거르다
- 곱다/굽다
- 낙낙하다/넉넉하다
- 낡다/늙다
- 남다/넘다
- 낳다/놓다/넣다
- 녹다/눅다
- 다듬다/더듬다

• 도탑다[篤]/두텁다[厚]

• 막다(防)/먹다(塞) ¶귀가 먹다

• 말갛다/멀겋다

• 맑다/묽다

• 밝다/붉다

• 삭다/석다 〉썩다

• 앉다/얹다

• 얕다/옅다

• 작다/적다

• 잡다/줍다/집다

• 졸다[縮]/줄다[減]

• 핥다/훑다

• 헐다/할다(헐뜯다, 참소(讒訴)하다)

3.3 고린내와 구린내

모음 교체(母音交替)와는 달리 모음이나 자음이 교체되어도 의미는 변하지 않고 그 어감(語感)만 달라지는 경우가 있다. 이를 음상(音相)이라 한다. 국어는 음상이 매우 발달한 언어다. 음상에 따라 작은말과 큰말로 구분된다.

1. 명사

(1) • 감장/검정/깜장/껌정

• 까풀/꺼풀

• 고린내/구린내

2. 관형사 '이 · 그 · 저'와 관련된 말

(2) • 이/요 이놈/요놈 이리/요리 이만/요만
• 그/고 그놈/고놈 그리/고리 그만/고만
• 저/조 저놈/조놈 저리/조리 저만/조만

(3) • 이맘때/요맘때 이래서/요래서 이렇다/요렇다
• 그맘때/고맘때 그래서/고래서 그렇다/고렇다
• 저맘때/조맘때 저래서/조래서 저렇다/조렇다

3. 부사

(4) • 감감/깜깜/캄캄/검검/껌껌/컴컴
• 동동/똥똥/통통/둥둥/뚱뚱/퉁퉁
• 졸졸/줄줄/질질/촐촐/출출/칠칠

(5) • 고불/구불/꼬불/꾸불/고불고불/구불구불/꼬불꼬불/꾸불꾸불
• 고불탕고불탕/구불텅구불텅/꼬불탕꼬불탕/꾸불텅꾸불텅
• 고무락고무락/구무럭구무럭/꼬무락꼬무락/꾸무럭꾸무럭
• 발랑발랑/빨랑빨랑/팔랑팔랑/벌렁벌렁/뻘렁뻘렁/펄렁펄렁
• 반질/번질/빤질/뻔질/반질반질/번질번질/빤빌빤질/뻔질뻔질

4. 형용사

(6) • 파랗다/퍼렇다
• 노랗다/누렇다
• 까맣다/꺼멓다
• 빨갛다/뻘겋다
• 하얗다/허옇다

(7) • 간지럽다/근지럽다
• 고리다/구리다
• 고리타분하다/구리터분하다
• 고리탑탑하다/구리텁텁하다
• 고소하다/구수하다
• 바지런하다/부지런하다
• 야위다/여위다

5. 음상적 차이가 형성되지 않은 말도 있다.

(8) • 고루고루/*구루구루
• 고분고분/*구분구분
• 골목골목/*굴묵굴묵
• 고래고래/*구래구래

3.4 엿가락

새로운 낱말이 형성되는 조어(造語)과정과, 한 말에서 여러 말이 만들어져 갈려 나가는 어휘분화(語彙分化)의 과정을 살펴보기로 한다.

이 보기에서는 시기를 정확히 알 수 없는 과거 어느 시기에 'ㄱ'소리와 'ㄹ'소리가 중심이 된 어떤 낱말이 형성되었다는 추정에서 출발한다.

1. 'ㄱ · ㄹ'이 바탕이 된 말의 형성

(1) ㄱ · ㄹ

- 갈 〉칼[刀]
- 골[谷]
- 골/가르 〉가루[粉]

2. '갈 > 칼[刀]'과 유관한 말의 형성

(2) • 갈 〉칼[刀]

- 가르다[分 · 岐 · 裂] → 갈리다
- 갈다[耕 · 磨] → 갈리다

3. '골[谷]'과 유관한 말의 형성

(3) • 골[谷], 골째기 ← 골짜기,

골바람, 골방, 골판지(-板紙),

산골, 산골째기 ← 산골짜기,

골목, 골목골목, 골목길, 골목대장,

- 고랑(← 골+앙), 밭고랑
- 고랭이(← 골+앵이)
- 고래(← 골+애), 구들고래, 방고래

고랫 뫼ᅀᅡ리라(谷響) 〈능엄경 8;55〉

묏고래 디는 니피 블겠도다(山谷葉葉赤)

〈두시언해 7;26〉

골 곡(谷) 〈훈몽자회 上〉

4. 'ᄀᆞᆯ/가ᄅᆞ>가루[粉]'와 유관한 말의 형성

(4) • 가루[粉]〈 ᄀᆞᆯ/ᄀᆞᄅᆞ

가루〈 가로〈 ᄀᆞᄅᆞ[粉] ← {ᄀᆞᆯ-[磨] + -ᄋᆞ(접미사)}

• -가락 ¶엿가락, 숟가락, 젓가락(손가락, 발가락, 가락지(-指)

• -거리/-가리 ¶졸가리, 줄거리

• 가람[江]〈 ᄀᆞᄅᆞᆷ ← {ᄀᆞᄅᆞ-[分派] + -ㅁ(접미사)}

• 가랑비〈 ᄀᆞ랑비〈 ᄀᆞᄅᆞᄫᅵ ← {ᄀᆞᄅᆞ[粉] + 비[雨]}

눉므리 ᄀᆞᄅᆞᄫᅵ ᄀᆞ티 ᄂᆞ리다〈月釋 1: 36〉

ᄀᆞ랑비[濛鬆雨]〈역어유해 상·2〉

• 가랑[岐·跨]〈 ᄀᆞ랑 ← {가ᄅᆞ-[岐] + -앙(접미사)}

가랑이(갈+앙이) ¶가랑머리, 가랑구

가랭이(갈+앵이)

• 갈래 가르+래(〈 애) ¶갈래꽃, 갈래갈래, 갈래다

5. 'ㄱ·ㄹ>ㄱ·ㄷ'와 유관한 말의 형성

(5) ㄱ·ㄹ 〉ㄱ·ㄷ

• 가락 〉가닥

가닥 ¶곁가닥, 군가닥, 외가닥

6. 'ㄱ·ㄷ>ㄱ·ㅈ'과 유관한 말의 형성

(6) ㄱ·ㄷ 〉ㄱ·ㅈ

- 가지, 가쟁이(방언)

  가지(枝)〈 *가디 → 갇(分·線條) + -이(명사화접미사)

  나뭇가지

  일본 고대어에서는 식물의 줄거리를 kara(莖)라고 함.

  이남덕(1985-6)『한국어 어원연구 I-IV』, 이화여대 출판부.

  無憂樹ㅅ 가지 굽거늘 〈曲 19〉

  즘겟 가재 연ᄌᆞ니 〈龍 7〉

- 가쟁이(枝) ← 갖+앵이
- 가쟁이(枝) ← (가지(枝)+앙이)

〈보충〉 '골(邑·縣)'은 '골(谷)'과 어원이 다르다.

▸골(邑·縣)< 고을< 고올< ᄀᆞ올< ᄀᆞᄫᆞᆯ

'가재(石蟹)'는 '가지(枝)'와 어원이 다르다.

▸가재< 가제< 가졔< 가게

3.5 눈시울과 입술

말은 시간이 흘러감에 따라 그 형태가 바뀐다. 그러나 그 바뀌는 속도가 꼭 같은 것이 아니다. 같은 말이라도 말의 전후 환경에 따라 달리 바뀌기도 한다. 다음 (1)~(4)는 각각 같은 어원에서 달리 바뀌어 가는 모습을 ㄱ~ㄷ에서 견주어 볼 수 있다.

(1) ㄱ 입+시울→입시울〉입술

ㄴ 눈+시울→눈시울

(2) ㄱ 입+힘→입힘〉입심. ¶뒷심, 뱃심, 팔심, 뚝심.

ㄴ 제+힘→제힘

(3) ㄱ 앓+ᄇᆞ다→알ᄑᆞ다〉아프다

ㄴ 곯+ᄇᆞ다→골ᄑᆞ다〉고프다

ㄷ 슳+브다→슬프다

(4) ㄱ 고〉코

ㄴ 고삐(고+삐〈바), 고뿔(고+불)

ㄷ 코끼리(코+길+이), 콧물, 코뿔소, 콧노래, 콧소리

국어의 어휘 형태가 바뀐 예를 일부 모아 보면 다음과 같다.

(5) • 가늘-〈ᄀᆞᄂᆞᆯ-(細)

• 가엾-〈가이없-(憐)〈ᄀᆞ이없-(無邊)

• 가을〈ᄀᆞᅀᆞᆯ

• 감추-〈ᄀᆞᆷ초-〈ᄀᆞ초-

• 갓(初)〈ᄀᆞᆺ

• 개〈가이〈가히

• 거북〈거붑

• 거울〈거우로

• 겨울〈겨을〈겨ᅀᅳᆯ

• 고을〈고ᄋᆞᆯ〈고올〈ᄀᆞ올〈ᄀᆞᄫᆞᆯ

• 기와〈지와(瓦)〈지애〈지새〈디새

- ᄭᅩᆾ < 곶 < 곶[花]
- 끝 < 긑
- 끼 < ᄣᅵ[時]. 끼니[時食] < ᄣᅵ니
- 나이 < 나히
- 노래 < 놀애
- 노루 < 노ᄅᆞ/노로
- 눈썹 < 눈섭
- 다시마 < 다스마 < 다ᄉᆞ마
- 던지- < 더지- < 더디-[投]
- 도마 < 도막
- 토막 < 도막
- 도적 < 도ᄌᆞᆨ(盜賊)
- 들[野] < 들ㅎ < 드르ㅎ[野]
- 딸 < ᄯᆞᆯ
- 땅[地] < ᄯᅡᆼ < ᄯᅡㅎ
- 마을[里] < ᄆᆞ을 < ᄆᆞᄋᆞᆯ < ᄆᆞᅀᆞᆯ
- 마음[心] < ᄆᆞᅀᆞᆷ
- 마흔 < 마은 < 마ᄋᆞᆫ < 마ᅀᆞᆫ
- 만들- < ᄆᆞᆫᄃᆞᆯ- < ᄆᆡᆼ글-/ᄆᆞᆫᄃᆞᆯ-/ᄆᆡᆫᄃᆞᆯ- < ᄆᆡᆼᄀᆞᆯ-
- 머루 < 멀위 < 멀구
- 먼저 < ᄆᆞᆫ져
- 멈추- < 머추-
- 바퀴 < 바쾨 < 박회 < 바회
- 베- < 버히-
- 보조개 < 보죠개[頰]

- 부엌 〈 부억 〈 브ᅀᅥᆨ 〈 브ᅀᅥᆸ
- 북 〈 붑/붚
- 불켜- 〈 블혀-
- 붉- 〈 블-[赤] 〈 블[火]
- 비녀 〈 빈혀
- 사이 〈 ᄉᆞᅀᅵ
- 사흘 〈 사ᄋᆞᆯ
- 생기- 〈 상기- 〈 삼기-
- 서울 〈 셔울 〈 셔블
- 설마 〈 셜마 〈 혈마 〈 현마
- 소금 〈 소곰
- 시골 〈 싀골 〈 스ᄀᆞ올 〈 스ᄀᆞᄫᆞᆯ
- 싫- 〈 슳-[厭・悲]
- 싱겁- 〈 승겁- 〈 슴겁-
- 씩씩하- 〈 싁싁ᄒᆞ-
- 아내 〈 안해
- 아우 〈 아ᅀᆞ
- 아침 〈 아ᄎᆞᆷ
- 에게 〈 의게 〈 거기 〈 그어긔
- 예쁘- 〈 어엿브-[憐]
- 잇몸 〈 닛므윰
- 젊- 〈 졂- 〈 졈-[幼・靑壯]
- 제비 〈 졔비 〈 져비
- 짓[行動・動作] 〈 즛[貌樣・形狀]
- 쪽 〈 ᄧᅩᆨ

- 처음 〈 처ᅀᅥᆷ
- 치마 〈 츄마
- 칼 〈 갈
- 코 〈 고ㅎ
- 틈 〈 ᄠᅳᆷ
- 티끌 〈 듣글 〈 드틀
- 파리[蠅] 〈 ᄑᆞ리
- 팔[臂] 〈 ᄑᆞᆯㅎ 〈 ᄇᆞᆯㅎ
- 푸르- 〈 프르-
- 흙 〈 ᄒᆞᆰ

〈 참고문헌 〉

김민수(1997)『우리말 語源硏究』, 太學社.

南廣祐(1982)『改訂 古語辭典』, 一潮閣.

劉昌惇(1974)『李朝語辭典』, 延世大 出版部.

한글학회(1992)『우리말 큰사전 4 -옛말과 이두』, 어문각.

3.6 이면수와 숙주나물

사람들은 어원에 대해서 궁금증을 가진다. 그러다가 그럴싸한 어원을 만들어 내기도 한다. 물론 언어학적 근거가 되지 못하여 믿을 수 없는 것이지만 들어보면 그럴싸하다. 근거가 없지만 그럴싸한 어원을 민간어원(民間語源)이라 한다. 언어마다 민간어원이 있고 국어에도 전하는 민간어원이 있다.

(1) ㄱ 이면수

ㄴ 숙주나물

ㄱ '이면수'는 관북지방에 사는 임연수(林延壽)라는 사람이 잘 낚았다는 데서 그렇게 부르게 되었다 한다.

ㄴ '숙주나물'은

① 세조대의 공신인 신숙주(申淑舟)가 평소에 녹두나물을 즐겨하여 밥상에 이 나물이 끊일 때가 없었다. 그러자, 세종대왕이 앞으로는 녹두나물을 숙주나물이라 부르라고 명하였다 한다.

② 세종 때의 공신들이 수양의 왕위 찬탈에 반대하여 극형을 받을 때 신숙주는 신의를 저버리고 수양 편에 섰기 때문에 잘 쉬는 녹두나물을 변절한 신숙주에 빗대어 숙주나물이라 부르게 되었다 한다.

(2) • 노다지〈노두지(露頭地)/no touch

• 도루묵

• 명태

• 문둥이

• 빈대떡/빈자떡

• 설렁탕

• 소나기/속낙(速落)이/소내기

• 행주치마〈힝ㅈ(行廚)쵸마[裳]/행주(幸州)치마

(3) • 칵테일

• 샌드위치

• 18번

〈 참고문헌 〉

김민수(1997) 『우리말 語源硏究』, 太學社.
박갑천(1995) 『재미있는 어원 이야기』, 을유문화사.
박일환(1994) 『우리말 유래 사전』, 우리교육.

3.7 불사조와 면죄부

(1) ㄱ 세발낙지
ㄴ 대게
ㄷ 대구

ㄱ '세발낙지(細-)'는
① 세 갈래의 발을 가진 낙지가 아니라,
② 가느다란 발을 가진 낙지다.

ㄴ '대게'는
① 〈금성판 국어대사전〉에는 그림을 함께 실어 '대게(大-)'라 했다.
② 영덕 어부들은 '대나무 같이 생긴 다리를 가진 게' 곧, '대게[竹-]'라고 한다.

ㄷ '대구(大口)'는 입이 크다고 해서 그렇게 부른다.

(2) ㄱ 사랑니
ㄴ 편도선

ㄱ '사랑니'는 사랑[愛]+니[齒]로 이 이는 성년기에 나는데, 이 시기에는 이성에 대한 호기심이 많을 때이며, 특히 이 이가 날 때 첫사랑을 앓듯이 아프다하여 '사랑니'라 부른다 한다.

ㄴ '편도선(扁桃腺)'의 편도(扁桃)는 복숭아와 비슷한데 그 열매는 식용으로 우리에게 '아몬드'란 이름이 더욱 친숙하다. 구강 및 그 부근의 점막에서 림프성(lymph性)의 조직이 발달한 부분이 편도선인데, 신체의 발육기에 있어서 멸균, 면역 따위의 작용으로 신체를 보호한다. 만지면 편도, 곧 아몬드 같은 것이 잡힌다.

(3) • 물망초(勿忘草)
 • 수선화(水仙花 Narcissus)
 • 무명지(無名指)

(4) ㄱ 불사조(不死鳥)
 ㄴ 면죄부(免罪符)
 ㄷ 속죄양(贖罪洋)
 ㄹ 요지경(瑤池鏡)
 ㅁ 시금석(試金石)

ㄱ 불사조(不死鳥)

① 영원히 죽지 않는다는 전설의 새. 이집트 신화에 나오는 새로 500~600년마다 한 번 스스로 향나무를 쌓아 불을 피워 타 죽고 그 재 속에서 다시 살아난다고 한다. 피닉스(phoenix).

② 어떠한 어려움이나 고난에 빠져도 굴하지 않고 이겨 내

는 사람을 비유적으로 이르는 말.

ㄴ 면죄부(免罪符) : 중세에 로마 가톨릭교회가 금전이나 재물을 바친 사람에게 그 죄를 면한다는 뜻으로 발행하던 증서. 800년경에 레오 3세가 시작하여 대대로 교회 운영의 재원(財源)으로 상품화하였다가, 15세기 말기에는 대량으로 발행하여 루터의 비판을 불러일으키고 종교 개혁의 실마리가 되었다.

ㄷ 속죄양(贖罪洋)

① 유태교도들이 속죄일에 제물로 바치는 염소.

② 남의 죄를 대신 지는 사람을 비유적으로 이르는 말.

ㄹ 요지경(瑤池鏡)

① 확대경을 장치하여 놓고 그 속의 여러 가지 재미있는 그림을 돌리면서 구경하는 장치나 장난감.

② 알쏭달쏭하고 묘한 세상일을 비유적으로 이르는 말.

※ 요지(瑤池) : 중국 곤륜산에 있다는 못. 신선이 살았다고 하며, 주나라 목왕이 서왕모를 만났다는 이야기로 유명하다.

ㅁ 시금석(試金石)

① 귀금속의 순도를 판정하는 데 쓰는 검은색의 현무암이나 규질의 암석. 금이나 은 조각을 이 돌의 표면에 문질러 나타난 흔적의 빛깔과 표본의 금 빛깔을 비교하여 순도를 시험한다. 층샛돌(層-)

② 가치, 능력, 역량 따위를 알아볼 수 있는 기준이 되는 기회나 사물을 비유적으로 이르는 말.

(5) ㄱ 카이저수염(Kaiser鬚髥)

ㄴ 쿠오 바디스(Quo Vadis)

ㄷ 타잔(Tarzan)

ㄹ 메카(Mecca)

ㅁ 레임덕(lame duck)

ㄱ 카이저수염(Kaiser鬚髥)

① 독일 황제 빌헬름 2세의 수염에서 온 말.

② 양쪽 끝이 위로 굽어 올라간 코밑 수염.

ㄴ 쿠오 바디스(Quo Vadis) : 폴란드의 작가 셍키에비치(Sienkiewicz)가 쓴 장편소설. '주여 어디로 가시나이까'의 뜻.

ㄷ 타잔(Tarzan) : 미국 작가 버로스(E. R. Burroughs)가 지은 모험 소설 '원인(猿人) 타잔'의 주인공.

ㄹ 메카(Mecca)

① 사우디아라비아 남서부에 있는, 홍해 연안의 도시. 이슬람교의 창시자인 마호메트가 태어난 곳으로 이슬람교 최고의 성지이다. 로마 시대부터 중요한 교역지이며, 종교적인 유적이 많아 세계 각처에서 이슬람교도의 순례가 끊이지 않는다.

② 어떤 분야의 중심이 되어 사람들의 동경 숭배의 대상이 되는 곳.

ㅁ 레임덕(lame duck)

① 절름발이 오리라는 뜻.

② 임기 종료를 앞둔 대통령 등의 지도자 또는 그 시기에 있는 지도력의 공백 상태를 이르는 말.

〈 참고문헌 〉

김민수 편(1997) 『우리말 語源硏究』, 태학사.
박갑천(1995) 『재미있는 어원 이야기』, 을유문화사.
박일환(1994) 『우리말 유래 사전』, 우리교육.
李弘稙(1799) 『國史大事典』, 大榮出版社.

3.8 호빵과 왜간장과 양잿물

나라나, 민족 이름에서 유래한 것은 대개 '당-, 호-, 청-, 왜-, 미-, 양-' 등으로 그 유래를 짐작할 수 있다.

1. 당-(唐-)

당나라, 중국을 이른다.

(1) • 당경(唐鏡) : 중국 당나라 때에 금속으로 만든 거울.
• 당금(唐琴) : 중국의 금(琴)이라는 뜻으로, 칠현금을 이르는 말.
• 당먹(唐-) : 예전에, 중국에서 만든 질 좋은 먹, 당묵(唐墨).
• 당면(唐麵) : 감자 가루로 만든 국수. 분탕(粉湯), 호면(胡麵).
• 당목(唐木) : 무명실로 짠 피륙의 하나. 서양에서 발달하여 서양목이라 고 하였는데, 중국을 거쳐 우리나라에 들어왔으므로 당목이라고 한다.
• 당사(唐絲) : 예전에, 중국에서 들여온 명주실.

• 당의(唐衣) : 조선시대 여자 예복의 하나.

• 당초(唐椒) : =고초(苦草)=고추.

(2) 당나귀(唐-), 당닭(唐-), 당모시(唐-), 당버들(唐-), 당본(唐本), 당서(唐書), 당약(唐藥), 당연(唐硯), 당차(唐茶), 당책(唐冊), 당포(唐布), 당풍(唐風), 당혜(唐鞋) …

2. 호-(胡-)

예전에, '오랑캐'를 이르던 말로 주로 두만강변의 여진족을 일컬었다.

(3) 호가(胡歌), 호각(胡角), 호감자(胡-), 호국(胡國), 호궁(胡弓)=호금(胡琴), 호금(胡琴), 호녀(胡女), 호두〈호도(胡桃), 호떡(胡-), 호란(胡亂), 호로(胡虜), 호마(胡馬), 호면(胡麵), 호무(胡-), 호미(胡米), 호밀(胡-), 호병(胡兵), 호복(胡服), 호빵(胡-), 호상(胡商), 호악(胡樂), 호주(胡酒), 호풍(胡風), 호희(胡戲) …

〈참고〉 호빵이 생각난다, 따뜻했던 너 (〈조선일보〉 2006. 11. 30)

(전략)…한국 호빵의 '아버지'는 삼립식품 창업자인 고(故) 허창성 회장. 1969년 일본 방문 중이던 허 회장이 길에서 파는 찐빵을 보고 생각해냈다고 한다. 제빵업계 비수기인 겨울철을 돌파할 아이템을 찾던 허 회장 눈에 '이거다' 싶었던 것. …(중략)… 허 회장의 부인까지 참여해 가며 개발과 실험에 심혈을 기울인 끝에 1971년 국내시장에 출시됐다. 호빵이란 이름은 임원회의에서 결정됐다. '뜨거워서 호호 분다', 그리고 '온 가족이 웃으며 함께 먹는다'는 의미다. …(후략) (김성윤 기자)

3. 왜-(倭-)

일본을 이르는 말로 얕잡는 의미가 가미되어 있다.

(4) 왜간장(倭-醬), 왜검(倭劍), 왜계(倭鷄), 왜남비(倭-), 왜낫(倭-), 왜돗자리(倭-), 왜된장(倭-醬), 왜무(倭-), 왜복(倭服), 왜색(倭色), 왜솥(倭-), 왜식(倭式), 왜식(倭食), 왜장(倭將), 왜적(倭敵), 왜정(倭政), 왜족(倭族), 왜풍(倭風) …

4. 양-(洋-)

서양을 이르는 말이다.

(5) ㄱ 양잿물(洋-)
ㄴ 양재기(洋-)
ㄷ 양은(洋銀)
ㄹ 양말(洋襪)
ㅁ 양파(洋-)
ㅂ 양동이(洋-)

ㄱ 양잿물(洋-)은 수산화나트륨(水酸化 Natrium NaOH)이다. 비누가 없던 시절 때를 빼기 위해서 재를 물에 풀어 우러낸 잿물로 빨래를 했다. 이 잿물 대신 수산화나트륨을 쓰던 당시로서는 이 신비한 돌덩이이야 말로 아낙내의 힘을 덜어 주는 신비한 '서양 잿물'이었을 것이다.

ㄴ 양재기는 '양자기(洋瓷器)'가 변한 말이다. 금속의 안팎에 파란(=법랑(琺瑯)을 올린 그릇이다. '자기'는 질그릇이나,

양재기는 알루미늄 등의 금속 그릇이다. 쉬 깨어지지 않고 가벼우니 이것 도한 편리한 그릇이다.

그런데 양잿물도 '재'와는 아무런 관계가 없고, 양재기도 질그릇을 만드는 흙 곧 '질'과는 아무런 관계가 없다.

ㄷ 양은(洋銀)은 구리·아연· 니켈을 합금하여 만든 금속이다. 빛이 희고 녹이 슬지 않으며 상온에서 가공하기 쉬우므로 식기·장식품 등에 쓰인다. 이것으로 만든 것이 양은 냄비, 양은 솥, 양은 그릇이다. 양은으로 만든 돈도 있다. 현재의 1원 짜리가 바로 양은전(洋銀錢)이다. 참고로 10원짜리는 銅錢이고, 100원 짜리오 500원자리는 백동전(白銅錢)이다. 현재 통화되는 것에는 은전(銀錢)과 금전(金錢)은 없으되, 가끔 올림픽 기념 주화(鑄貨)와 같은 금전(金錢)을 주조하기도 했다.

동전, 백통전, 양은전, 금전, 은전, 주화(鑄貨)

ㄹ '양말(洋襪)'의 '말(襪)'은 '버선 말'이다. 그러니까 '양말'은 한국 전통 버선이 아니라 서양에서 전래된 버선, 서양식 버선이다. 가끔 '양말'을 '양발'이라 하는 경우를 듣게 된다. 이 때 '발'은 발에 신는 것이니까 하고 무의식 중에 '발'에 유추된 것으로 보이나 바르지 않다.

ㅁ '파'와 다르게 뿌리가 주먹만한 '양파'도 서양에서 전래된 품종이다. 양파를 아직도 '다마네기'라 하는 경우를 듣게 된다. 이것은 양파 뿌리가 둥근 공 같은 모양에서 일본에서는 'tamanegi たまねぎ(玉葱)'라 한 것이다.

ㅂ 양동이(洋-)는 서양의 '동이'다. 곧 'bucket バケツ[馬穴]'다. '양동이'를 'a metal pail'이라 했다. (민중서림『포켓영

한・한영 사전』) 요즘은 그 어원이 불확실해져 '프라스틱 양동이'란 말도 쓰인다.

(6) 양갈보(洋-), 양검(洋劍), 양견(洋犬), 양곡(洋曲), 양공주(洋公主), 양과양(洋菓子), 양국(洋菊), 양궁(洋弓), 양닭(洋-), 양동이(洋-), 양돼지(洋-), 양말(洋襪), 양배추(洋-), 양복(洋服), 양식(洋食), 양옥(洋屋), 양장(洋裝), 양철(洋鐵), 양품점(洋品店), 양행(洋行), 양화(洋靴), 양회(洋灰) …

5. 미-(美-)

미국(美國)을 이르는 말이다.

(7) 미기(美機), 미화(美貨), 미루나무 〈 미류나무(美柳-)

3.9 피아골과 한탄강

독특한 유래를 가진 지명도 있고, 잘못 전해진 연원이 통용되는 지명도 있다.

(1) ㄱ 피아골
　　ㄴ 한탄강

ㄱ 지리산의 '피아골'은 '피[稷]+밭[田]+골 〉 피밭골 〉 피아골'의 과정을 거쳐 형성된 말이다. 그러나, 피[血]를 연상하여 6・25 동란 중 빨치산과의 대접전이 있어 유래하였다는 후

대 설화가 있다.

‣ $p^hipat^h \rightarrow p^hiwat^h \rightarrow p^hiat^h$

p^hiat^h-kol → p^hiak-kol → p^hiakol → p^hiagol

이병건(1993:84)

ㄴ '한탄강(漢灘江)'은 '한(大)+여울, 큰여울'이란 뜻이다. 그러나, 한탄(恨歎)과 관련된 다음과 같은 후대 설화가 있다.

① 태봉국의 궁예가 이곳에 이르러 세월의 무상함을 한탄했다.

② 6·25전쟁 때 이곳에서 많은 사람이 죽어 '한이 맺힌 강'이란 뜻이다.

(2) • 의정부(議政府)
• 판문점(板門店)
• 박석고개
• 개운포(開雲浦)
• 정동진(正東津)

3.10 봉이 김선달과 북청 물장수

역사적 인물이나, 전설 속의 인물이 비유적 뜻으로 쓰이는 말로 변한 것이 있다.

(1) ㄱ 봉이 김선달
ㄴ 작아도 하동 애기

ㄱ 봉이 김선달 설화 : 인물전설의 하나. 조선 후기의 풍자적

인 인물 봉이 김선달에 관한 이야기. 개성이북의 서도지방에 널리 분포하여 있던 건달이야기가 현재는 여러 야담집을 통하여 전국적으로 알려져 있다. (중략)

김선달이 봉이라는 별호를 얻게 된 데에는 다음과 같은 내력이 있다. 김선달이 하루는 장구경을 하려 갔다가 닭전 옆을 지나가게 되었다. 마침 닭장 안에는 유달리 크고 모양이 좋은 닭 한 마리가 있어서 주인을 불러 그 닭이 '봉'이 아니냐고 물었다. 김선달이 짐짓 모자라는 체하고 계속 묻자 처음에는 아니라고 부정하던 닭장수가 봉이라고 대답하였다. 비싼 값을 주고 그 닭을 산 김선달은 원님에게로 달려가 그것을 봉이라고 바치자, 화가 난 원님이 김선달의 볼기를 쳤다. 김선달이 원님에게 자기는 닭장수에게 속았을 뿐이라고 하자, 닭장수를 대령시키라는 호령이 떨어졌다. 그 결과 김선달은 닭장수에게 닭값과 볼기맞은 값으로 많은 배상을 받았다. 닭장수에게 닭을 '봉'이라 속여 이득을 보았다 하여 그 뒤 봉이 김선달이라 불리게 되었다. (후략) (한국사전연구사 간행『국어국문학자료사전』)

ㄴ 작아도 하동 애기 : 키는 작아도 사람됨이 똑똑하다. 경남 하동 지방 사람들이 키는 작아도 똑똑하다는 데서 유래했다고 한다.

(2) • 강화(江華) 뻰뻰이
• 남산골 딸깍발이, 남산골 샌님
• 담양(潭陽) 갈 놈
• 벽창호 < 벽창우(碧昌牛)

• 자린고비
• 북청 물장수
• 평양 황고집
• 함흥차사

(3) ㄱ 양귀비(楊貴妃)
ㄴ 카사노바(Casanova, Giovanni Giacomo)

ㄱ 양귀비(楊貴妃) : 중국 당나라 현종(玄宗)의 비(妃)(719~756). 이름은 태진(太眞). 춤과 음악에 뛰어나고 총명하여 현종의 총애를 받았으나 안녹산의 난 때 살해당하였다.
ㄴ 카사노바 : 이탈리아의 문필가(1725~1798). 유럽 각지를 방랑하면서 엽색과 모험의 생애를 보냈다. 그의 회상록『내 생애의 역사』12권은 18세기 유럽의 풍속과 문화를 연구하는 데 귀중한 자료이다.

(4) • 월하노인(月下老人), 월하빙인(月下氷人)
• 이태백(李太白)
• 주태백이(酒-)
• 개차반

3.11 안성맞춤과 전주비빔밥

지명과 관련된 사물 이름이 더러 있다. 대개 그 고장의 특산물 이름이 굳어진 것이다.

(1) ㄱ 안성맞춤(安城-)
ㄴ 미농지(美濃紙)
ㄷ 방갈로(bungalow)
ㄹ 버번

ㄱ 경기도 안성(安城)에서 유기(鍮器)를 주문하여 만든 것처럼 잘 들어맞는다는 데서 유래하여, 조건이나 상황이 어떤 일에 딱 들어맞게 된 것을 비유적으로 이르는 말.

ㄴ 닥나무 껍질로 만든 썩 질기고 얇은 종이의 하나. 묵지(墨紙)를 받치고 글씨를 쓰거나 장지문 따위에 바르는 데에 쓰는 종이로, 일본 기후현[岐阜縣] 미노[美濃] 지방의 특산물인 데서 생긴 이름이다.

ㄷ 처마가 깊숙하고 정면에 베란다가 있는 작은 단층 주택. 산기슭이나 호숫가 같은 곳에 지어 여름철에 훈련용, 피서용으로 쓰는 산막(山幕), 별장 따위의 작은 집. 본디는 인도 벵골 지방의 독특한 주택 양식으로서 풀이나 기와로 지붕을 인 목조 건물을 이른다.

ㄹ 증류주의 하나. 옥수수가 주원료이며, 내부를 태운 통에 넣어서 숙성시킨다. 미국 켄터키주의 버번(Bourbon)이 원산지다.

(2) 먹골배, 병천순대(竝川-), 안흥진빵(安興-), 이동갈비(二洞-), 이동막걸리(二洞-), 전주비빔밥(全州-), 진돗개(珍島-), 춘천닭갈비(春川-), 춘천막국수(春川-), 평양냉면(平壤-), 함흥냉면(咸興-)

(3) 강남제비(江南-), 낙양의 지가(洛陽-紙價), 대리석(大理石), 도사견(とさ[土仕]犬), 무릉도원(武陵桃源), 비키니(Bikini) 수영복, 햄버거(Hamburg-er), 허기스쵸코렛

(4) • 살아 진천(鎭川) 죽어 용인(龍仁)
• 삼수갑산(三水甲山)을 갈지언정 …
• 삼천포(三千浦-)로 빠지다

(5) 북망산(北邙山), 태산(泰山)

3.12 원두막과 포장마차

본디의 모습이나 기능이 바뀌었거나 없어졌는데도 이름만은 옛 이름 그대로 쓰이는 말이 있다.

(1) ㄱ 백일장(白日場)
ㄴ 포장마차(布帳馬車)
ㄷ 물레방아

ㄱ '백일장(白日場)'은 조선시대에 지방 문교진흥책의 하나로 유생(儒生)들을 모아 시문(詩文)으로써 시험한 일. 각 지방 관청의 수령(守令) 주재하에 관할구역의 유생을 대상으로 시제(試題)를 내걸고, 즉석에서 시문을 짓게 하여 장원(壯元)을 뽑아 연회를 베풀고 상을 주었다. 벼슬길과는 관계가 없는 백일장은 과거(科擧)낙방생과 과거지망생의 명예욕을 충족시켜 주는 것이기도 해서 지방에서 성행하였는데,

1414년(태종 14) 7월 태종이 친히 성균관 학생 500명에게 시무책(時務策)을 시험한 데서 비롯하였다. 그러나 조선 후기에 이르러서는 이러한 학풍도 문란하여져 정약용(丁若鏞)의 『목민심서』에 따르면, 일자무식꾼까지도 참가하여 남의 글을 빌려 시험지를 내고, 시험지의 심사에도 수령의 자제, 심지어 기녀(妓女)까지도 관여하여 엉터리로 등차(等次)를 정하는 일이 많았고, 수령을 욕질하다 포박되는 등 난장을 이루기도 하였다. 근래에는 백일장의 본래 유풍을 기려 국가와 여러 단체에서 글짓기 백일장을 열고 있다. 『두산세계대백과 EnCyber』

ㄴ '포장마차(布帳馬車)'는 본디 서부활극에서 볼 수 있던 비바람, 먼지, 햇볕 따위를 막기 위하여 포장을 둘러친 마차. 우리나라에서는 리어카의 포장을 두른 말[馬] 없는 간이음식점이나 간이주점인데, 지금은 빌딩 속에 말은 물론 없고 포장도 없는 간이음식점이나 간이주점도 있다.

ㄷ '물레방아'는 떨어지는 물의 힘으로 바퀴를 돌려 곡식을 찧거나 빻는 기구. 큰 나무 바퀴와 굴대에 공이를 장치하여, 바퀴가 돌 때마다 공이가 오르내리며 곡식을 찧거나 빻는 방아다. 지금 그런 방아는 보기 힘들어졌고, 물이 없는 물레방아, 방아는 없고 바퀴만 돌아가는 물레방아를 자주 보게 된다.

(2) • 부대(部隊)찌개
• 원두막(園頭幕)

3.13 엿먹어라

사고나 사건에서 비롯된 말이 유행어가 되어 쓰이다가 그 연유는 잊은 체 전하여 쓰이는 말이 있다.

(1) ㄱ 엿 먹어라
ㄴ 애들은 가라
ㄷ 묻지마 관광

ㄱ 1964년 경기중학교 입시에 '엿을 고는데 필요한 것은?'이란 문제에 정답을 '디아스타제'로 하였는데 '무즙'도 정답이 된다는 이른바 '무즙사건'에서 생긴 말.

'무즙'을 정답으로 하여 낙방한 학생의 부모가 엿을 고아 문교부에 들고 가서 '엿 먹어라! 무즙으로 곤 엿 먹어라'고 외친 데서 비롯하였다 한다.

ㄴ '애들은 가라' 이 표현은 주로 50~60년대 장터나 거리에서 사람을 모아 놓고 풍각쟁이들이 약을 팔 때 앞자리에 몰려든 아이들을 쫓는 말에서 비롯된 것이다.

ㄷ 1980년대에 남녀 관광객의 신분을 감추고(묻지 않게 하고) 짝을 맺게 해준 퇴폐 관광을 이르는 말이다.

다음 (2)는 이러한 언어 사회적 배경을 알지 못하면 그 진의를 알기 어렵고, 그 말맛도 느낄 수 없다.

(2) ㄱ 온라인게임도 '애들은 가라!'
(〈동아일보〉 기사표제 2002. 10. 15.)
ㄴ '상업성은 가라' 순수소설의 반란

(〈동아일보〉 기사표제 2002. 10. 15.)

ㄷ 껍데기는 가라 (신동엽(申東曄)의 '시' 제목)

ㄹ 묻지마 北지원 (〈조선일보〉 기사 제목 2005. 6. 4.)

3.14 바리깡과 라이방

제조 회사 이름이나 상품명이 일반 명사로 쓰이기도 한다.

1. 회사 이름

(1) • 바리깡(Barriquand) : 프랑스 이발기 제조 회사.

• 바바리(Burberry) : 영국 방수 외투 제조 회사.

• 제록스(Xerox) : 미국의 복사기 제조 회사.

• 포크레인(Poclain) : 프랑스 중장비 제조 회사.

• 폴라로이드(Polaroid) : 미국 인조 편광판(人造偏光板) 제조 회사.

• 폴크스바겐(Volkswargen) : 독일의 자동차 제조 회사.

2. 상품명

(2) • 라이방(Ray Ban) : 테가 가는, 색깔이 있는 렌즈를 끼운 안경. 상품명.

• 무스(mousse) : 머리에 발라 단정하게 하는 거품 모양의 크림. 상품명.

• 바바리(코트) (Burberry coat) : 영국 Burberry 사가 만든 방수 외투. 상품명.

- 본드(bond) : 나무 · 가죽 · 고무 따위의 물건을 붙이는 데에 쓰는 접착제. 상품명.
- 봉고(bongo) : 기아 자동차회사에서 생산했던 승합차. 상품명.
- 샤프펜슬 : 일본의 필기구 회사가 만들어 낸 필기구. 상품명. 'シャープ ペンシル(sharp pencil)'.
- 스카치 테이프(Scotch tape) : 접착용 셀로판 테이프. 상품명.
- 스티로폼(styrofoam) : 발포(發泡) 스티렌 수지. 절연이나 충격 완화에 쓰는 물질. 상품명.
- 아스피린(aspirin) : 아세틸살리실산. 상품명.
- 엑슬란(Exlan) : 아크릴계 합성 섬유의 하나. 상품명.
- 정종(正宗(まさむね)) : 일본 청주(淸酒) 회사가 일본식으로 빚어 만든 맑은 술. 상품명.
- 제록스(Xerox) : 미국 사무용품 제조회사의 문서 자동 복사기. 상품명.
- 지퍼(zipper) : 장금쇠가 달린 장화(長靴). 미국의 상표명.
- 지프(jeep) : 1/4톤의 소형 자동차. 미국에서 군용으로 개발됨. 미국 아메리칸 모터스사의 상품명.
- 캐시밀론(Cashmilon) : 아크릴로니트릴을 주원료로 한 아크릴 계통의 합성 섬유의 하나. 일본 상품명.
- 코카콜라(Coca Cola) : 코카(coca)의 잎, 콜라(cola)의 열매, 카페인 등을 주원료로 하는 청량음료. 상품명.
- 퀀셋(Quonset) : 길쭉한 반원형의 간이 건물. 상품명.

- 크레파스(Craypas ← Crayon+pastel) : 일본서 개발한 크레용과 파스텔의 특색을 살려 만든 막대기 모양의 화구(畵具). 상품명.
- 클랙슨(klaxon) : 자동차의 경적. 상품명.
- 테라마이신(Terramycin) : 옥시테트라사이클린. 상품명.
- 포르말린(Formalin) : 포르말린((독일어)Formalin) 포름알데히드를 물에 녹인 액체. 독일 상품명.
- 폴라로이드(Polaroid) : 인조 편광판(人造偏光板). 상품명.
- 폴리돌(Folidol) : 파라티온계 살충제. 상품명.
- 폴크스바겐(Volkswargen) : 독일의 폴크스바겐 자동차 회사에서 생산하는 승용차. 상품명.
- 프림 : 커피용 크림(cream). 상품명.
- 호버크라프트(Hovercraft) : 습지나 물위를 닿을락 말락 할 정도의 높이로 달리는 탈 것. 상품명.
- 히로뽕(ヒロポン〈philopon) : 필로폰. 각성제의 하나인 메스암페타민(methamphetamine). 상품명.

3. 다음의 것들도 일반명사로 통하고 있다.

(3) 대일 밴드, 유한 락스, F킬러, 파스, 하이타이, 정로환(征露丸), 매직잉크, 싸인펜

4. 이와 반대로 일반명사가 상호나 상품명으로 굳어 가는 것이 있다.

(4) 라거Lager ← 라거 비어(lager beer) 저장맥주 (⇔ 생맥주)

〈참고〉 듀폰사, '나일론' 첫 상품화

(〈조선일보〉 [역사 속의 오늘] 2003. 10. 27.)

20세기 섬유혁명은 시대를 앞선 듀폰사의 안목과 투자, 이에 부응한 윌리스 캐러더스의 끈질긴 노력으로부터 시작됐다.

캐러더스는 합성고무 '네오프렌'을 발명하고 1935년 2월에는 최초의 합성섬유 '폴리머 66'을 개발하는 데 성공한 듀폰의 연구 책임자였다. 듀폰은 이 합성섬유가 자기 이름도 갖기 전인 1938년 2월에 첫 상품을 냈다. 칫솔이었다.

그전까지 사람들은 주로 돼지털로 된 칫솔을 사용했다. 15세기 말 중국 황실에서부터 사용된 것으로 알려진 돼지털이 실로 450여년 만에 인간의 이(齒)와 작별을 고한 것이다. 캐러더스는 1년 전에 자살하는 바람에 공치사를 들을 기회를 놓쳤지만 듀폰은 상품화에 박차를 가했다.

1938년 10월 27일 듀폰은 합성섬유의 이름(브랜드)을 '나일론(Nylon)'으로 하고 이를 이용한 본격적인 상품화 계획을 발표했다. 1년 뒤 나일론의 이름을 빛내준 여성용 스타킹이 델라웨어주 윌밍턴에서 첫선을 보인 데 이어 1940년 5월부터는 "거미줄보다 가늘고 강철보다 강하다"는 선전 문구와 함께 전국 주요 도시에서 팔려나갔다. 없어서 못 팔 정도였다.

나일론시대가 개막된 것이다. 2차대전 때는 낙하산·텐트 등 군용으로도 쓰여 승전(勝戰)에도 크게 기여했다. '코오롱(KORLON)'은 이 회사의 뿌리 기업인 한국나이롱이 1963년에 처음 생산한 제품명에서 유래한 것으로 '한국(Korea)'과 '나일론(Nylon)'을 합성한 단어다.

〈참고〉 '초코파이'는 이미 보통명사 (〈조선일보〉 1999. 8. 6.)

법원, 동양제과 소송 기각

"'초코파이'는 이미 보통명사다."

제과류의 대명사격인 '초코파이'의 상표권을 둘러싼 법정 분쟁 '1라운드'가 끝났다. 법원 판결 취지는 초코파이의 독점 상표권을 인정할 수 없다는 것. 이번 판결이 확정될 경우 제과회사들은 초코파이란 이름을 자유롭게 사용할 수 있게 된다. 특허법원 제3부(재판장 박일환)는 5일 초코파이의 '원조'격인 동양제과(주)가 롯데제과(주)의 상표등록을 취소해 달라며 낸 소송을 기각했다. 초코파이가 첫 선을 보인 것은 지난 74년. 동양제과가 '오리온 초코파이'라는 이름으로 생산을 시작했다. 롯데제과는 79년 초코파이의 첫 글자만 바꾼 '롯데 쵸코파이'를 내놓았다. (이명진 기자)

3.15 디젤과 질레트

발견자, 발명자, 제작자, 제안자 등의 이름이 일반명사가 된 경우가 있다.

(1) ㄱ 디젤 기관(機關)
ㄴ 뢴트겐선(線)
ㄷ 호치키스
ㄹ 허블 우주 망원경(望遠鏡)
ㅁ 질레트 면도기
ㅂ 마지노 선(Maginot線)
ㅅ 기요틴(guillotine)

ㄱ 디젤(Diesel, Rudolf) : 독일의 기계 기술자(1858~1913). 내연 기관을 연구하여 1897년에 중유를 연료로 사용하는 '디젤 기관'을 발명하였다.

ㄴ 뢴트겐(Rontgen, Wilhelm Konrad) : 독일의 실험 물리학자(1845~1923). 크룩스관으로 음극선을 연구하다가 미지의 방사선을 발견하여 이를 엑스선(X線)이라 명명하였다.

1901년에 최초의 노벨 물리학상을 받았다.

ㄷ 호치키스(B. B. Hotchkis) : 미국의 발명가. 종이를 철하는 기구(Hotchkis paper fastener)를 제작하였다.

ㄹ 허블이라는 이름은 우리 은하가 수많은 은하 중의 하나에 불과하고 우주가 팽창한다는 사실을 발견한 천문학자 에드윈 허블(Edwin Powell Hubble)의 이름을 따서 지어졌다.

ㅁ 질레트(Gillette) Gillette King Camp(1855~1932) 미국의 사업가. 안전 면도기 발명자. 상표명.

ㅂ 마지노 선(Maginot線) : 제일 차 세계 대전 후에, 프랑스가 대(對)독일 방어선으로 국경에 구축한 요새선. 1927년에 당시의 육군 장관 마지노(Maginot, A.)가 건의하여 1936년에 완성하였으나, 1940년 5월 독일이 이 방어선을 우회하여 벨기에를 침공함으로써 쓸모없게 되었다. '최후 방어선'의 뜻으로 쓴다.

ㅅ 기요틴(guillotine) : 프랑스 혁명 때에 의원(議員)인 기요틴(Guillotine, J.I.)이 발명한 사형 집행 기구. 두 개의 기둥이 나란히 서 있고 그 사이에 비스듬한 모양의 날이 있는 도끼가 달려 있어서, 그 아래에 사형수를 엎드리게 한 다음 사형 집행자가 끈을 잡아당기면 그 도끼가 밑으로 떨어져서 사형수의 목이 잘리도록 장치되어 있다.

3.16 대포와 철교

한자어를 통해 한자가 만들어질 당시의 생활상을 엿볼 수 있는 것이 있다. 그러한 몇 보기를 들면 다음과 같다.

(1) ㄱ 호각(號角), 남상(濫觴)
ㄴ 대포(大砲), 포탄(砲彈)
ㄷ 궁시(弓矢), 탄약(彈藥), 총탄(銃彈), 핵탄두(核彈頭)
ㄹ 교량(橋梁), 철교(鐵橋), 한강대교(漢江大橋)
ㅁ 동(棟), 병동(病棟), 동량(棟樑), 연구동(硏究棟), 강의동(講義棟)
ㅂ 폐백(幣帛)

ㄱ '호각(號角)'은 불어서 소리를 내는 신호용 도구, '호루라기'다. 지금은 뿔로 된 호루라기는 오히려 보기 어렵지만 '각(角)'을 미루어 옛날에는 불어서 소리를 내는 도구는 뿔로 만들었음을 알 수 있다.
'남상(濫觴)'은 양쯔강(揚子江) 같은 큰 하천의 근원도 잔을 띄울 만큼 가늘게 흐르는 시냇물이라는 뜻으로, 사물의 처음이나 기원을 이르는 말. 곧 효시(嚆矢)의 뜻으로 쓰인다. 지금은 뿔로 된 잔을 보기 드물지만 '각(角)'을 미루어 옛날엔 뿔로 잔을 만들어 썼음을 알 수 있다.
ㄴ 지금 '대포(大砲)'의 '포탄(砲彈)'은 날아가 폭발하도록 된 폭약과 금속으로 되었지만 '석(石)'을 미루어 옛날의 대포 포탄은 돌이었음을 짐작할 수 있다.
ㄷ 지금의 탄알이나, 포탄은 고도로 발달된 기계로 쏘지만 '궁(弓)'을 미루어 옛날에 활로 쏘았음을 알 수 있다.
ㄹ 지금의 다리는 큰 다리일수록 강철과 콘크리트로 된 것이 일반이지만, '목(木)'을 미루어 옛날의 다리는 나무다리였

음을 짐작할 수 있다.

ㅁ 지금의 건축물은 강철, 콘크리트가 주가 되어 아득한 높이의 고층 건물이 가능하지만, '목(木)'을 미루어 옛날의 건축은 주로 나무로 지었음을 짐작할 수 있다.

ㅂ 폐백을 『표준국어대사전』에

① 신부가 처음으로 시부모를 뵐 때 큰절을 하고 올리는 물건. 주로 대추나 포 따위를 이른다.

② 혼인 전에 신랑이 신부집에 보내는 예물. 예포(禮布).

③ 윗사람이나 점잖은 사람을 만나러 갈 때 가지고 가는 선물.

이라 하였는데 '건(巾)'을 미루어 본디 '폐백'의 선물은 '옷감' 즉 '포(布)'였음을 알 수 있다.

(2) ㄱ 역(驛), 역마차(驛馬車), 서울역(-驛), 고속전철역(高速電鐵驛)

ㄴ 경대(鏡臺), 안경(眼鏡), 망원경(望遠鏡), 현미경(顯微鏡) 보감(寶鑑), 경감(鏡鑑)

ㄷ 항구(港口), 어항(漁港), 군항(軍港), 공항(空港)

ㄹ 관(管), 철관(鐵管), 관악기(管樂器)

ㅁ 목간(木簡), 서간문(書簡文), 간찰(簡札)

ㅂ 필(筆), 연필(鉛筆), 만년필(萬年筆)

ㄱ '역'은 열차가 이르고 떠나는 곳이지만 '마(馬)'를 미루어 옛날에는 역마(驛馬)가 이르고 떠나던 곳이었음을 알 수 있다.

ㄴ 지금의 거울은 대부분이 유리로 되었지만 '금(金)'을 미루어 옛날에는 쇠붙이(주로 구리)로 되었음을 알 수 있다.

ㄷ 비행기가 뜨고 내리는 곳이란 생각은 '항(港)'을 미루어 배가 들어오고 정박한 곳에서 의미가 확대되었음을 알 수 있다.

ㄹ 둥글고 속이 빈 것으로 생활에 이용된 것은 뭐니 뭐니 해도 대[竹] 이상의 것은 없었을 것이다.

ㅁ 지금은 종이가 흔하여 온갖 기록을 종이에 하지만 '죽(竹)'을 미루어 옛날에는 대를 엮어 만든 것에 기록하였음을 짐작하게 한다.

ㅂ 필기구의 시초는 '죽(竹)'을 미루어 대로 만들었음을 짐작할 수 있다.

3.17 호칭어

우리말의 호칭어는 어떤 것이 어떻게 쓰이는가?

1. 다양한 호칭과 지칭

(1) • 나, 우리, 저희,
- 너, 당신(當身), 그대, 자기(自己)
- 그, 그녀, 그이, 이이, 저이, 당신(當身), 이놈, 그놈, 저놈

(2) • 군(君), 양(孃), 씨(氏), 여사(女史), 님
- 미스터(Mr.), 미쓰(Miss), 미즈(Ms), 미시즈(Mrs.)

(3) • 여보, 여보게, 보세요, 여기요, 저기요, 손님
- 아버지, 어머니, 오빠, 동생, 형부, 처제, 아저씨, 아주머니

• 아가씨, 아기야, 학생
• 과장님, 부장님, 사장님, 국장님, 위원님, 부대장님

2. 약칭

경상방언 화자들은 이름의 끝음절을 약칭으로 부른다.

(4) 정식명	약칭호격
기덕	덕-아
기수	수-야

〈참고〉 영국, 미국인의 약칭과 애칭

	정식명	약칭	애칭
남자	Thomas	Tom	Tommy
	Robert	Bob	Bobby
	William	Bill	Billy
	James	Jim	Jimmy
	Kenneth	Ken	Kenny
여자	Margaret	Marge	Margie
	Katherine	Kate	Kathy
	Susan	Sue	Susie
	Dorothy	Dot	Dotty
	Patricia	Pat	Patty/Patsy

3. 호칭어 · 지칭어의 변화

택호(宅號)는 도회지에서 거의 쓰지 않으나, 시골에서는 아직

도 정겨운 호칭으로 통용된다. 호(號)는 문인, 인문학 학자를 비롯한 일부 예술인들에 의해 그 명맥이 유지 되고 있다.

(5) ㄱ 못안댁, 밤티댁, 갓골댁, 출강댁, 안동댁
ㄴ 송강(松江)(정철), 백범(白凡)(김 구), 한힌샘(주시경), 외솔(최현배)

과거에 쓰이던 '자(字)'나 '시호(諡號)'를 비롯해 호칭어・지칭어 중 지금은 쓰이지 않는 것이 많이 있다.

(6) ㄱ 나리, 서방님, 마님, 도련님, 아씨
ㄴ 영감(令監), 초시(初試), 진사(進士), 주사(主事)
ㄷ 충무(忠武)(이순신) 문순(文純)(이황)

〈참고〉 영문 이니셜과 아호(雅號)
(〈조선일보〉 [이덕일 사랑] 2007. 4. 18.)

'예기(禮記)' 곡례(曲禮)는 "남자는 20세에 관례(冠禮)를 하고 자(字)를 지으며, 여자는 혼인을 약속하면 계례(笄禮)를 하고 자를 짓는다"라고 쓰고 있다. 관례는 머리에 관(冠)을 쓰는 의식이고, 계례는 비녀를 꽂는 의식인데, '자(字)를 짓는 것은 그 이름을 공경해서'라고 설명하고 있다. 자는 보통 부모나 존장자(尊長者)가 지어주었는데, 원래는 손아랫사람도 부를 수 있었다. 그렇지만 자(字)도 아랫사람이 부르기를 꺼리게 되면서 호(號)가 사용된다. 당초 호는 세상에 뜻을 잃은 은자(隱者)들이 이름을 감추기 위해서 지었다. '한서(漢書)' 왕공량공포(王貢兩?鮑) 열전에는 동원공(東園公)・기리계(綺里季)・하황공(夏黃公)・녹리선생(里先生) 4인은 한나라 부흥에 공이 있어서 한 고조(高祖)가 불렀으나 숨어서 나오지 않았다고 기록하고 있다. 누구나 호를 갖게 되면서 아랫사람도 부를 수 있게 되었다.

기록상 우리나라에서 가장 먼저 호를 사용한 인물은 원효(元曉·617~686)로서 '삼국사기'에는 "환속하여 자호(自號)를 소성거사(小性居士)라고 했다"고 전한다. 호는 사는 집이나, 마을, 또는 산이나 하천 등을 가지고 짓는 등 작호(作號)에는 제한이 없었다. 다수가 좋아하는 호도 있어서 '한국인명 자호(字號)사전'에 따르면 중경(重卿)은 10명, 자화(子和)는 11명, 달부(達夫)는 12명, 효백(孝伯)은 13명, 대이(大而)는 14명, 자고(子固)는 15명, 여명(汝明)은 16명, 호연(浩然)은 17명, 길보(吉甫)는 18명이 사용했고 가장 많은 명중(明仲)은 21명이었다.

임금도 호가 있었다. 정조는 홍재(弘齋)이니, 그의 문집이 '홍재전서'인 이유를 자연히 알게 된다. 태조 이성계는 재위 7년(1398) 동북면 도선무순찰사 정도전에게 군신관계를 뛰어넘는 친근감의 표시로 '송헌거사(松軒居士)' 명의로 편지를 보냈다. 언제부터인지 유력 정치인들을 영문 이니셜이나 이름으로 부르는데, 이니셜은 무의미한 발음체계에 불과하고 성인 이름 부르기에는 민망하다. 아호(雅號)를 사용하면 서로 말을 조심할 것이니 그만큼 우리 정치의 품격도 높아질 것이다.

〈참고〉 아가씨를 아가씨라 부르지 못하고…
(〈오마이뉴스〉 2005. 5. 19.)

18일 저녁에 아는 분과 함께 업무의 연장에서 저녁식사를 했습니다. 한 식당에서 음식을 주문하고 소주를 한잔 가볍게 곁들였습니다. 그런데 함께 하셨던 분이 종업원인 젊은 여성에게 '아가씨!'라고 부른 게 약간의 소란을 일으켰습니다.

그 말을 들은 여성이 '아가씨'라 부르지 말라고 했기 때문입니다. 단번에 얼굴 표정을 바꾸면서 정색을 합니다. "저기요, 전 아가씨라는 말이 싫거든요. 정 부르실 말이 없으면 그냥 '저기요' 그래 주시면 좋겠는데요."

그러고 보니 언제부터인가 저는 음식점이든 술집이든 젊은 여성들에게 '아가씨'라고 부르지 않습니다. 이 여성이 느꼈던 왠지 모를 거부감을 저도 어렴풋이나마 알고 있었기 때문입니다. 대개는 "여기요!", "저기요!"라는 말로 일관했습니다. 연세가 조금 있어 보이는 분에겐 "아줌마!", "사장님!" 정도로 넘겼고요.

'① 시집가기 전의 젊은 여성을 대접하여 이르는 말.
② 손아래 시누이를 높여서 이르는 말. 아기씨.'

〈동아새국어사전〉에서 찾아 본 '아가씨'에 대한 설명입니다. 모두들 알고 계시겠지만 분명히 젊은 여성을 대접하여, 높여서 이르는 말이라고 나와 있습니다. 어감만큼이나 산뜻하고 좋은 의미입니다. 그런데 많은 사람들은 부정적인 느낌을 떠올리는 것 같습니다. 아가씨라는 단어에는 왠지 유흥업소의 '젊은 언니'들 느낌이 난다는 것이겠죠.

여러분들은 젊은 여성들을 뭐라 부르나요? 굳이 식당이 아니더라도, 길을 가다가도 부를 일이 있고 여기저기서 젊은 여성들에게 말을 걸어야 할 때가 있잖습니까? 저는 계속 "이봐요!", "저기요!", "여기요!" 등으로 일관했습니다. 하지만 호칭의 부자연스러움은 매번 느꼈습니다. 부드러운 호칭이 있다면 좋겠다는 생각을 했습니다.

아무리 생각해봐도 '아가씨'보다 좋은 말이 없는데, 여성들은 유쾌하지 않게 받아들이는 것 같습니다. 그 걸 알면서 혼자서만 무턱대고 쓸 수는 없는 일이겠지요. 주변에 아는 여자 동기들한테 '아가씨'라는 말을 들으면 어떠냐고 물었더니 몇 가지 답이 나옵니다.

결혼을 안 한 친구들은 '그다지 좋지만은 않다'는 의견이 많았고요, 결혼을 한 친구들은 '고맙지. 아줌마가 아닌 게 어디냐?'며 웃습니다. 그럼 뭐라고 불러주면 좋겠냐고 했더니 모두들 마땅한 답을 못합니다.

아가씨라는 단어가 갖는 의미가 뭘까 생각을 해 봅니다. 그다지 중요하지 않은 이 단어가 젊은 여성을 성(性)과 바로 연관짓는 사회인식을 담아내지는 않나 추측해 봅니다.

'시집가기 전의 젊은 여성'이, 술집이나 다방 등에서 일하기 때문에 다소 무시당한다고 생각하는 젊은 여성들을 떠올리게 된 것은 아닌지 모르겠습니다. 그래서 '성'과도 바로 연결되는 상관관계가 있다는 생각이 듭니다.

20대와 30대 젊은 여성을 부를 마땅한 말, '아가씨'입니다. 이 말이 아니면 달리 부를 말이 없습니다. 성도 모르는데 미스 김이라 할 수도 없고, 김양이라 할 수도 없는 노릇입니다(사실 미스김과 김양도 좋은 느낌만은 아닙니다). 그렇다고 처녀라고 할 수도 없고, 아줌마라 부를 수는 더더욱 없지 않겠습니까? 이 참에 아가씨 호칭 바로잡기 운동이라도 벌여야겠습니다. (최육상 기자)

3.18 난쟁이와 키다리

우리말에 널리 쓰이는 '별명(別名), 별호(別號), 애칭(愛稱)'에는 어떤 것이 있는가?

1. 직업에 따른 호칭과 지칭

(1) • 교사, 교수, 의사, 간호사, 군인, 경찰, 변호사
• 가정부, 파출부, 청소부
• 문지기, 수위, 경비, 지배인, 감독
• 시인, 소설가, 작가, 극작가, 화가, 서예가, 조각가, 성악가, 배우

2. 직급에 따른 호칭과 지칭

(2) • 기사, 기술사, 연구사, 장학사
• 이등병, 일등병, 상병, 병장
• 계장, 과장, 부국장, 국장

• 경장, 경사, 경위, 경감
• 전임강사, 조교수, 부교수, 교수
• 서기보, 서기, 주사보, 주사, 사무관, 서기관, 부이사관, 이사관, 관리관

3. 행위나 성질 · 기질에 따라 붙여지는 호칭과 지칭

(3) • 깡패, 소매치기
• 나무꾼, 협잡꾼, 쓰리꾼, 재주꾼, 호객꾼
• 느림보, 울보, 꾀보, 오줌보, 꾀보, 먹보, 울보
• 깍쟁이, 욕쟁이, 욕심쟁이, 욕심꾸러기
• 얌체, 삐딸이
• 꿀돼지, 여우, 늑대, 능구렁이
• 마당발, 어깨, 큰손

4. 생김새에 따라 붙여지는 호칭과 지칭

(4) • 난쟁이, 키다리, 뚱뚱이, 홀쭉이, 왕눈이
• 곰보, 뚱보, 점보, 째보
• 들창코, 딸기코, 개코

5. 처지에 따라 붙여지는 호칭과 지칭

(5) 과부, 홀아비, 고아

6. 사람을 나타내는 접미사

(6) • -이 : 난쟁이, 왕눈이

• -꾼 : 재주꾼, 요령꾼, 사기꾼, 나무꾼

• -보 : 곰보, 꾀보, 뚱보, 먹보, 울보, 점보, 째보

• -바치 : 점바치, 갖바치

• -치 : 이치, 저치, 함경도치

• -이 : 길동이, 춘향이, 온달이, 까불이, 촐랑이, 덜렁이

(7) • -인(人) : 지배인(支配人), 간병인(看病人), 감정인(鑑定人)

• -가(家) : 소설가(小說家), 극작가(劇作家), 사진가(寫眞家)

• -수(手) : 운전수(運轉手), 가수(歌手), 격수(攻擊手), 선수(選手)

• -사(師) : 약사(藥師), 교사(敎師), 의사(醫師), 요리사(料理師)

• -사(士) : 변호사(辯護士), 건축사(建築士), 기능사(技能士)

• -백(伯) : 화백(畵伯), 시백(詩伯), 방백(方伯), 사백(舍伯)

• -장(匠) : 공장(工匠), 각자장(刻字匠), 개와장(蓋瓦匠)

4장 의 미

4.1 이름과 의미

백포도주(白葡萄酒)의 빛깔은 백색(白色)인가? 아니다. 옅은 황색(黃色)내지 옅은 황갈색(黃褐色)이다.

블랙 박스(black box 비행자료 자동기록장치)의 색은 검은 색인가? 아니다. 기록 장치 상자의 색상을 두고 명명된 것이 아니고, 내부의 구성·구조 등은 몰라도 된다는 장치·시스템의 개념으로 명명된 것이다.

명명(命名)하는 방법은 다양하다. 모든 사상(事象)이 명실상부(名實相符)한 것만은 아니다. 겉 다르고 속 다른 것, 이름 다르고 실체 다른 것도 허다하다.

'민주, 자유, 민족, 통일, 자주 … 참, 사랑, 복지 … 성(聖), 선(善) …' 이런 말을 넣어 만들어진 단체나 그런 구호를 외치는 사람들이 과연 그 이름에 맞는 단체이고, 그 구호에 맞는 행동을 하는 사람들인가를 살펴보면 전혀 그렇지 않는 경우를 허다히 본다. 곧 명실상부하지 않은 경우다. 사물 이름에도 그런 경우는 허다히 있다.

4.2 해바라기와 나팔꽃

언어는 자의성(恣意性)과 필연성(必然性=유연성(有緣性))과 사회성(社會性)이 있다.

◉ 1차 명명과 2차 명명

1차 명명(命名)은 자의성에 의한 것이 대부분이고, 2차 명명은 필연성에 의한 것이 대부분이다. '눈, 코, 물'은 1차 명명이고, '눈물, 콧물'은 2차 명명이다. 국어 어휘 가운데 1차 명명에 의한 것은 극소수이고, 2차 명명에 의한 것이 대부분이다. 1차 명명에 의한 것은 기초어휘의 것이 대부분이다. 1차 명명에 의한 것이든 2차 명명에 의한 것이든 언어 대중의 사회성을 획득해야만 진정한 어휘로 제구실을 할 수 있다.

1. 식물명의 명명

가. 식물명 명명의 자의성 (1차 명명)

(1) 꽃, 풀, 외, 밀, 박

나. 식물명 명명의 필연성 (2차 명명)

(2) • 달맞이꽃 (일어 : つきみそう(月見草)),
(영어 : evening primrose)
(중어 : 月見草[yuèjiàncǎo])

• 해바라기　　(일어 : ひまわり(日廻))
(영어 : sunflower)
(중어 : 向日葵[xiàngrìkuí])

• 나팔꽃(喇叭–)　(일어 : あさがお(朝顔))
(영어 : morning glory)
(중어 : 喇叭花(儿)[lăbahuā(r)]

• 수박(水–)　　(일어 : すいか(水瓜 · 西瓜))
(영어 : watermelon)
(중어 : 西瓜[xīguā])

(3) • 팔손이(八–), 접시꽃, 초롱꽃(–籠–), 할미꽃, 소엽맥문동(小葉麥門冬), 수양버들(垂楊–), 쥐똥나무, 왕바랭이, 수박풀, 수세미외
• 물망초(勿忘草), 수선화(水仙花), 며느리밑씻개, 망우초(忘憂草)
• 미루나무〈미류나무(美柳–), 왜무(倭–), 호밀(胡–)
• 산수유(山茱萸), 섬오갈피, 섬산딸기(–山–)

2. 동물명의 명명

가. 동물명 명명의 자의성 (1차 명명)

(4) 새, 닭, 고기, 개, 소, 돼지,

나. 동물명 명명의 필연성 (2차 명명)

(5) • 뱀장어(–長魚)

• 호랑나비(虎狼-)
• 살무사 〈 살모사(殺母蛇)
• 미꾸라지 〈 미꿀+아지. '미끌미끌한 물고기'

(6) • 갈치 ← 갈[刀]+치
• 넙치 ← 넙[廣]+치
• 담치 ← 담(淡)+치
※ 가물치, 쥐치, 멸치, 준치, 꽁치, 날치, 참치

(7) 갈치[刀魚] (일어 : たちうお(太刀魚))
(영어 : hairtail)
(중어 : 刀魚[dāoyú], 帶魚[dàiyú])

3. 유연성의 추측이 빗나간 이름들

(9) ㄱ 개구리밥
ㄴ 뱀딸기
ㄷ 흑장미(黑薔薇)

ㄱ '개구리밥'은 논이나 연못 등의 물에서 자라는 다년생 풀로 물위를 떠돌아다녀 부평초(浮萍草)라고도 한다. 이름이 '개구리밥'이라고 하지만 개구리 먹이가 되는 것은 아니다.
ㄴ '뱀딸기'도 뱀이 먹는 딸기는 아니다. 빛깔이 먹음직스럽지만 맛이 없다.
ㄷ '흑장미(黑薔薇)'는 검은 빛 장미이어야 이름에 걸맞은데, 실제 빛깔은 다른 장미에 배해 상대적으로 검을 뿐 검은 빛은 아니다.

4. 의성어와 필연성

의성어(擬聲語)는 필연성(必然性)이 강하여 언어가 달라도 유사한 음으로 표현되리라 생각되고, 실제로 다른 명칭에 비해 매우 유사(類似)하기도 하다. 그러나 아무리 의성어라 해도 다른 언어끼리 완전한 일치를 기대하기란 어렵다는 것을 다음 예에서 알 수 있다.

(8) • 뻐꾸기(뻐국새) buúgǔ(niǎo) 布谷(鳥) かっこう(どり) 郭公(鳥) cuckoo
• 꼬끼오(닭울음) wōwō 喔喔 こけこっこう cockadoodledoo
• 똑똑 dōngdōng 咚咚 こつこつ, とんとん, knock
• 땡땡(종소리) dīngdāng dīngdāng 玎璫玎璫 からんからん ding-dong, clang-clang

4.3 의미의 경계

의미의 경계는 모호하다. 이마와 뺨의 경계, 뺨과 턱의 경계가 모호하고, 봄과 여름의 경계, 여름과 가을의 경계가 모호하듯 그 의미영역도 모호하다.

비교적 분명해야 할 영역에서도 불분명한 것이 많다. 그 예로 꽃나무 이름과 꽃 이름이 불분명한 경우를 들어 본다.

나리 나리 개나리 입에 따다 물고요
병아리 떼 종종종 봄나들이 갑니다. (동요)

이 동요에서 병아리는 '꽃'을 물었는가 '나무'를 물었는가?

(1) • 살구나무/살구/살구꽃

• 벚나무/버찌/벚꽃

• 밤나무/밤/밤꽃

(2) • 개나리/*개나리꽃

• 진달래/*진달래꽃

• 철쭉/*철쭉꽃

사전에 (1)의 것은 '-꽃'이 있는데, (2)의 것은 '꽃'이 없다.

(3) • 국화(菊花) : 국화과의 여러해살이풀. (『표준국어대사전』)

• 무궁화(無窮花) : 아욱과의 낙엽 활엽 관목. (『표준국어대사전』)

• 나팔꽃(喇叭-) : 메꽃과의 한해살이풀. (『표준국어대사전』)

• 할미꽃 : 미나리아재빗과의 여러해살이풀. (『표준국어대사전』)

(4) • 개나리 : 물푸레나뭇과의 낙엽 활엽 관목. (『표준국어대사전』)

• 진달래 : 철쭉과의 낙엽 활엽 관목. (『표준국어대사전』)

• 해바라기 : 국화과의 한해살이풀. (『표준국어대사전』)

• 장미(薔薇) : 장미과 장미속의 관목을 통틀어 이르는 말. (『표준국어대사 전』)

위의 (3)은 '-화(花), -꽃'인데 이것은 풀이나 나무 이름이다. (4)는 나무나 풀이름이므로 그것에 핀 꽃은 반드시 '-화(花)'나

'꽃'을 붙여 불러야 하지만 우리는 그렇게 부르지 않는다.

참으로 정확하지 못한 이름들이다. 그러나 그런 점을 불만을 할 일은 아니다. 이름(표현)과 실체가 정확하게 부합하지 않는 경우는 이것만이 아니기 때문이다. 이름과 실체가 정확하지도 않고, 의미의 경계도 정확하지 않는 것이 언어다.

4.4 뒷맛이 쓰다.

모든 말에 대립·반대의 짝이 반드시 있는 것은 아니다. 대립·반대의 짝이 있는 말일지라도 그 대립이 모두 가지런한 것은 아니다.

(1) 앞/뒤, 앞머리/뒷머리, 앞면/뒷면, 앞바퀴/뒷바퀴
  *앞맛/뒷맛, *앞맛이 쓰다/뒷맛이 쓰다
  *앞탈/뒤탈, *앞탈 없이 해야/뒤탈 없이 해야

(2) 있다/없다, 있고/없고, 있는/없는, 있게/없게
  *있이/없이, *걱정 있이/걱정 없이

(1), (2)에서 '앞/뒤, 있다/없다'는 대립이 되지만 '뒷말, 뒤탈'은 있는데, '앞말, 앞탈'은 없고, '없이'는 있는데 '있이'는 없다.

'장애인'의 대립어(반대어·상대어)는 '비장애인'인가? 그렇다고 한다면 '장님' 아닌 사람은 모두 '비장님'이고, '도둑' 아닌 사람은 모두 '비도둑'이고, '학생' 아닌 사람은 모두 '비학생'이며, '어린이' 아닌 사람은 모두 '안어린이'여야 한다.

4.5 촬영감시구역

한 글자가 한 가지 음만을 기록하고, 한 음은 한 글자만으로 표기된다면 이상적이지만 인간의 발성이 한없이 다양하기 때문에 그것은 불가능하다. 낱말이나 문장도 그렇다. 한 낱말이나 한 문장이 정확히 한 뜻만으로 전달되기는 어렵다.

둘 이상으로 해석될 표현 중의문(重意文)도 있고, 의미가 모호한 표현 모호문(模糊文)도 있다.

1. 둘 이상으로 해석될 표현

(1) ㄱ 설사약

→ 지사제

→ 설사촉진제

ㄴ 가스검사

→ 가스 누출여부 검사

→ 가스 부당사용여부 검사

ㄷ 혼잡통행료(混雜通行料)

→ 혼잡한 지역을 통행하려면 내는 돈

→ 혼잡한 지역을 통행하면 받는 돈

ㄹ 촬영감시구역(撮影監視區域)

→ 촬영으로 (속도 위반 차량을) 감시하는 구역

→ 촬영을 감시하는 구역

ㅁ 10대 스타

→ 10대 안에 드는 스타

→ 10대인 스타

→ 10대가 뽑은 스타

(2) ㄱ 그가 연설하는 것이 이상하다

→ 그가 연설을 하다니 이상하다.

→ 그가 연설하는 태도, 내용 등이 이상하다.

ㄴ 우리는 중국인과 영국인을 만났다.

→ 우리와 중국인이 함께 영국인을 만났다.

→ 우리는 중국인도 만나고, 영국인도 만났다.

ㄷ 나는 잉어를 낚지 않았다.

→ 나는 잉어를 낚지 않고 형이 잉어를 낚았다.

→ 나는 잉어를 낚지 않고 피라미를 낚았다.

→ 나는 잉어를 낚지 않고 손으로 잡았다.

ㄹ 그는 누구나 좋아한다.

→ 그를 누구나 좋아한다.

→ 그가 누구나 좋아한다.

ㅁ 자리 있어요?

→ 자리 비었어요?

→ 자리 누가 맡았어요?

(3) ㄱ 마호메트 모독 기자 죽여라 (기사 표제)

→ 마호메트(를) 모독(한) 기자(를) 죽여라

→ 마호메트(가) (누구를) 모독(한) 기자(를) 죽여라

ㄴ 부시 혹평한 책 베스트 셀러 올라 (기사 표제)

→ 부시(를) 혹평한 책(이) 베스트 셀러(에) 올라.

→ 부시(가) 혹평한 책(이) 베스트 셀러(에) 올라.

2. 띄어쓰기에 따라 의미가 다르거나 둘 이상의 의미로 해석되기도 한다.

(4) ㄱ 나물싫어

→ 나 물 싫어

→ 나물 싫어

ㄴ 헌책방

→ 헌 책방 → 오래된 책방

→ 헌책 방 → 헌책을 파는 책방

ㄷ 붉은바다거북

→ 붉은 바다거북 → 붉은 거북

→ 붉은바다 거북 → 붉은 바다

ㄹ 맛있는 요리책 → 요리책이 맛이 있다.

맛있는 요리 책 → 요리가 맛이 있다.

ㅁ 추악한 역사고발 → 역사 고발이 추악하다.

추악한 역사 고발 → 역사가 추악하다.

3. '-의'가 어디까지 미친 것인가에 따라 의미가 달라진다.

(5) ㄱ 닭과 오리의 알

→ 닭의 알과 오리의 알

→ 닭하고, 오리의 알

ㄴ 전쟁과 평화의 갈림길

→ 전쟁으로 가느냐 평화로 가느냐의 갈림길

→ 전쟁의 갈림길과 평화의 갈림길

4. 쉼표','를 적절히 찍으면 의미가 분명해지고, 쉼표가 찍힌 것과 그렇지 않은 것은 의미 차이가 있다.

(6) ㄱ 그는 울먹이며 하소연하는 여인의 말을 듣고 있었다.

→ 그는, 울먹이며 하소연하는 여인의 말을 듣고 있었다.

→ 여인이 울먹인다.

→ 그는 울먹이며, 하소연하는 여인의 말을 듣고 있었다.

→ 그가 울먹인다.

ㄴ 나는 그림을 그리는 순희의 언니를 사랑한다.

→ 나는 그림을 그리는 순희의 언니를 사랑한다.

→ 순희가 그린다.

→ 나는 그림을 그리는, 순희의 언니를 사랑한다.

→ 언니가 그린다.

ㄷ 그는 부지런히 일하는 자세를 보여 주었다.

→ 그는 부지런히 일하는 자세를 보여 주었다.

→ 부지런히 일한다.

→ 그는 부지런히, 일하는 자세를 보여 주었다.

→ 부지런히 보여 준다.

ㄹ 허약해진 청소년의 의지를 강하게 하는 방안

→ 허약해진 청소년의 의지를 강하게 하는 방안

→ 청소년이 허약

→ 허약해진, 청소년의 의지를 강하게 하는 방안

→ 의지가 허약

4.6 붕어 안 든 붕어빵

수식어와 피수식어의 관계는 다양한 의미의 관계로 연결되어 있다.

(1) ㄱ 메밀국수, 막국수, 감자국수, 칡국수
ㄴ 콩국수, 멸치국수, 사골국수, 닭국수, 유부국수, 꼬치국수
ㄷ 무침국수, 비빔국수
ㄹ 칼국수, 손칼국수, 수타국수, 기계국수
ㅁ 쟁반국수, 사발국수
ㅂ 장터국수, 옛날국수

ㄱ은 국수의 감, ㄴ은 국물의 감이나 건더기, ㄷ은 국수와 양념을 섞는 방법, ㄹ은 국수 마드는 도구나 방법, ㅁ은 국수 담는 그릇, ㅂ은 국수 먹었던 곳이나 때와 관련된 말들이다. 그러나 낱말의 구조는 '수식어+국수'의 구조로 동일하다.

(2) • 맥주/고량주/머루주/매실주
• 탁주/청주/홍주/동동주
• 소주
• 양주/민속주

이와 같은 분류로 이름을 몇 가지 분류해 보면 다음과 같다.

가. 감

(3) • 호두과자

• 대구탕, 갈비탕
• 두부전, 부추전, 감자전
• 미나리 무침, 산나물 무침
• 갈치구이, 생선구이

나. 모양

(4) • 국화빵, 붕어빵
• 동물과자, 호두과자

다. 맛

(5) • 매운탕, 신라면(辛-)
• 고소미(과자 이름)

라. 효험

(6) 보신탕, 영양탕

마. ~를 위한

(7) • 개밥, 개 껌, 붕어 밥
• 소죽, 개 죽
• 닭 모이, 새 모이

바. 방법

(8) 철판구이

4.7 승무원 구함

이름, 호칭, 지칭은 그 대상을 의미하고 대표한다. 사람의 호칭이나 지칭은 어떻게 호칭되고 지칭되는 것인가에 따라 화자 사이에 대단히 미묘한 관계가 형성된다.

말은 격상(格上)되기도 하고 격하(格下)되기도 한다. 다음은 동일 대상이지만 호칭과 지칭이 달라지면서 어감(語感)이 달라지는 보기들이다.

(1) • 간호부(看護婦), 간호원(看護員), 간호사(看護師)
- 검둥이, 흑인, 아프리카계 미국인
- 광부(鑛夫), 광원(鑛員)
- 귀머거리, 청각장애인(聽覺障碍人)
- 기술자(技術者), 엔지니어
- 노가다, 노무자(勞務者), 노동자(勞動者), 근로자(勤勞者)
- 노총각, 노처녀, 독신, 싱글
- 때밀이, 피부 세척원
- 무당(巫堂), 무속인(巫俗人)
- 문지기, 수위(守衛), 경비원(警備員)
- 미용사(美容師), 헤어디자이너
- 방위병(防衛兵), 공익근무요원
- 보조원(補助員), 캐디
- 보험아줌마, 보험영업사원, 보험설계사, 생활설계사, 에이전트
- 복덕방 주인, 공인중개사

- 사법서사, 법무사
- 사진기사, 포토그래퍼
- 식모(食母), 가정부(家政婦), 파출부(派出婦)
- 우체부(郵遞夫), 집배원(集配員)
- 운전수(運轉手), 운전사(運轉士), 운전기사(運轉技士), 승무원(乘務員)
- 웨이터, 세일즈 매니저
- 장님, 시각장애인(視覺障碍人)
- 전화상담원(電話相談員), 텔레마케터
- 점(占)바치, 점(占)쟁이, 점술가(占術家), 역술가(曆術家)
- 중매장이, 뚜쟁이, 마담뚜, 맞선 주선자, 커플매니저
- 차장(車掌), 안내양(案內孃), 승무원(乘務員)
- 청소부(淸掃夫), 미화원(美化員)

(2)
- 감옥, 형무소, 교도소
- 개장(-醬), 개장국(-醬-), 구장(狗醬), 자양탕, 보신탕, 사철탕, 보양 탕, 민속 보양탕
- 객사, 객관, 여인숙, 여관, ○○장, 모텔, 호텔
- 골드(gold)카드, 플래티늄(platinum)카드
- 꽃집, 화원, 플라워 샵
- 똥뚜간, 측간, 변소, 화장실, 세면장, 남녀 그림, WC, toilet, 해우소(解憂所)
- 미장원, 미용실, 헤어샵
- 뱀탕, 생사탕
- 보험 영업소, 에이전시(agency)

• 붕어빵, 잉어빵.
• 빵가게, 빵집, 제과점, 베이커리
• 사장(社長), CEO
• 사진관, 스튜디오
• 술집, 주막(酒幕), 주점(酒店), 룸살롱
• 양식 식당, 레스토랑
• 잔(盞), 고뿌, 컵(cup), 글라스(glass)
• 전(廛), 전방(廛房), 점포(店鋪), -점(店), 점방(店房) 가게〈가가(假 家), 가게방(-房), 구멍가게, 연쇄점, 체인점, 슈퍼마켓, 마트
• 점집(占-), 인생상담소, 역술원
• 종점(終點), 터미널(terminal)
• 중앙정보부, 안전기획부, 국가정보원
• 찻집, 다방, 커피숍, 커피전문점, 까페
• 하숙집(下宿-), 자취방(自炊房), 고시원(考試院), 원룸(one room)
• 화실, 아틀리에
• 휴지, 화장지, 티슈(tissue)

(3) • 요업공학과(窯業工學科)
→ 무기재료공학과(無機材料工學科)
• 도서관학과(圖書館學科) → 문헌정보학과(文獻情報學科)
• 전자계산학과(電子計算學科)
→ 컴퓨터공학과(computer 工學科)

〈**보충**〉 시골 마을이나, 도시의 후미진 뒷골목에 있는 양장점이나 양복점이라면 '프랑스 뉴 패션, 억만불 양복점'등의 상호보다 '마을 양장점, ㅇㅇ(마을이름) 양복점'이 어울린다. 그러나, 초라하기 그지없는 양장점, 양복점 규모에 어울리지 않는 화려한 이름의 상호를 붙인 경우를 흔히 본다.

〈**참고**〉 **[비씨카드] 내달부터 플래티늄카드 발급**
(〈조선일보〉 (1999. 4. 19))

비씨카드는 오는 5월1일부터 비씨플래티늄카드를 발급한다.

지난해 9월 외환카드와 씨티은행에 의해 처음으로 선보인 플래티늄카드는 3개월만에 발급장수가 4000장을 넘어서고 카드 1장당 매출액이 1000만원을 웃도는 등 골드카드 이상의 서비스와 이용한도를 원했던 우량고객들로부터 인기를 끌고 있다.

비씨카드는 전체회원의 0.2%에 해당하는 2만 명의 VIP고객들을 대상으로 플래티늄카드를 발급할 예정. 연회비는 본인회원의 경우 연간 10만원이며 가족회원은 5만원이다.

국내이용한도를 보면 매월 최고 5000만원까지 신용구매할 수 있고 현금서비스도 500만원까지 가능하다. 국외이용한도도 1만5000달러까지 확대, 외국여행이나 출장시 현금 없이도 신용카드 1장으로 모든 경비를 해결할 수 있게 했다.

4.8 똥 싸는 곳

민족마다 금기어(禁忌語)가 조금씩 다르다. 잘 알려진 대로 서양에서는 숫자 13을 꺼리고 한국에서는 '사(死)'와 음이 같다는 이유로 '4'를 꺼려서 병원에서 4층 없이 3층 다음에 5층으로 하기도 하고 4층 대신에 F층으로 하기도 한다.

애기를 보고 '튼튼하다'든가 '예쁘다'고 하면 악귀(惡鬼)가 시기한다 하여 완곡(婉曲)하게 달리 표현하든가 '밉다'고 역설적(逆說的)으로 표현한다.

이러한 우리말의 금기어에는 어떤 것이 있는가 알아보기로 한다.

(1) • 똥 누는 곳
→ 똥간(間), 뒷간(間), 변소(便所)
→ 화장실(化粧室), 해우소(解憂所)
→ 남녀 그림, 남녀 모자 그림
→ WC, toilet
• 월경(月經)
→ 달거리, 몸엣것
→ 경도(經度), 계수(癸水), 달수(-水), 생리(生理), 월객(月客), 월사(月事), 월후(月候), 환경(環經), 홍조(紅潮)
→ 멘스(menses), 멘스트루에이션(menstruation)
• 성기, 성행위 : 상징적으로 다양하게 표현한다.
→ 고구마, 가지, 몽둥이, 연장, 조개, 합자(蛤子)
→ 방사(房事), 합궁(合宮), 합근(合根), 관계(關係)
→ 육담(肉談), 육두문자(肉頭文字)
→ 페니스(penis), 섹스(sex)
• 죽다
→ 눈을 감다, 돌아가시다, 숨지다
→ 별세(別世)하다, 운명(殞命)하다, 서거(逝去)하다, 졸

(卒)하다, 유명(幽冥)을 달리하다.
→ 사망(死亡), 서거(逝去), 졸(卒)
→ 저승으로 가다, 황천(黃泉)으로 가다
→ 밥숟갈 놓다

(2) • 똥 누다, 똥 싸다 → 뒤보다
• 오줌 누다 → 소피(小避) 보다
• 똥구멍 → 항문(肛門)
• 궁둥이, 엉덩이 → 히프(hip)
• 화장장(火葬場) → 승화원(昇華園)
• 납골당(納骨堂) → 추모공원(追慕公園)
• 무덤, 묘 → 산, 산소(山所)
• 호랑이 → 산신령(山神靈)
• 구렁이 → 지킴이
• 천연두(天然痘) → 손님
• 과부(寡婦) → 미망인(未亡人)
• 도둑 → 밤손님

(3) • 아이를 낳다 → 몸(을) 풀다
• 혼전 성 관계를 갖다 → 속도 위반하다
• 혼외 성 관계를 맺다
→ 바람피우다, 바람나다, 오입하다, 외도하다

〈보충〉 '동무'는 '늘 친하게 어울리는 사람'의 뜻으로 사용되었으나, 북한의 공상화 이후 북에서 '혁명을 위하여 함께 싸우는 사람을 친근하게 이르는 말'로 쓰여 남한에서는 기피한다.

금기어와 관련된 속담

(4) • 상여를 멜 때 무겁다고 하지 않는다.
• 아기보고 튼튼하다고 하지 않는다.
• 아기보고 예쁘다고 하지 않는다.
• 밥상 앞에서 잔소리하면 복 나간다.
• 자식 자랑 반 푼수 마누라 자랑 온 푼수.
• 짐승에게도 악한 소리하면 못 쓴다.
• 자식 두고는 남의 흉 못 본다.

4.9 가분수와 미지수

'가분수'는 본디 '수학용어'로 '분자가 분모와 같거나 분모보다 큰 분수'다. 3/2, 7/5 따위이다. 그러나, 이 말을 '몸집에 비하여 머리가 큰 사람을 놀림조로 이르는 말'로도 쓴다. 이와 같이 전문용어가 일반어로 확대되어 쓰이는 경우가 있다.

가. 수학용어

(1) 가분수(假分數), 기하급수(幾何級數), 미지수(未知數)

나. 화학용어

(2) 화학작용(化學作用), 산화(酸化), 용해(鎔解)

다. 물리학용어

(3) 원자(原子), 역학(力學), 원심력(遠心力), 구심력(求心力)

라. 법률용어

(4) 송사(訟事), 피고(被告), 항소(抗訴)

마. 논리학용어

(5) 귀납(歸納), 연역(演繹), 삼단논법(三段論法)

바. 군사용어

(6) 전략(戰略), 전술(戰術), 초전박살(初戰撲殺)

4.10 '청춘' 듣기만 하여도 가슴이 설렌다.

우리 언어 대중이 좋아하는 말, 아름답다고 여기는 말은 어떤 말일까? 성, 연령, 직업 등에 따라 차이가 있을 수도 있고, 공통으로 좋아하고 아름답다고 여기는 말도 있을 것이다. 다음에는 우리가 좋아하는 말들을 찾아본다.

(1) • 복(福), 만복(萬福) 수(壽), 만수(萬壽), 부(富), 만수무강(萬壽無疆) …
• 충(忠), 효(孝), 효제(孝悌), 우애(友愛), 신의(信義) 감사(感謝) …
• 청춘, 사랑, 꿈, 희망, 태양(太陽), 봄 …
• 7, 럭키 세븐 …

(2) • 복 많이 받으세요.
• 만수무강하세요.

• 부자 되세요.
• 건강하시길 빕니다.
• 행복하시길 빕니다.
• 아들 낳겠다.

〈참고〉 "사랑이 별거더냐, 소유가 최고지"
독일 '아름다운 단어' 조사 (〈조선일보〉 2004. 10. 26.)

독일어 사용자들은 독일어에서 가장 아름다운 단어가 '소유'라고 생각한다는 조사 결과가 24일 나왔다.

독일 괴테학회와 독일어회의, 독일어협회는 지난 5월 4일부터 8월 1일까지 111개국의 독일어 사용자 2만2838명의 추천을 받은 95개의 아름다운 단어 가운데 학자·예술가·언론인 등 14명으로 구성된 심사위원회의 심사를 거쳐 '소유(habseligkeiten)'를 가장 아름다운 독일어 단어로 선정했다고 밝혔다. 2위는 '든든함(geborgenheit)'이 차지했고, 일반인들로부터 가장 많은 추천을 받은 '사랑(liebe)'은 3위에 그쳤다.

심사위원단은 "소유는 단지 개인의 부가 아니라 그 사람에게 속한 것들을 뜻한다"는 튀빙겐대학의 도리스 칼카라의 설명에 높은 점수를 줬다고 밝혔다. 함부르크=DPA연합

〈 참고문헌 〉

金萬熙(1984) 韓國의 文字(孝悌)圖, 尙美社.
金萬熙(1988/92) 韓國의 壽福圖, 尙美社.

4.11 고까옷과 어마마마

연령 · 성(性) · 직업 · 소속된 사회 따위의 차이에 따라서 독특하게 쓰이는 말을 위상어(位相語)라 한다. 유아어 · 여성어 · 학생어 · 궁중어 따위가 그것이다.

1. 노인어

노인어의 어미(語尾)

(1) • –설랑, –설랑은

¶그걸 가지고 설랑,/그걸 가지고 설랑은

• –수? ¶누가 왔수?

• –우? ¶멀 하우?

2. 유아어

(2) • 어머니/엄마, 아버지/아빠, 아저씨/아찌

• 젖, 우유/찌찌, 쭈쭈, 밥/맘마, 빠빠, 과자/까까, 먹다/냠냠하다

• 똥/응가, 똥누다/응가하다, 오줌/쉬, 오줌누다/쉬하다

• 야단치다, 야단맞다, 회초리/매매, 맴매

• 좋은 옷/고까옷, 때때옷, 자동차/뛰뛰, 빵빵

• 닭/꼬고, 개/멍멍

• 업어달라 · 엎혀라/어부바, 자다, 잠들다/코–, 코하다

• 안녕/빠이빠이

• 더럽다, 더러운 것/지지

3. 여성어

(3) • 호호, 어머나, 애그머니
• 비가 오신다
• –우 ¶하시우?
• –예 ¶하이소예. (경상방언)

4. 궁중어 (궁중말, 궁화(宮話))

가. 사람을 이르는 궁중어

(4) • 다색(茶色) : 궁중에서, 차 끓이는 일을 맡아 하던 사람.
• 동마마(東媽媽) : 궁중에서, '황태자'를 이르던 말.
• 무수리 : 궁중에서, 청소 따위의 잔심부름을 담당하던 계집종.
• 바깥 사람 : 궁중에서, 대궐 밖에 사는 사람을 이르던 말.
• 아기씨 : 궁중에서, '어린 왕자나 왕녀, 왕손'을 높여 이르던 말.
• 아바마마(–媽媽) : 궁중에서, 임금이나 임금의 아들딸이 그의 아버지를 이르던 말.
• 아지(阿之) : 궁중에서, '유모'를 이르던 말.
• 어마마마(–媽媽) : 궁중에서, 임금이나 임금의 아들딸이 그의 어머니를 부르던 말.
• 자게 : 궁중에서, '출가한 공주나 옹주'를 높여 이르던 말.
• 젖마(–媽) : 궁중에서, '임금의 유모(乳母)'를 이르던 말. 유마(乳媽).

나. 인체와 인체 관련 궁중어

(5) • 구중(口中) : 궁중에서, '입'을 이르던 말. 임금이나 그 직계 왕족에 썼음.
• 둔상(臀上/臀像) : 궁중에서, '엉덩이'를 이르던 말.
• 마리깔 : 궁중에서, '머리칼'을 이르던 말.
• 비궁(鼻-) : 궁중에서, '코'를 이르는 말.
• 안시(眼視) : 궁중에서, '눈'을 이르던 말.
• 액상(額像) : 궁중에서, '이마'를 이르던 말.
• 수장(手掌) : 궁중에서, '손'을 이르던 말.
• 수지(手指) : 궁중에서, '손'을 이르던 말.
• 안수(眼水) : 궁중에서, '눈물'을 이르던 말.
• 유도(乳道) : 궁중에서, '젖'을 이르던 말.
• 통기(通氣) : 궁중에서, '방귀'를 이르던 말.
• 매우 : 궁중에서, '똥'이나 '오줌'을 이르던 말.
• 매화 : 궁중에서, '똥'을 이르던 말.
• 실혈(失血) : 궁중에서, '낙태'를 이르던 말.

다. 기타 명사 궁중어

(6) • 가매(假寐) : 궁중에서, '낮잠'을 이르던 말.
• 가자(茄子) : 궁중에서, '가지 모양의 노리개'를 이르던 말.
• 갱반(羹飯) : 궁중에서, '국과 밥'을 아울러 이르던 말.
• 계수 : 궁중에서, '이불'을 이르던 말.
• 고의 : 궁중에서, '여자가 입는 저고리'를 이르던 말.

• 곤법(壼法) : 궁중에서, '후궁(後宮)의 규율'을 이르던 말.

• 기수 : 궁중에서, '이불'을 이르던 말.

• 대슘치마 : 궁중에서, '여자들이 정장할 때 입던 속치마'를 이르던 말.

• 두먼 : 궁중에서, '갓'을 이르던 말.

• 메 : 궁중에서, '밥'을 이르던 말.

• 밭 집 : 궁중에서, '민가'를 이르던 말.

• 봉지 : 궁중에서, '바지'를 이르던 말.

• 서답방(-房) : 궁중에서, '빨래터'를 이르던 말.

• 손 널 : 궁중에서, '도마'를 이르던 말.

• 송송이 : 궁중에서, '깍두기'를 이르던 말.

• 수긴 : 궁중에서, '수건'을 이르던 말.

• 수라(水剌) : 궁중에서, '임금에게 올리는 밥'을 높여 이르던 말.

• 수부수 : 궁중에서, '양치질'을 이르던 말.

• 자 : 궁중에서, '국자'를 이르던 말.

• 지 : 궁중에서, '요강'을 이르던 말.

• 치1 : 궁중에서, '상투'를 이르던 말.

• 치2 : 궁중에서, '신'을 이르던 말.

• 프디 : 궁중에서, '요'를 이르던 말.

• 핫금(-衾) : 궁중에서, '솜이불'을 이르던 말.

라. 동사, 형용사 궁중어

(7) • 갈다 : 궁중에서, '깎다'를 이르던 말.

• 대식(對食) : 궁중에서, 궁녀끼리 몰래 부부로 짝 지어

동성연애를 함. 대식하다.

- 모여오다 : 궁중에서, '가져오다'를 이르던 말.
- 수통하다 : 궁중에서, '흉하다'를 이르던 말.
- 습시다 : 궁중에서, '잡수다'를 이르던 말.
- 시우다 : 궁중에서, '씻다'를 이르던 말.
- 애긋다 : 궁중에서, '애매하다'를 이르던 말.
- 올리다 : 궁중에서, '먹다'를 이르던 말.
- 잡수오다 : 궁중에서, '무엇을 바쳐 올림'을 이르던 말.
- 잡숫다 : 궁중에서, '옷을 입음'을 이르던 말.
- 잡시다 : 궁중에서, '주무시다'를 이르던 말.
- 젓수다 : 궁중에서, '잡수다'를 이르던 말.

마. 그 밖의 것

(8)
- 용안(龍顔) : 임금의 얼굴을 높여 이르던 말. 성안(聖顔). 옥안(玉顔). 천안(天顔).
- 용평상(龍平床) : 임금이 정무를 볼 때 앉던 평상을 이르던 말. 용상(龍 床). 용좌(龍座).
- 용종(龍種) : 고려 시대에, '왕족'을 이르던 말.
- 회임(懷妊) : 임신(姙娠)을 이르던 말.

4.12 남녀와 여남

어휘 배열 속에도 우리들의 의식이 배어 있다. 그 순서를 뒤바꿀 수 없는 것도 있고 더러는 뒤바꾸어도 되는 것도 있다. 바꾸기 어렵도록 굳어진 것에는 그 나름의 이유를 찾을 수도 있다.

가. 차례

수의 차례대로, 순차대로, 시간의 흐름대로 배열한다.

(1) • 한두, 서너, 네댓, 대여섯, 예닐곱
• 초중고, 중 · 고등학교
• 월화, 금토, 봄여름가을겨울, 춘하추동(春夏秋冬), 봄가을

나. 남녀와 노소

남자를 여자 보다 먼저, 연장자를 연소자 보다 먼저 배열한다.

(2) • 아버지 어머니, 아들딸,
• 남녀노소(男女老少), 손자손녀(孫子孫女), 부부(夫婦)
• 부모(父母), 형제(兄弟), 자매(姉妹), 부자(父子), 모녀(母女)
• 장유(長幼), 군신(君臣), 사제(師弟)

다. 나와 남

나를 남보다 먼저, 친한 것을 먼저 배열한다.

(3) 교내외, 한일친선경기, 남북한, 중일전쟁, 한중일

라. 높이, 크기, 밝기, 비중

높은 것을 낮은 것보다 먼저, 큰 것을 작은 것보다 먼저 배열한다.

(4) 높낮이, 상하(上下), 고하(高下), 고저(高低), 대소(大小),

크고 작은, 앞뒤, 전후(前後), 충효(忠孝)

마. 긍정과 부정

긍정적인 것을 부정적인 것보다 먼저, 밝은 것을 어두운 것보다 먼저 배열한다.

(5) 승부(勝負), 승패(勝敗), 귀천(貴賤), 가감(加減), 승제(乘除), 명암(明暗)

바. 자연, 자연현상, 동물

자연물 등의 배열에도 나름의 우선순위가 있다.

(6) 일월(日月), 일월성신(日月星辰), 강산(江山), 동서남북(東西南北), 빨주노초파남보

(7) 우마(牛馬), 개돼지

사. 복합동사, 복합형용사

(8) • 오가다, 오르내리다, 나들다, 울고불고
• 높푸르다, 검푸르다

아. 그 밖의 것

(9) 매매(賣買), 출입(出入)

자. 예외

위에서 본 배열과 상반되는 것도 없지 않다.

(10) 안팎, 내외(內外), 자웅(雌雄), 음양(陰陽), 피차(彼此), 경중(輕重), 동충하초(冬蟲夏草)

4.13 용과 봉황

상상의 세계, 상상의 인물, 상상의 동물 등이 언어 속에 많이 존재한다.

1. 상상의 인격(人格), 신격(神格)

(1) ㄱ 옥황상제
ㄴ 신선
ㄷ 천사
ㄹ 큐피드

ㄱ 옥황상제(玉皇上帝) : 도가(道家)에서, '하느님'을 이르는 말. 옥제(玉帝). 옥황(玉皇). 옥황대제(玉皇大帝). 천황(天皇). (『표준국어대사전』)

ㄴ 신선(神仙) : 도(道)를 닦아서 현실의 인간 세계를 떠나 자연과 벗하며 산다는 상상의 사람. 세속적인 상식에 구애되지 않고, 고통이나 질병도 없으며 죽지 않는다고 한다. 선(仙). 선객(仙客). 선령(仙靈). 선인(仙人). 선자(仙子). 선자(仙者). 화인(化人). (『표준국어대사전』)

ㄷ 천사(天使) : 종교적 신화에서, 천국에서 인간 세계에 파견되어 신과 인간의 중간에서 신의 뜻을 인간에게 전하고, 인간의 기원을 신에게 전하는 사자(使者). (『표준국어대사전』)

ㄹ 큐피드(Cupid) : 로마 신화에 나오는 사랑의 신. 보통 나체에 날개가 달리고 활과 화살을 가진 아이 모습이다. 그리스 신화의 에로스에 해당한다. (『표준국어대사전』)

(2) ㄱ 아마존
ㄴ 사천왕
ㄷ 메두사

ㄱ 아마존(Amazon) : 그리스 신화에 나오는 여자 무인족(武人族). 여자만으로 나라를 이루고 전쟁과 사냥으로 생활을 하면서 일정한 때에 다른 종족의 남자와 관계하여 자식을 얻는데, 아들일 경우 죽이거나 불구자로 만들었다고 한다. 활쏘기에 지장이 없도록 오른쪽 젖가슴을 도려내었다고 하여 '젖이 없다'는 의미를 가진 '아마존'으로 불린 것이다. (『표준국어대사전』)

ㄴ 사천왕(四天王) : 사왕천(四王天)의 주신(主神)으로 사방을 진호(鎭護)하며 국가를 수호하는 네 신. 동쪽의 지국천왕, 남쪽의 증장천왕, 서쪽의 광목천왕, 북쪽의 다문천왕이다. 위로는 제석천을 섬기고 아래로는 팔부중(八部衆)을 지배하여 불법에 귀의한 중생을 보호한다. 사대천왕. 사왕(四王). 사천(四天). (『표준국어대사전』)

ㄷ 메두사(Medusa) 그리스 신화에 나오는 괴물. 고르고(Gorgo) 세 자매의 막내로, 원래는 아름다운 소녀였으나 아테네의 저주를 받아 무서운 괴물로 변하였는데, 머리카락은 모두 뱀이고 멧돼지의 엄니와 황금의 날개를 가졌으며, 그 얼굴을 본 사람은 돌이 되었다고 한다. 페르세우스에게 목이 잘

려서 죽었다. (『표준국어대사전』)

(3) 하느님, 산신령, 삼시랑, 선녀(仙女)

2. 상상의 동물

(4) ㄱ 해태
ㄴ 지킴이
ㄷ 이심이
ㄹ 각단

ㄱ 해태 : 시비와 선악을 판단하여 안다고 하는 상상의 동물. 사자와 비슷하나 머리에 뿔이 있다고 한다. ≒해타(海駝). (『표준국어대사전』)

ㄴ 지킴이 : 한 집이나 마을, 공동 구역을 지켜 주는 신. 집 지킴이에는 터주신, 조왕신 등이 있고, 마을 지킴이에는 장승과 짐대 따위가 있다. (『표준국어대사전』)

ㄷ 이심이 : 꼭두각시놀음에 나오는, 뱀도 용도 아닌 이상한 동물 인형. (『표준국어대사전』)

ㄹ 각단(角端) : 하루에 만 리를 가고 각 지방의 말이 다 통한다는 상상의 동물. 말과 닮았는데, 두 귀 사이 또는 코 위에 뿔이 하나 있다고 한다. (『표준국어대사전』)

(5) ㄱ 용
ㄴ 봉황
ㄷ 불가사리
ㄹ 대붕

ㅁ 불사조

ㄱ 용(龍) : 상상의 동물 가운데 하나. 몸은 거대한 뱀과 비슷한데 비늘과 네 개의 발을 가지며 뿔은 사슴에, 귀는 소에 가깝다고 한다. 깊은 못이나 늪, 호수, 바다 등 물속에서 사는데 때로는 하늘로 올라가 풍운을 일으킨다고 한다. 중국에서는 상서로운 동물로 기린 봉황 거북과 함께 사령(四靈)의 하나로서 천자에 견주며, 인도에서는 불법을 수호하는 사천왕의 하나로 생각하고 있다. (『표준국어대사전』)

ㄴ 봉황(鳳凰) : 예로부터 중국의 전설에 나오는, 상서로움을 상징하는 상상의 새. 기린, 거북, 용과 함께 사령(四靈) 또는 사서(四瑞)로 불린다. 수컷은 '봉', 암컷은 '황'이라고 하는데, 성천자(聖天子) 하강의 징조로 나타난다고 한다. 전반신은 기린, 후반신은 사슴, 목은 뱀, 꼬리는 물고기, 등은 거북, 턱은 제비, 부리는 닭을 닮았다고 한다. 깃털에는 오색 무늬가 있고 소리는 오음에 맞고 우렁차며, 오동나무에 깃들이어 대나무 열매를 먹고 영천(靈泉)의 물을 마시며 산다고 한다. 단조(丹鳥). 봉(鳳). 봉새. 봉조(鳳鳥). 봉황새. 인조(仁鳥). (『표준국어대사전』)

ㄷ 불가사리 : 전설에서, 쇠를 먹고 악몽(惡夢)과 사기(邪氣)를 쫓는다는 상상의 동물. 곰의 몸, 무소의 눈, 코끼리의 코, 소의 꼬리, 범의 다리를 닮은 모양으로 형상화된다. 설철(齧鐵). (『표준국어대사전』)

ㄹ 대붕(大鵬) : 하루에 구만 리(里)를 날아간다는, 매우 큰 상상(想像)의 새. 북해(北海)에 살던 곤(鯤)이라는 물고기가

변해서 되었다고 한다. 붕새. 붕조. (『표준국어대사전』)

ㅁ 불사조(不死鳥) : 이집트 신화에 나오는 새. 500~600년마다 한 번 스스로 향나무를 쌓아 불을 피워 타 죽고 그 재 속에서 다시 살아난다고 한다. 불새. 피닉스(phoenix). (『표준국어대사전』)

3. 상상의 세계

(6) ㄱ 에덴

ㄴ 유토피아

ㄷ 아틀란티스

ㄹ 엘도라도

ㅁ 이어도

ㅂ 무릉도원(武陵桃源)

ㄱ 에덴(Eden) : 구약 성경 〈창세기〉에 나오는 지상 낙원. 인류의 시조인 아담과 하와가 하나님의 명령을 거역하여 추방당하기 전까지 살았던 곳이다. (『표준국어대사전』)

ㄴ 유토피아(Utopia) : 이상향. 어느 곳에도 없는 장소라는 뜻으로, 1515년에서 1516년 사이에 영국의 모어가 지은 공상 사회 소설. 공산주의 경제 체제와 민주주의 정치 체제 및 교육과 종교의 자유가 완벽하게 갖추어진 가상(假想)의 이상국. (『표준국어대사전』)

ㄷ 아틀란티스(Atlantis) : 그리스 전설에 전하는 섬. 지브롤터 해협 서쪽에 있었던 찬란한 문화를 지닌 유토피아로, 지진 때문에 멸망하였다고 한다. ≒아티카(Attica). (『표준국

어대사전』)

ㄹ 엘도라도(El Dorado) : 16세기 에스파냐 사람들이 남아메리카 아마존 강 가에 있다고 상상한 황금의 나라. (『표준국어대사전』)

ㅁ 이어도 : 제주도 사람들은 수평선 저 너머 미궁의 바다 속에 이상향이 믿었다. 마라도 남서쪽 물마루 너머에 평화의 땅, 환상의 땅, 이어도가 숨어있다고 믿어왔다. 나중에 밝혀진 바에 따르면, 마라도 남서쪽의 수중 암초가 이어도란다. 현재 '이어도 해양과학기지'가 설치되어 있다.

ㅂ 무릉도원 : 도연명(陶淵明)의 '도화원기(桃花源記)'에 나오는 별천지. 사람들이 화목하고 행복하게 살 수 있는 이상향(理想鄕). (『표준국어대사전』)

(7) 저승, 극락, 천당, 지옥

4.14 가스와 와사

일본이나 중국에서 서구 외래어를 한자로 음역(音譯, 취음(取音))한 것을 우리가 한국 한자음으로 읽는 외래어가 있다.

(1) ㄱ 프랑스(France)와 불란서(佛蘭西)
ㄴ 도이칠란트(Deutschland)와 독일(獨逸)
ㄷ 가스(gas)와 와사(瓦斯)
ㄹ 장티브스(腸Typhus)와 장질부사(腸窒扶斯)

ㄱ 'France'를 한글로 음역한 것이 '프랑스'이고, 일본 한자음

으로 음역한 것이 'フランス(佛蘭西)'인데 이것을 우리 한자음으로 읽는 것이 '불란서'이다. 이와 유사한 것으로, ㄴ의 도이칠란트(Deutschland)를 이르는 네덜란드어 'Duits'를 일본 한자음으로 음역한 'ドイツ(獨逸)'이고 이것을 우리 한자음으로 읽는 것이 '독일'이다.

ㄷ 네덜란드어 'gas'를 일본 한자음으로 음역한 것이 'ガス(瓦斯)'인데 이것을 우리 한자음으로 읽는 것이 '와사'다. 중국어에서도 'wǎsī(瓦斯)'로 통한다. 김광균의 시 제목 '와사등(瓦斯燈)'이 뭣인지 알겠다.

ㄹ 'Typhus'를 일본 한자음으로 음역한 'チフス(窒扶斯)'와의 합성어 'ちょうチフス[腸Typhus](腸窒扶斯)'인데 이를 우리 한자음으로 읽는 것이 '장질부사'다. 중국어에서 'Typhus'를 'zhìfúsī(窒扶斯)'라 한다.

(2) ㄱ 낭만(浪漫)
　ㄴ 기하(幾何)

ㄱ 'romanticism'의 'roman'을 일본 한자음으로 음역한 'ロマン(浪漫)'을 우리 한자음으로 읽는 것이 '낭만'이다.

ㄴ 'geometry를 중국어로 음사한 'jǐhé(幾何)'를 우리 한자음으로 읽는 것이 '기하'이다.

4.15 입이 닷 발이나 나왔다.

인물 묘사에서 '키가 크다, 마음씨가 좋다'와 같은 직설적 표현도 있지만 비유적 표현으로 묘사하기도 하고, 희노애락애오욕

(喜怒哀樂愛惡慾)의 감정과 정서 표현은 '기쁘다, 노엽다, 슬프다, 즐겁다, 사랑한다, 밉다, 싫다' 등 직접 나타내는 말들이 있지만, 역시 비유적으로 표현하는 경우가 많다. 인체 부위를 이용한 비유적 표현들을 모아 본다.

(1) • 솥뚜껑 같은 손.
• 퉁방울 같은 눈.
• 반달 같은 눈썹.
• 백옥 같은 살결.
• 박 속 같은 살결.
• 앵두 같은 입술.
• 대천 한바다 같은 마음.

(2) • 가슴에 못을 박다.
• 가슴을 치다.
• 가슴을 태우다.
• 가슴이 뜨겁다.
• 간덩이가 부었다.
• 간에 바람이 들다.
• 간이 콩알 만해지다.
• 갈빗대가 휘다.
• 낯가죽이 두껍다.
• 낯이 뜨겁다.
• 네 활개를 치다.
• 눈을 붙이다.
• 눈을 피하다.

- 눈도 깜짝 안 하다.
- 눈물을 흘리다.
- 눈살 찌푸리다.
- 눈에 불을 켜다.
- 눈에 쌍심지를 켜다.
- 눈을 감다.
- 눈이 퉁방울 만하다.
- 발을 동동 구르다.
- 배가 부르다.
- 배꼽을 쥐다.
- 손을 벌리다.
- 얼굴이 푸르락누르락하다.
- 입이 다물어지지 않는다.
- 입이 닷 발이나 나왔다.
- 입이 가볍다.
- 입이 무겁다.
- 잔뼈가 굵어지다.
- 코가 납작해지다.
- 코웃음을 치다.
- 콧대가 세다.
- 콧방귀를 뀌다.
- 한숨 돌리다.
- 한숨 쉬다.
- 허리가 휘다.
- 허리띠를 조르다.

• 허파에 바람이 들었다.

4.16 난 맥주병이야

우리말에서 비유로 흔히 쓰이는 말이 따로 있다.

(1) • 호박에 줄긋는다고 수박이 되랴.
• 고슴도치도 제 새끼 귀여워한다.
• 뱁새가 황새를 따라가면 가랭이가 찢어진다.

(1)에서 '호박, 수박, 고슴도치, 뱁새, 황새'는 국어 특유의 비유에 자주 쓰이는 대상이다. 국어에서 쓰이는 비유적 의미가 절대적이거나 객관성이 있는 것이 아니기 때문에 다른 언어에서도 우리와 같은 비유적 의미로 쓰인다고는 할 수 없다.

다음에 국어의 비유에 자주 쓰이는 대상이나 표현들을 모아 보았다.

1. 무생물

(2) • 낙하산 : 채용 등에서, 배후의 은밀한 지원을 받은 사람.
• 단추 구멍 : 눈이 매우 작은 사람.
• 돌 : 둔한 머리. 우둔한 사람. 감정이 무딘 사람.
• 드럼통 : 키가 작고 뚱뚱한 사람.
• 막대기 : 춤을 못 추는 사람.
• 맥주병 : 수영이 매우 서투른 사람.
• 메주 : 못생긴 사람.

• 목석(木石) : 감정이 무딘 사람.
• 바지저고리 : 무능력한 사람.
• 밥통 : 우둔한 사람.
• 버터 : 아주 느끼한 사람.
• 별 : 위대한 사람.
• 불도저(bulldozer) : 일의 앞뒤를 헤아리지 않고 밀고 나가는 사람.
• 시계 : 아주 정확한 사람.
• 절구통 : 뚱뚱하고 밋밋한 몸매인 사람.
• 주먹 : 폭력. 폭력배. 조직폭력배.
• 칼 : 매사에 정확하고, 매정한 사람.
• 핫바지 : 시골 사람 또는 무식하고 어리석은 사람.
• 해, 태양(太陽) : 매우 소중하거나 희망을 주는 사람.
• 형광등 : 둔하고 반응이 느린 사람.

(3) • 가방끈 : 학력
• 벽 : 장애물.
• 빵 : 식량.
• 아방궁(阿房宮) : 매우 크고 화려한 집.
• 칼자루 : 주도권. 집행력이 있는 권한.
• 화약고(火藥庫) : 분쟁이나 전쟁 따위가 일어날 위험이 많은 지역.

2. 동물

(4) • 개 : 행실이 나쁜 사람. 다른 사람의 앞잡이 노릇을 하는

사람.

- 개미떼/벌떼 : 많은 사람, 집단 세력.
- 거머리 : 악착스러운 사람.
- 구렁이/능구렁이 : 음흉한 사람. 능청스러운 사람.
- 굼뱅이 : 동작이 느린 사람.
- 돼지 : 뚱뚱한 사람. 음식에 욕심을 내는 사람.
- 멸치 : 아주 마른 사람.
- 밴댕이 : 소갈머리 좁은 사람.
- 불도그 : 성질이 사나운 사람.
- 사슴 : 여리고 여성스러운 사람
- 세퍼드 : 첩자 노릇을 하는 사람.
- 소 : 미련한 사람.
- 여우 : 영악한 사람. 요사스런 여자.
- 잉꼬 : 다정한 부부.
- 조개 : 여자.
- 촌닭(村-) : 촌스럽고 어릿어릿한 사람.
- 호랑이 : 성질이 사납고 무서운 사람.
- 황소 : 기운이 센 사람. 미련한 사람.

(5) • 피라미 : 하찮은 존재.
- 쥐뿔 : 보잘것없는 것.
- 밴댕이 소갈머리 : 좁은 소갈머리.

3. 식물

(6) • 감초(甘草) : 쓸모가 많은 사람.

• 국화(菊花) : 오상고절(傲霜孤節).
• 꽃봉오리 : 어린이.
• 대쪽 : 성미나 절개가 곧은 사람.
• 땅콩 : 몸집이 작은 사람.
• 매화(梅花) : 곧은 절개(節槪).
• 무 : 아주 굵은 다리.
• 솔 : 곧은 성미나 절개.
• 쑥대밭 : 폐허.
• 양귀비 : 아름다운 여자.
• 호박/호박꽃 : 못생긴 여자.

4. 신체 부위

(7) • 가슴 : 포용력. ¶가슴이 넓다.
• 눈 : 통찰력. ¶눈이 밝다.
• 머리 : 지능. 이해력. ¶그는 머리가 좋다.
• 발 : 민첩성. ¶발이 빠르다.
• 손 : 인력. ¶손이 부족하다.
• 피땀 : 노력. ¶피땀 흘리다.

5. 기타

(8) • 보릿고개 : 춘궁기.
• 치마바람 : 여자들의 위세.
• 초읽기(秒-) : 어떤 일이 시간적으로 급박한 상태.

6. 용언이나 구로 굳어진 예

(9) • 꿈만 같다 : 현실이 아닌 것 같다.
• 눈곱만하다 : 아주 보잘것없을 만큼 적거나 작다.
• 닻을 내리다. : 정착하다.
• 닻을 올리다. : 출발하다.
• 번갯불에 콩 볶아 먹다 : 무슨 일을 매우 서둘러 끝내다.
• 엎어지면 코 닿을 데 : 매우 가까운 곳이나 거리.
• 옷을 벗다 : 사퇴하다
• 주마등처럼 지나가다 : 무엇이 언뜻언뜻 빨리 지나가다.
• 쥐꼬리만하다 : 매우 보잘것없이 적다.
• 쥐방울만하다 : 몸이 작고 앙증스럽다.
• 쥐뿔같다 : 아주 보잘것없다.
• 쥐죽은 듯하다 : 아주 조용하다.
• 총대 매다 : 희생을 각오하고 앞장서다.
• 코 묻은 돈 : 어린아이가 가지고 있는 적은 돈.
• 코가 비뚤어지다 : 몹시 취하도록 술을 마시다.

4.17 어린 빅셩(百姓)

의미는 쉬지 않고 변한다. 그 변하는 양상을 세분하면 의미 분화, 의미 확대, 의미 축소 등으로 나눌 수 있다.

1. 의미 변화

(1) ㄱ 어리다[愚] 〉어리다[愚 · 幼] 〉어리다[幼]

① 중세국어에서는 ‘우(愚)’의 뜻.

② 근대국어에서는 ‘우(愚)’와 ‘유(幼)’의 뜻.

③ 지금은 ‘유(幼)’의 뜻.

ㄴ 思量 → ᄉᆞ랑[思] 〉ᄉᆞ랑[思 · 愛] 〉사랑[愛]

① 중세국어에서는 ‘사(思)’의 뜻.

② 근대국어에서는 ‘사(思)’와 ‘애(愛)’의 뜻.

③ 지금은 ‘애[愛]’의 뜻.

ㄷ 얼굴[形狀] 〉얼굴[形狀 · 顔面] 〉얼굴[顔面]

ᄂᆞᆾ[顔面] 〉ᄂᆞᆾ[顔面] 〉낯[顔面]

① 중세국어에서는 ‘형상(形狀)’의 뜻.

② 근세국어에서는 ‘형상(形狀)과 안면(顔面)’의 뜻.

③ 18세기 이후는 ‘안면(顔面)’의 뜻.

ㄹ 어엿브다[憐] 〉어엿브다[憐 · 美麗] 〉예쁘다[美麗]

① 중세국어에서는 ‘불쌍하다’의 뜻.

② 근세국어에서는 ‘불쌍하다 · 예쁘다’의 뜻.

③ 지금은 ‘예쁘다’의 뜻.

ㅁ 무릅다[被] + 쓰다[冠] → 무릅쓰다 〉무릅쓰다

① ‘무릅다[被]’와 ‘쓰다[冠]’의복합어. 衣冠을 ‘입고쓰다’의 뜻.

② 지금은 ‘힘들고 어려운 일을 참고 견디다.’의 뜻.

ㅂ ᄇᆡᄉᆞᆯㅎ[內臟 · 腸] 〉ᄇᆡ알[內臟 · 腸] 〉배알[心思 · 感情]

① ‘ᄇᆡᄉᆞᆯㅎ’, ‘ᄇᆡ알’은 ‘내장(內臟) · 장(腸)’의 뜻.

② 현대국어 ‘배알’은 ‘심사(心思) · 감정(感情)’의 뜻.

ㅅ 죵(鐘)(잔그릇) 〉죵ᄌᆞ(鍾子)(잔그릇) 〉종지

쇠붚[鐘] 〉죵(鐘) 〉종(鐘)

붚[鼓]　　　　〉북　　　　　　　　〉북

ㅇ 저

① 중세국어는 비존대어로 '자신(自身)·스스로'의 뜻.

② 현대국어는 '나'의 겸양존대어의 뜻.

ㅈ 봉사

① 중세국어는 '맹인들이 하던 벼슬'의 뜻.

② 현대국어는 '맹인'의 뜻.

ㅊ 짓

① 중세국어는 '모양(貌樣)·형상(形狀)'의 뜻.

② 현대국어는 '행동(行動)·동작(動作)'의 뜻.

ㅋ 구실〈 구우실/구의실/구위실〈 구의질

← 구의(官廳, 官員) + -질

① 중세국어에서는 '관청에서 하는 일'의 뜻.

② 현대국어에서는 '역할'의 뜻.

2. 어휘 분화

(2) ㄱ 톱

① 손톱과 발톱의 총칭이었다.

솅世존尊ㅅ긔 ᄉᆞᆯ바 톱과 터리ᄅᆞᆯ 바다 ᄀᆞ초ᅀᆞᄫᆞ니

〈月印 上 64〉

② '톱'은 없어지고 '손톱'과 '발톱'으로 분화되었다.

ㄴ 주격

① '밥주걱'의 뜻.

② '구두주걱'의 '주걱'도 거기서 온 것이다.

3. 의미 확대

(3) ㄱ 호루라기

① 살구 씨의 양쪽에 구멍을 뚫고 속을 파내어 호각 모양으로 부는 것.

② 호각(號角)·우레 등의 총칭.

ㄴ 마구간(馬廐間)

① 말을 기르는 곳. 말간.

② 소를 기르는 곳. 우사(牛舍)까지도 포함됨.

cf. 외양간(喂養間) : 마소를 기르는 곳. 우사(牛舍).

ㄷ 뭇 〉 맏 ① 맏이.

뭇 〉 맨 ② 가장.

ㄹ 심봤다

① 본디 심마니의 용어이던 것이

② 일반사회로 그 사용 범위가 넓어졌음.

ㅁ 아수라장

① 본디는 불교용어이던 것이

② 일반 사회로 그 사용 범위가 넓어졌음.

ㅂ 상회(商會)

① 몇 사람이 함께 장사를 하는 상업상의 조합이라는 기업이나 상점, 상사에 덧붙여 쓰는 말.

② 지금은 조합이 아니면서 그렇게 쓴다.

¶대흥상회./여주쌀상회.

(4) ㄱ 다이어트(diet)

① 체중을 줄이거나 건강을 증진하기 위한 제한된 식사.

② ① 외에 금식 · 운동 · 약물 복용 · 물리치료 등을 포함.

ㄴ 판초(pancho)

① 중남미 지역의 직물(織物) 이름.

② 한 장의 천 중앙에 구멍을 뚫고 거기로 머리를 내어 입는 방식의 의복.

③ 등산할 때 짐을 진 채 머리로부터 쓸 수 있는 우의.

④ 지금은 직물과는 거리가 먼 비닐 제품의 '판초'가 대부분.

ㄷ 홈스펀(homespun)

① 스카치종의 거친 양털로 만든 수직물(手織物).

② 견 · 마 · 합섬의 기계직(機械織)도 있음.

ㄹ 샹들리에[chandelier]

① 본디 촛대의 일종.

② 지금은 거의가 전등.

ㅁ 로비(lobby)

① 호텔이나 극장 따위에서 응접실, 통로 등을 겸한 넓은 공간. 휴게실. 복도.

② 국회 의사당에서 의원들이 잠깐 동안 머물러 쉴 수 있도록 마련하여 놓은 방. 휴게실.

③ 권력자들에게 이해 문제를 진정하거나 탄원하는 일. 막후 교섭.

(5) ㄱ 건강지압보도 (노원구 노해공원)

ㄴ 양품점에서 액세서리를 샀다.

ㄱ '지압(指壓)'은 '손가락으로 누르는 것'이다. 지압보도(指壓步道)는 바닥에 조약돌 등으로 볼록볼록 솟게 한 위를 걷도록 한 길이다.

ㄴ '양품(洋品)'은 서양 물품이다. 양품점이라면 서양물품을 파는 가게다. 그러나 지금의 양품점은 '잡화점'으로 통한다.

4. 의미 축소

(6) ㄱ 보리〈 모래(牟來 몽고어)

① 밀과 보리.

② 보리.

ㄴ 짐승〈 즁싱(衆生)

① 사람을 포함한 모든 생명을 가진 것.

② 동물의 총칭.

ㄷ 마누라〈 마노라

① 애초에는 아랫사람이 윗사람을 부를 때 쓰던 경칭(敬稱).

② 처(妻)·부인(婦人)의 별칭·존칭.

③ 지금은 부인에게만 쓰게 됨.

ㄹ 말씀

① '말'과 '말씀'과의 차이가 없었다.

② 지금은 '말'의 경어(敬語) 혹은 겸양어(謙讓語).

ㅂ 족발(足-)

① 발

② 각을 뜬 돼지의 발. 또는 그것을 조린 음식.

¶돼지족발.

5. 동음충돌 회피 (의미분화)

(7) ㄱ 어리다[愚]

→ 어리다[幼] 〉어리다[幼]

→ 어리다[愚] 〉어리석다[愚]

ㄴ 가ᄅᆞ치다[指摘·敎育]

→ 가르치다[敎育]

→ 가르키다[指摘]

동음충돌이 일어나면서 의미가 분화하였다.

ㄷ ᄇᆞᄅᆞᆷ[壁] 〉ᄇᆞᄅᆞᆷ+壁 〉바람벽(-壁)

바람[風] 〉바람[風]

'·'와 'ㅏ'의 음가가 같아져서 동음충돌이 일어나면서 'ᄇᆞᄅᆞᆷ'은 '벽(壁)'의 의미를 상실하였다.

6. 형태 상실

(8) ㄱ 입[口] 〉 입

잎[口] 〉 문(門)

블근 새 그를 므러 寢室 이페 안ᄌᆞ니(赤爵御書 止室之戶) 〈龍,7〉

峽ㅅ 이페 ᄇᆞᄅᆞ미 샹녜 샹녜 ᄲᆞᄅᆞ니(峽口風常急) 〈杜초,七,12〉

구루미 谷 이페 빗고(雲橫谷口) 〈金삼,二,54〉

'ㅂ'과 'ㅍ'의 음가가 비슷하여 동음충돌이 일어나면서 '잎'은 형태가 상실 되고 한자 '문(門)'으로 대체되었다.

ㄴ 유무(書札) 〉Ø

글발(文書) 〉글월(文書·書札) 〉글월(書札)

〉서적(典籍)·문서(文書)

ㄷ 잣 〉 Ø

성(城) 〉 성

현대국어에서 '유무, 잣'의 형태를 찾아볼 수 없다.

사. 사회의 변화에 따른 의미의 변화

다음은 사회가 변화함에 따라 의미의 일부가 변하였다.

(9) ㄱ 백만장자(百萬長者)

ㄴ 천석군(千石-)

ㄱ 월급이 몇 십 원하던 시대라면 거부였겠지만 지금의 돈 가치로는 부자 측에 들기 어렵다.

ㄴ 벼 수확 천 섬을 한다 해도 지금은 부자 측에 끼기 어렵다.

4.18 이바지와 짐승

(1) ㄱ 이바지

ㄴ 짐승

ㄷ 경을 치다

ㄱ '이바지'란 본디 '잔치'의 뜻이었다. 지금은 '무엇에 도움이

되게 하다'의 뜻으로 바뀌어 쓰인다. 나라에 이바지하다. 학교 발전에 이바지하다.

ㄴ '짐승'은 한자어 '중생(衆生)'에서 변한 말이니, 과거는 '모든 살아 있는 무리'를 가리키고, 오늘은 '몸에 털이 나고 네 발을 가진 동물'을 가리킨다.

ㄷ '경'은 옛날 도둑을 징계하던 형벌의 하나였다. 지금은 호된 꾸지람이나 심한 고통을 이른다.

¶이런 경을 칠 녀석 같으니./날씨 한번 경 치게 덥다.

(2) ㄱ 구실

ㄴ 미망인

ㄷ 복음

ㄱ 구〈 구의(관청)+실

① 관청의 직무

② 옛날에 납세를 이르던 말

③ 자기가 응당 하여야 할 맡은 바의 일. 역할.

¶사내 구실./아비 구실.

ㄴ 미망인(未亡人)

① 아직 따라 죽지 못한 사람이란 뜻으로, 남편이 죽고 홀로 남은 여자를 이르는 말. 〈춘추좌씨전(春秋左氏傳)〉의 「장공편(莊公篇)」에 나오는 말.

② 과부(寡婦)

ㄷ 복음(福音)

① 반가운 소식.

② 기독교에서, 그리스도에 의해서 인류가 구원을 받게 된

다는 기쁜 소식, 또는 그것을 전하는 가르침. ¶마테복음.

(3) ㄱ 마키아벨리즘(Machiavellism)
ㄴ 마타도어 수법(matador手法)

ㄱ 마키아벨리즘(Machiavellism)

① 르네상스기의 이탈리아 정치가 · 사상가인 마키아벨리가 그의 저서 '군주론君主論'에서 주장한 정치 사상. 어떤 국가목적을 달성하기 위해서는, 비록 개인적으로는 도덕에 반하는 부정(不正) · 불의(不義)라 할지라도 마땅히 허용되어야 한다는 정치 우위를 주장함.

② 목적을 위해서는 수단 · 방법을 가리지 않는 행동양식을 이르는 말.

ㄴ 마타도어(matador)

① 투우사(鬪牛士)

② 정치 무대에서 흑색 선전을 일삼는 수법.

4.19 알선과 촌지

(1) • 친구 탓에 지각했다.
• 친구 덕에 우승했다.

'탓'은 의미 자체가 부정적이고, '덕'은 의미 자체가 긍정적이다. 이와 같이 본디부터 좋은 의미 나쁜 의미가 있게 마련이지만 여러 낱말 중에는 본디 나쁜 의미가 아니었는데 사회적으로 나쁜 의미로 사용하다 보니 나쁜 의미의 낱말이 되고 만 것도 있다.

(2) ㄱ 알선(斡旋)

ㄴ 촌지(寸志)

ㄷ 의리(義理)

ㄱ 알선(斡旋)

① 남의 일을 잘 되도록 주선하여 주는 것. 주선.

② [법] 장물인 줄 알면서 매매를 주선하여 주고 수수료를 받는 행위.

③ 노동 쟁의가 당사자 사이에서 해결이 곤란할 경우에는 노동 위원회가 지명한 알선원이 당사자 사이를 중재하여 쟁의의 해결을 원조하는 일.

〈금성판 국어대사전〉의 사전적 의미로 ①이 본디 뜻이다. 그런데 법률용어인 ②의 뜻이 일반화되어 널리 사용되면서 마치 '알선'의 본 뜻이 ②인 것으로 인식되어 이 말을 쓰기를 꺼리게 된다. 특히 '알선수뢰(斡旋收賂)' 등의 용어가 있어 더욱 그렇다.

▸ 알선수뢰(斡旋收賂) : [법] 공무원이 의뢰를 받아 다른 공무원의 다른 공무원의 직무상의 부정행위(不正行爲)를 알선하고 뇌물을 받는 행위.

이 말이 신문지상에 자주 오르고 방송을 통해 자주 듣게 됨으로써 부정적 의미로 전락하게 된다.

참고로 ③은 행정적으로 사용되는 의미인데 거부감을 주는 의미가 아니다.

알선의 본뜻이라면 '직장을 알선하다. 파출부를 알선하다.'란 경우에 쓰이어 '주선(周旋)'이 동의어가 된다.

ㄴ 촌지(寸志)

① = 촌심(寸心).

② 자그마한 뜻을 나타내는 적은 선물. 박지(薄志). 촌의(寸意). 촌정(寸情).

③ 〈속〉 뇌물성 금품.

이 말 역시 본뜻은 부정적 의미가 없다. 그러나, ③이 말해주듯이 '뇌물성 금품'을 촌지란 이름으로 건네다 보니 속어로 촌지란 뇌물성 금품을 이르게 된 것이다.

ㄷ 의리(義理)

① 사람으로서 지켜야 할 바른 도리.

② 사람과의 관계에서 지켜야 할 바른 도리.
(〈금성판 국어대사전〉)

①, ② 모두 좋은 뜻이건만 이 외에 '조직 폭력배들 상호간에 지켜야 할 신의'의 뜻으로 전락해 가고 있다.

(3) ㄱ 장본인(張本人)

ㄴ 언동(言動)

ㄷ 선동(煽動)

ㄹ 조장(助長)

ㄱ 장본인(張本人) : 어떤 일을 꾀하여 일으킨 바로 그 사람.

ㄴ 언동(言動) : 말하는 것과 행동하는 것.

ㄷ 선동(煽動) : 남을 부추겨 어떤 일이나 행동에 나서도록 함.

ㄹ 조장(助長) : 조장발묘(助長拔苗)의 준말. 빨리 자라라고 모를 뽑는다는 뜻으로, 빠른 성과(成果)를 보려고 무리하게 다른 힘을 더하여 도리어 그것을 해치게 됨을 이르는 말.

¶사행심 조장/과소비 조장./계층 간의 위화감이 조장되다.

(4) ㄱ 삐라

ㄴ 떡값

ㄷ 유사품(類似品)

ㄹ 매수(買收)

ㅁ 투기(投機)

ㅂ 세뇌(洗腦)

ㅅ 어용(御用)

ㄱ 삐라 : bill(광고 · 선전 전단) → 일본어 ビラ → 삐라. 본디 '광고나 선전용의 전단'이란 뜻이었으나, 6 · 25 이후 남파 간첩 등의 불법 선전 전단을 이르게 되었다.

ㄴ 설이나 추석 때 직장에서 직원에게 주는 특별 수당을 비유적으로 이르는 말. 자신의 이익과 관련된 사람에게 잘 보이기 위하여 바치는 금품을 비유적으로 이르는 말로 변질되고 있다.

ㄷ 사전적 의미는 '어떤 다른 물건과 비슷한 물품'이지만, '유사품이 나돌다. 유사품에 주의하십시오. 유사품에 속지 맙시다.'등의 표현에 주로 사용되고 있다.

ㄹ 물건을 사들임. 금품이나 그 밖의 수단으로 남의 마음을 사서 자기편으로 만드는 일. '그도 반대당에 매수되었다.' 등에서와 같이 부정적 의미를 많이 띠어 가고 있다.

ㅁ 기회를 틈타 큰 이익을 보려고 함. 또는 그 일. 재산 증식을 위한 방법이지만 최근 '부동산 투기'라 하면 부정적 의미가 강하게 들린다.

ㅂ 사람이 본디 가지고 있던 의식을 다른 방향으로 바꾸게 하거나, 특정한 사상 주의를 따르도록 뇌리에 주입하는 일. 세뇌 교육. 세뇌 공작.

ㅅ 임금이 쓰는 것을 이르던 말. 정부에서 쓰는 일. 자신의 이익을 위하여 권력자나 권력 기관에 영합하여 줏대 없이 행동하는 것을 낮잡아 이르는 말. ¶어용단체./어용문인.

(5) • 변태(變態)
- 보수(保守)
- 건달〈건달파
- 마누라〈마노라
- 우두머리〈爲頭머리
- 고문관(顧問官)
- 성형수술
- 딱지, 딱지 붙다
- 나팔, 나팔 불다

(6) • 습관적과 상습적
- 비범하다와 비상하다

(7) ㄱ 적당(適當)하다

ㄴ 요령(要領) 있다.

ㄱ '적당하다'는 '정도에 알맞다'다. '적당히 해, 적당주의' 등에서는 '눈가림으로 어물어물 해치우다'의 뜻으로 전락하고 있다.

ㄴ '요령' '① 가장 긴요하고 으뜸이 되는 골자나 줄거리. ② 일을 하는 데 꼭 필요한 묘한 이치.'이다 그러나 '요령꾼' 등에서 '적당히 해 넘기는 잔꾀'로 전락하고 있다.

(8) ㄱ 리베이트(rebate)
　ㄴ 게이트(gate)

ㄱ 리베이트(rebate)
　① 판매자가 지급 받은 대금의 일부를 사례금이나 보상금의 형식으로 지급인에게 되돌려 주는 일. 또는 그런 돈.
　② 흔히 '뇌물'의 뜻으로 쓴다
ㄴ ① 문.
　② 흔히 '비리, 음모 조직'의 뜻으로 쓴다.

4.20 흰 흑판과 노랑 백묵

온갖 사상(事象)에는 이름이 있는데, 시대 변화에 따라 사상이 바뀌어도 그 사상이 바뀌기 전의 이름을 달고 있어 사상과 이름이 명실상부하지 않는 경우가 더러 있기도 하고, 반대로 사상은 변하지 않았으나 이름이 그 주변적 여건에 다라 변하여 역시 명실상부하지 못한 경우가 더러 있다.

(1) ㄱ 목발(木-) / *플라스틱 목발, *알루미늄 목발
　ㄴ 흑판(黑板), 칠판(漆板) / *흰 흑판, *흰 칠판
　ㄷ 봉지(封紙) / *비닐 봉지
　ㄹ 마대(麻袋) / *비닐 마대

ㅁ 동상(銅像) / *화강석(花崗石) 동상, *나무 동상

ㅂ 바가지 / *플라스틱 바가지, *양은 바가지

ㄱ '목발(木-)'은 '나무로 된' 것인데 '플라스틱 목발, 알루미늄 목발'이라니 의미상 모순이고,

ㄴ '흑판(黑板)'이나 '칠판(漆板)'은 '검은 색'의 것인데 '흰 흑판, 흰 칠판'이라니 모순이요,

ㄷ '봉지(封紙)'는 종이로 된 건인데 '비닐 봉지'이니 모순이고,

ㄹ '마대'는 '삼으로 된 포대'이므로 여기도 '비닐'은 붙을 수 없다.

ㅁ '동상(銅像)'은 구리로 된 것인데 '화강석 동상, 나무 동상' 이라니 모순이다.

ㅂ '바가지'는 박으로 된 것인데 '플라스틱, 양은'은 붙을 수 없다.

(2) ㄱ 남자 접대부(男子接待婦), 남자 가정부(男子家政婦), 남자 파출부(男子派出婦), 남자 간호부(看護婦)

ㄴ 이메일(electronic mail) 전자우편(電子郵便) / 전자편지(電子便紙)

ㄱ '접대부, 가정부, 파출부'의 '부(婦)'는 여성을 나타낸다. '간호사(看護師)'의 전 용어는 '간호부(看護婦)'였다. '남자 간호부'는 앞뒤가 맞지 않으나, '남자 간호사'는 흠잡을 데 없다.

ㄴ '이메일'을 '전자우편'이라면 흠잡을 데 없지만, '전자편지'라 하면 '편지'의 '지(紙)'가 '종이'이기 때문에 적절하지 못하다. 이메일에 '편지 쓰기, 편지 읽기, 편지함 관리', 등에서 종이와 무관하건만 '편지(便紙)'란 말을 쓰고 있다.
달리 '전자통신(電子通信)' 또는 줄여서 '전통(電通)', 전신

(電信)이라 하는 쪽이 더 좋은데 이미 다른 뜻으로 '전통, 전신'이 사용되고 있어 그것도 마땅하지 않다.

다음의 경우도 이와 같다.

(3) • 백묵(白墨) / *노랑 백묵, *파랑 백묵
• 청(靑)바지 / *검은 청바지, *회색 청바지
• 수건(手巾) / *발수건, *머리수건
• 사막(沙漠) / *돌사막
• 양(洋)동이 / *플라스틱 양동이
• 노끈 / *비닐 노끈, *나일론 노끈
• 독(禿)수리 / *대머리독수리
• 광우병(狂牛病) / *인간광우병 (2003. 9. 17. 뉴스)
• 찌다, 찜, 갈비찜 / *냉찜질, *얼음찜질

(4) 가상현실, 검은 녹두(綠豆), 검은 황금(黃金)(석유), 고추장갑/장갑(掌匣), 공공연한 비밀(秘密), 노란 흑설탕(黑雪糖), 안전사고, 콘크리트 침목(枕木), 피로회복, 우유두부(牛乳豆腐)(상품명)

4.21 가든과 살롱과 마담

외래어가 국어에 들어와서 의미가 많이 달라진 것이 있다.

(1) ㄱ 가든(garden)

① 뜰. 마당. 정원.

② 야외 음식점, 정원이 있는 음식점.

③ 정원이 없는 도심의 음식점에도 '○○ 가든'이란 곳이 흔히 있다.

ㄴ 냅킨(napkin)

① 식사할 때 쓰는 무명베 조각. 수건. 기저귀.

② 식사할 때 쓰는 수건이나 휴지.

ㄷ 살롱(salon)

① 상류 계급 사회의 사교를 위하여 모이는 곳.

② 양주 등을 파는 술집.

ㄹ 마담(madame)

① 마님. 부인.

② 술집이나 다방의 여주인.

③ 마담뚜[madame-] ('뚜'는 '뚜쟁이'의 준말) 특수층·부유층을 상대로 하는 직업적인 중매쟁이를 일컫는 속어.

ㅁ 빌라(villa)

① 별장식 주택. 교외의 별장.

② 다세대 주택이나 연립 주택을 이르는 말.

ㅂ 크루저(cruiser)

① 외양(外洋) 항해를 주목적으로 하여 만들어진 대형 요트. 보조 엔진을 갖추고 있으며 선내 생활을 위한 설비도 잘 되어 있다.

② (속초 서울간) 우등 고속 버스에 'cruiser'라 썼다.

ㅅ 레지(lady)

① 부인. 숙녀. 귀부인.

② 다방 등에서 손님을 접대하며 차를 나르는 여자.

ㅇ 레지(register)

① 기록부. 등록부.

② 다방 등에서 손님을 접대하며 차를 나르는 여자.

ㅈ 레저(leather)

① 가죽.

② 인조가죽.

ㅊ 호프(Hof)

① (독) 농가. 농장.

② 호프 한 잔씩 잔에 담아 파는 생맥주. 또는 그 생맥주를 파는 맥줏집.

ㅋ 데이트(date)

① 날짜, 연월일.

② (특히 이성과의) 약속.

③ (미 · 구어) 데이트의 상대.

④ 이성(異性)끼리 교제를 위하여 만나는 일. 또는 그렇게 하기로 한 약속.

ㅌ 부케(bouquet)

① ('다발'이란 뜻에서) 작은 꽃다발.

② 결혼식 때 신부가 손에 드는 작은 꽃다발.

ㅍ 네비게이션(navigation)

① 항해, 항공

② 항해(항공)학(술), 항법.

③ (집합적) 항행 선박.

④ 자동차 장착용 길안내 장치.

(2) 노다지(〈no touch), 드링크(drink), 로비(lobby), 리무진(limousine), 맨션(mansion), 모텔(motel), 부케(bouquet〈프〉), 브로커(broker), 빌라(villa), 보이~뽀이(boy), 사이다(cider), 사인(sign), 초콜릿(chocolate), 커넥션(connection), 커닝(cunning), 콜라(cola), 크리스털(crystal), 하우스(house), 호스티스(hostess), 히스테리(독 Hysterie)

(3) 콘조(こんじょう[根性]), 오야(おや[親])

4.22 고무와 껌

외래어 중에 어원(語源)이 같아도 전해지는 과정이 다르면 국어에서는 다른 음으로 쓰이기도 하고, 음이 같거나 비슷해도 전해지는 과정에 실체가 많이 달라져 국어에서는 같은 이름의 다른 실체인 것이 있다.

(1) ㄱ 고무와 껌
ㄴ 카레와 커리
ㄷ 고뿌와 컵
ㄹ 만두와 만주

ㄱ '고무(gomme〈프〉)'는 고무나무의 껍질에서 분비하는 액체를 응고시켜 만든 생고무를 주원료로 하는 물질로, 탄력성이 강하고 신축성이 좋으며 전기나 물, 가스를 통과시키지 않아 공업용품이나 생활용품으로 널리 쓴다. '껌(gum)'은

고무에 설탕과 박하 따위의 향료를 섞어서 만든 과자. 입에 넣고 오래 씹으면서 단물을 빼어 먹는다. '고무'와 '껌'은 같은 어원이란 것이 쉽게 짐작된다. 이 두 말은 우리 나라에 전래된 과정이 다르고, 내용이 달라 음도 이렇게 달라졌다.

ㄴ '카레(curry)'는 인도가 원산지로, 세계에 널리 보급된 혼합 향신료의 일종이다. 본디 '카레'라는 말은 '국물'이라는 뜻의 인도말이다. 우리 나라에 카레가 전해지기는 일본어 '카레라이스(カレーライス(←curry and rice · curried rice)'에서 알려진 것인데, 최근 미국 등에서 들어온 것으로는 '카래'가 아닌 '커리'로 통한다. '카레'는 일본인의 입맛에 맞게 순한 맛이며, '커리'는 인도 원산의 맛에 가까운 매운 맛이며, 빛깔도 대체로 커리가 카레보다 더 짙은 편이다.

ㄷ 고뿌(〈コップ〈kop〈네〉)'나 '컵(cup)' 모두 같은 어원이란 것이 쉽게 짐작된다. 네들란드어나 영어 모두 게르만어파(Germanic languages)에 속한다. 둘 다 '물이나 음료 따위를 따라 마시려고 만든 그릇'인데, 이 두 말은 우리 나라에 전래된 과정이 달라 그릇의 모양도 다르고 음도 다르다.

ㄹ 만두(饅頭)는 원래 중국 남만인(南蠻人)들의 음식이라 한다. 제갈량(諸葛亮)이 멀리 남만을 정벌하고 돌아오는 길에 심한 풍랑을 만나게 되자 종자(從者)가 만풍(蠻風)에 따라 사람의 머리 49개를 수신(水神)에게 제사지내야 한다고 진언하였는데, 제갈량은 살인을 할 수는 없으니 만인의 머리 모양을 밀가루로 빚어 제사하라고 하여 그대로 했더니 풍랑이 가라앉았다는 고사가 있으며, 이것이 만두의 시초라고 한다. 한국에는 조선 영조 때의 사람 이익(李瀷)의 글에

만두 이야기가 나오는 것으로 보아 조선 중기 이전에 중국에서 들어온 것으로 보인다.(네이버 백과사전)

한국의 만두는 껍질이 얇고 소가 많이 들어가는 것이 특징이다. 만두 소는 재료를 잘 다져서 섞고 양념하여 만드는데, 육류로 쇠고기나 돼지고기·닭고기·꿩고기 등이 쓰이고, 채소로는 김치·숙주·당근·오이·양파, 그 밖에 두부·당면 등을 쓴다.

그런데 만두의 본고장 중국에서는 그렇지 않은 모양이다. 중국어에서 '饅頭'는 소가 없는 찐빵이고, 소가 들어있는 것은 '包子'라 하여 다르다. 그러니까 이 '包子'라 하는 것이 한국의 '만두'와 같은 것이다. 본고장의 만두와 우리나라의 만두가 달라진 것이다.

최근 '만주'라 하는 빵 종류를 팔고 있는 것을 보았다. 이 '만주'는 '饅頭'가 일본으로 들어가 변한 것으로 'まんじゅう[饅頭]'다. 이 만주는 우리의 만두와는 또 많이 다르다.

(2) ㄱ 머신(machine)/미싱(machine)
ㄴ 아이론(iron)/아이언(iron)
ㄷ 가제(Gaze)/거즈(gauze)
ㄹ 에네르기(Energie)/어너지(energy)
ㅁ 바이타민(Vitamin)/비타민(vitamin)
ㅂ 글라스(glass)와 선글라스(sunglass)

ㄱ '머신(machine)'은 기계나 기계장치를 이르는 말이다. 그런데, 재봉틀(=sewing machine)은 일본어 'ミシン'을 거쳐 들어왔기에 '미싱'으로 통하다. '머신'이든 '미싱'이든 둘 다

원어는 machine이다.

ㄴ'아이론'이라 하면 '다리미'다. 이는 일본어 'アイロン〈iron' 을 거쳐 온 것이다. '아이언'이라 하면 골프에서, 헤드를 금속으로 만든 '아이언 클럽(iron club)'을 이르는 말로 통한다. '아이론'이든 '아이언'이든 둘 다 원어는 'iron'이다.

ㄷ '가제'는 독일어 'Gaze'에서 온 말이고 '거즈'는 영어 'gauze' 에서 온 말이지만 모두 '얇은 천이 처음으로 생산된 팔레스타인의 고을 Gaza의 이름'에서 유래된 말이다.

ㄹ '에네르기(Energie)'와 '어너지(energy)'의 차이는?

ㅁ '바이타민(Vitamin)'과 '비타민(vitamin)'의 차이는?

ㅂ 유리잔 '글라스(glass)'와 색안경 '선글라스(sunglass)'의 'glass' 는 국어에 들어오기 전에 이미 '유리'에서 '유리 그릇, 거울, 렌즈, 안경' 등 그 의미가 다양하게 분화한 보기인데 이런 예는 찾으면 흔하다.

4.23 엄마 눈 열어

국어가 발달하면서 의미가 다양해지고 그런 과정에 어휘가 분화하고 의미도 분화한다. 다음 (1)과 (2)는 그런 보기들이다.

(1) • 가죽/거죽
- 맛/멋
- 머리/마리

(2) • 춥다/차다

- 작다/적다
- 먹다/잡수시다
- 먹다/마시다/복용하다
- 싣다/태우다
- 열다/뜨다/벌리다
- 시원하다/서늘하다
- 키우다/기르다

다른 언어와 비교하여 국어에서는 아직 의미가 분화하지 못한 것도 있고, 방언차나 개인차로 미분화상태의 것이 있다.

다음은 의미가 분화되지 않고 있다.

(3) ㄱ 푸르다 : 綠/靑. green/blue. みどり(綠)/あお(靑).

ㄴ 지리다 : 오줌 냄새와 맛의 미분화.

¶냄새가 지리하다./맛이 지리하다.

ㄷ 구수하다 : 마음을 은근히 끄는 냄새와 맛의 미분화.

¶구수한 된장찌개 냄새./구수한 숭늉 맛.

영어와 국어의 다음 동사를 비교해 보면 어느 언어에서는 미분화상태에 있음을 발견하게 된다.

(4) 옷, 치마 바지 입다 ↔ 벗다

갓, 모자 쓰다 ↔ 벗다

장갑, 안경, 완장 끼다 ↔ 벗다

신, 버선, 양말 신다 ↔ 벗다

시계 차다 ↔ 벗다

넥타이 매다 ↔ 벗다

다음의 명사도 개인차나 방언차에 의해 미분화상태인 경우를 발견하게 된다.

(5) • 가래와 호두
  • 가물치와 가자미
  • 거북과 자라
  • 산초와 난두

4.24 백기를 들다(색깔의 상징)

색깔마다 그 색깔 특유의 상징적 의미가 있다. 또 흔히는 색깔을 써서 비유하는 고정적 관념이 있다. 또는 그런 고정관념이 형성되게 된 유래가 있다.

(1) • 백기(白旗)를 들었다.
  • 청사진(靑寫眞)을 제시하라.
  • 흑막(黑幕)을 파헤쳐야 한다.
  • 순백(純白)의 마음씨에 반했다.
  • 회색분자(灰色分子)를 경계하라.
  • 적자(赤字)는 안 된다. 흑자(黑字)여야 한다.

가. 흰색

(2) • 순수, 순결, 청정(淸淨), 천진(天眞) : 백의민족(白衣民族)
  • 항복 : 흰 깃발

• 죽음 : 상복(喪服)

나. 검은색

(3) • 어둠 : 암흑(暗黑)

• 음흉, 부정, 악, 비밀 : 흑막(黑幕), 흑심(黑心)을 품다

• 모략, 중상 : 흑색선전(黑色宣傳), 흑색광고(黑色廣告)

• 죽음, 신비, 미지 : 상복(喪服)

• 경건 : 상복(喪服)

다. 푸른색/파란색

(4) • 희망 : 청운(青雲)의 꿈, 청운(青雲)의 뜻

• 젊음 : 청년(青年), 청춘(青春)

• 설익음 : 풋내기

• 차가움, 시원함 : 찬물이 나오는 수도꼭지의 색

• 예리함 : 서슬이 퍼렇다.

• 질림 : 얼굴이 파랗게 질리다.

라. 녹색

(5) • 생명 : 새싹을 상징, 새마을운동 휘장

• 자연 : 싱싱한 자연을 상징, 새마을운동 휘장

• 안전, 회복, 희망, 평화 : 녹색 신호등, 비상구의 녹색, 병원의 녹십자

마. 빨간색

(6) • 피 : 적십자(赤十字)

• 정렬 : 정열의 장미 빛(대중가요 가사)
• 뜨거움 : 더운물이 나오는 수도꼭지의 색
• 충성심 : 일편단심(一片丹心)
• 공산당/사회주의/좌익 : 공산주의 국가의 국기나 당기(黨旗), 빨갱이, 러시아의 '붉은 광장', '붉은 군대' 중국의 '홍군(紅軍)' 인민군의 견장
• 위험, 경계 : 위험 표지판, 도로표지 정지 색, 불자동차 색, 소화기 색
• 퇴장 : 레드카드
• 공군 파일럿(空軍 pilot) : 빨간 머플러
• 명백함 : 새빨간 거짓말

바. 노란색

(7) • 인색 : 노랑이
• 시듦, 병약함 : 싹이 노랗다, 앞날이 노랗다
• 경고, 주의 : 옐로우 카드, 경계 깃발, 어린이를 태운 자동차 색
• 뜬소문 : 노랑신문(−新聞)

아. 자주색

(8) 신성, 고귀, 신비, 황제 : 자금성(紫禁城), 자포(紫袍)

사. 회색

(9) • 기회주의 : 회색분자(灰色分子)
• 중년 : gray 에이지

자. 분홍색, 핑크(pink), 도색(桃色)

(10) 남녀 사이의 색정(色情) : 도색(桃色)영화, 도색(桃色)잡지, 도색(桃色) 사진

차. 금색

(11) • 부(富) : 황금(黃金)

• 불변 : 결혼 예물의 금반지

• 권위, 절대자 : 황금불상

• 으뜸 : 금상(金賞), 금메달(金medal), 금배지(金badge)

카. 은색

(12) • 노년기 : 실버하우스(silver house 양로원 이름), 실버타운(silver town 양로원 이름)

• 버금 : 은상(銀賞), 은메달(銀medal)

타. 그 밖의 것

그 밖에 색상어와 관련된 것들이 여럿 있다.

(13) • 백서(白書) : 정부가 정치, 외교, 경제 따위의 각 분야에 대하여 현상을 분석하고 미래를 전망하여 그 내용을 국민에게 알리기 위하여 만든 보고서.

• 장밋빛 공약 : 실현 가능성이 없는 허황한 공약.

• 청상(靑裳) : 푸른 치마를 입은 여자라는 뜻으로, 특히 기생(妓生)을 비유적으로 이르는 말.

• 청색 사진(靑色寫眞) : 건축이나 기계 따위의 도면(圖

面)을 복사하는 데 쓰는 사진. 푸른 바탕의 종이 위에 원도면(原圖面)이 흰 줄로 나타난다. ≒청사진.

• 청서(靑書) : 영국 의회나 추밀원의 보고서. 표지가 청색으로 되어 있는 데서 유래하였다.

• 황서(黃書) : 외교 교섭의 경과를 발표하는 프랑스 외교부의 누런 종이로 된 문서. ≒옐로북.

• 흑백(黑白) : 시비(是非), 옳고 그름.

(14) ㄱ 좌청룡(左靑龍), 우백호(右白虎), 남주작(南朱雀), 북현무(北玄武)

ㄴ 흑자(黑字), 적자(赤字)

ㄷ 홍일점(紅一點), 청일점(靑一點)

〈참고〉 "신부님 옷은 왜 검은가요?" (〈중앙일보〉 2007. 12. 13)

(전략) 가사의 색깔에는 더욱 의미심장한 메시지가 녹아 있었다. 조계종 승려의 가사는 '괴색(壞色)'이다. '원래 색에서 멀어진 색'이란 뜻이다. 옛 인도에선 똥이 묻거나, 시신을 쌌던 천 조각에 황토로 물을 들여 원래 색을 뺐다고 한다. 총무원 원철 스님은 "불교 수행은 내가 가지는 상(相)을 다 없애는 것이다. 그래서 가사의 괴색에는 '무아(無我)'와 '무소유(無所有)'의 의미가 담겨 있다"고 했다.

이에 반해 불교 태고종의 가사는 붉은 색이다. 전통가사연구원 정지상 스님은 "석가모니 부처님의 전생에 수행을 위해 온몸에 피를 흘린 일화가 있다. 붉은 가사는 '부처님의 피'를 의미한다. 그처럼 피나는 수행을 상징한다"고 설명했다. 그래서 인도에선 가사를 '적혈색의(赤血色衣, 붉은 핏빛의 옷)'라고도 불렀다는 것이다. (중략)

그럼 신부님들의 옷은 왜 검정색일까. 가톨릭 예수회의 조학균 신부에게 물었다. "검정색은 '죽음'을 뜻한다." 첫마디부터 뜻밖이었다. 죽음이라니, 왜 하필 죽음일까. "'수단'이라 부르는 검정옷은 신부들에겐 일종의 상복(喪服)이다. 사제는 그걸 입고서 자기자신의 죽음을 향해 가는 것이다. 그래서 검정 수단은 이 땅에서의 죽음, 세속에서의 죽음을 뜻한다. 더불어 세상에서 누릴 수 있는 모든 것에 대한 포기도 의미한다." (중략)

흰 칼라의 네모난 모양은 '신부'의 상징처럼 여겨진다. 대한성공회 김현호 신부는 "사제들 사이에선 그게 일명 '개 목걸이'로 통한다"고 설명했다. 아니, 성스러운 사제복을 가리켜 '개 목걸이'라니 무슨 말일까. 김 신부는 그 의미를 설명했다. "거기에는 '내 뜻대로 살지 않고, 하느님의 뜻대로 살게 하소서'라는 간절한 기도가 담겨 있다. 그래서 하느님의 뜻대로 내가 끌려갈 수 있게 해달라는 의미에서 그런 별명이 생긴 것이다." (하략)

4.25 수의 신비

숫자가 수 개념 이외에 신비적, 주술적, 미신적 힘을 발휘할 때가 있다.

한국인이 7을 좋아하는 것은 럭키 세븐(Lucky Seven)이라 한 서양의 영향이다. 4를 싫어하는 것은 죽을 사(死)자를 연상하기 때문이다. 그래서 병원에는 4층이 없다. 물론 병실에 4호, 44호가 없다. 아파트에는 4층을 F층으로 바꿔 쓰기도 한다.

어떤 수에 특별한 의미를 부여하기도 한다.

(1) • 49재(四十九齋)
• 삼세번
• 후래자삼배(後來者三杯)

(2) • 개업 1주년

• 문화 1000년 지킨 '간송 100년'
(〈조선일보〉 기사 제목 2006. 5. 16.)

• 개교 100주년

• 한국 기독교 100주년 기념사업

(3) • 陽數 1, 3, 5, 7, 9

• 陰數 0, 2, 4, 6, 8

(4) • 음력 1월 1일 설

• 음력 3월 3일 삼짇날

• 음력 5월 5일 단오(端午)

• 음력 7월 7일 칠석(七夕)

• 음력 9월 9일 중양(重陽)

〈참고〉 김희완씨에 현상금 444만4000원 (〈조선일보〉 2002. 5. 11.)

과소비추방범국민운동본부와 활빈단 등 5개 단체는 10일 '최규선 게이트' 연루 의혹 속에 잠적한 김희완(金熙完) 전 서울시 정무부시장에 대해 현상금 '444만4천원'을 내걸었다.

이들 단체는 이날 "권력형 비리를 없애겠다는 취지로 '죽을 사'(死)와 발음이 비슷한 액수를 걸게 됐다."며 '김희완 전 서울부시장 체포조'와 '시민고발센터'(02-722-2995~9)를 결성하고 시민들의 적극적인 제보를 호소했다. (權祥銀 기자)

**〈참고〉 재물 불러모으는 '33폰' 홍콩서 3억여 원에 팔려
'133-3333-3333' (〈조선일보〉 2004. 11. 8.)**

중국에서 행운과 재물을 가져오는 숫자로 통하는 숫자인 '3'이나 '8'

을 여럿 가진 휴대폰 번호가 초고가(超高價)에 거래되고 있다. 지난 주말 베이징(北京)에서 열린 휴대폰 번호 경매시장에서 '133-3333-3333' 번호가 180만 위안(약 2억7000만원)을 제시한 한 시민에게 돌아갔다고 홍콩 언론들이 8일 전했다.

'3'은 '8', '6' 등과 더불어 재산과 복을 낳는 행운의 수로 통하는데, 3이 무려 10개나 나란히 있는 덕분에 이처럼 비싼 값에 팔렸다는 것. 이에 앞서 지난 4월에는 '135-8585-8585' 번호가 중국 휴대폰 인터넷 경매 사상 가장 비싼 값인 900만 위안(약13억5000만 원)에 낙찰되는 기록을 세웠다. '바우'로 발음되는 '85'는 중국어로 '재물을 모은다'는 '파우(發物)' 같은 뜻으로 쓰여 '나에게 네 번 횡재를 가져다준다'는 의미를 갖기 때문. (홍콩=송의달 특파원)

〈참고〉 2006년 6월 6일 美 '악마의 날' 호들갑 (〈조선일보〉 2006. 6. 6)

2006년 6월 6일은 100년만에 숫자 6이 세 번 겹치는 날. 이를 '악마의 날(Devil Day)' 여기는 미국인들이 긴장하고 있다.

미 시사 주간지 뉴스위크 최신호(12일자)는 기독교인들이나 일반인들 가운데 새 직장을 구하기 위해 원서를 작성하는 사람이나 중요 계약서에 서명하려는 사람들은 이날을 피하려 하고 있다고 보도했다. 또한 병원에서는 환자들이 이날을 피해 수술이나 분만 일정을 조정해 달라는 민원이 잇따르고 있고, 결혼을 예정했던 예비부부들은 이날 교회에서의 결혼식을 연기해 달라는 요청도 쇄도하고 있다고 한다.

기독교 성경의 '요한계시록'에는 숫자6이 세 번 겹치는 '666'을 '짐승의 숫자'로 기록하는 등 절대 금기시하고 있다. 사람의 이마와 팔에 이 숫자가 새겨진 것은 종말을 의미하는 것으로 받아들이고 있다. 이 때문에 공화당의 로널드 레이건 전 대통령이 1989년 대통령직에서 물러난 뒤 고향인 캘리포니아주 벨에어로 이사한 집의 주소가 666가(街)인 것을 보고 668가로 바꾼 일화가 있다.

그러나 이를 활용하려 드는 경우도 많다. 영화사인 20세기 폭스사는

1976년 그레고리 펙이 주연한 공포 영화 '오멘'을 리메이크작으로 만들기로 했다. 악마의 숫자 666을 몸에 새기고 태어난 소년 데미안에 대한 이야기가 다시 영상화되는 것이다. 개봉일도 금요일이 아니라 6일인 화요일로 앞당기고 광고 문구도 '6+6+06 예언(The Omen)을 명심하라'로 택했다.

작가 앤 쿨터의 '신의 부재(Godless) : 자유주의의 교회'라는 신작이 이날 첫선을 보일 예정이다. 출판업체인 틴델 하우스도 종말론을 다룬 종교 서적 '환희(The Rapture)'를 이날 발간키로 했다. 일부 음식점에서는 '666 메뉴'를 개발해 손님들을 유인하고 있다. (최원석 기자)

〈참고〉 중국인은 8의 중국발음이 '재물을 번다'는 의미인 '發'과 비슷하다 하여 8을 선호하는데 개업식은 8일, 18일, 28일에 이루어진다. 베이징올림픽 개막식을 2008년 8월 8일 8시 8분 8초에 시작하겠다고 했었는데 실제는 8시 정각에 했다.

4.26 잠꾸러기과 말라깽이

국어는 욕설(辱說)이 많다. 상대를 비하하고 얕잡아 표현하는 말도 많다. 또 대상을 속되게 표현하는 말도 많다. 국어는 전반적으로 거친 표현이 많은 언어다.

1. 욕설

우리말 욕설은 험구도(險口度)가 높아 차마 교재에 실을 수 없는 것도 많다. 특히 '죽다, 죽이다'가 예사로 쓰인다.

(1) • (쳐, 때려, 밟아) 죽이다
• 추워(더워, 매워, 힘들어, 지겨워) 죽겠다

- 용용 죽겠지
- 초전박살(初戰搏殺)

(2) • 좋아(즐거워, 재미나, 고소해) 죽겠다
- 죽여주는 동침이 국수 (어느 국수집)
- 죽었다 (놀이나 경기에서)
- 직인다 직여 (감탄사)

2. 은어

은어(隱語)는 특수 집단에서 그 구성원들끼리만 통하는 밀어(密語)다.

(3) • 불량배 집단의 언어
- 상인 집단의 언어
- 군인 집단의 언어
- 학생 집단의 언어

사전에 실렸다면 이는 벌써 은어(隱語)가 아니다. 〈금성판 국어대사전〉에 실린 몇 예를 보면 다음과 같다.

(4) • 개털 : 죄수들의 은어로, 돈이나 뒷줄이 없는 사람을 이르는 말.
- 범털 : 죄수들의 은어로, 돈 많고 지적 수준이 높은 죄수를 이르는 말.
- 게시 : 맹인들의 은어로, '여자'를 이르는 말.

3. 비속어

이름 그대로 비속한 말이 비속어(卑俗語)다. 사전에 '~을 낮잡아 이르는 말', '~을 속되게 이르는 말'이 대체로 비속어다.

(5) • 꼬랑지 : '꽁지'를 낮잡아 이르는 말.
- 끄나풀 : 남의 앞잡이 노릇을 하는 사람을 낮잡아 이르는 말.
- 떠버리 : 자주 수다스럽게 떠드는 사람을 낮잡아 이르는 말.
- 맛대가리 : '맛'을 낮잡아 이르는 말.
- 분칠(粉漆) : 얼굴에 분을 바르는 일을 낮잡아 이르는 말.
- 뼈다귀 : '뼈'를 낮잡아 이르는 말.
- 쓰레기 : 도덕적, 사상적으로 타락하거나 부패하여 쓰지 못할 사람을 낮잡아 이르는 말.
- 애새끼
  ① 아들과 딸을 비속하게 이르는 말.
  ② 남자를 욕할 때에, '자식(子息)'보다 낮잡아 이르는 말.
  ③ '어린아이'를 속되게 이르는 말.
- 약빠리 : 약빠른 사람을 낮잡아 이르는 말.
- 어중이떠중이 : 여러 방면에서 모여든, 탐탁하지 못한 사람들을 통틀어 낮잡아 이르는 말.
- 언동이 : 똑똑하지 못하고 어리벙벙한 사람을 낮잡아 이르는 말.
- 여편네(女便-)
  ① 결혼한 여자를 낮잡아 이르는 말.

② 자기 아내를 낮잡아 이르는 말.

- 엽전(葉錢) : 우리나라 사람이 스스로를 낮잡아 이르는 말.
- 왜식(倭食) : '일식(日食)'을 낮잡아 이르는 말.
- 월급쟁이(月給-) : 일을 한 대가로 달마다 삯을 받는 사람을 낮잡아 이르 는 말.
- 자랑쟁이 : 자기 자랑을 잘하는 사람을 낮잡아 이르는 말.
- 잔챙이 : 지지리 못난 사람을 낮잡아 이르는 말.
- 잠꾸러기 : 잠이 아주 많은 사람을 낮잡아 이르는 말.
- 장돌뱅이(場-) : '장돌림'을 낮잡아 이르는 말.
- 장사치 : 장사하는 사람을 낮잡아 이르는 말.
- 재담꾼(才談-) : '재담가'를 낮잡아 이르는 말.
- 젊은것 : '젊은이'를 낮잡아 이르는 말.
- 조무래기 : 어린아이들을 낮잡아 이르는 말.
- 질름발이 : 질름질름 걷는 사람을 낮잡아 이르는 말.
- 촌뜨기(村-) : '촌사람'을 낮잡아 이르는 말.
- 칼잡이 : 칼을 잘 쓰는 사람을 낮잡아 이르는 말.
- 털보 : 수염이 많거나 몸에 털이 많은 사람을 낮잡아 이르는 말.
- 패거리(牌-) : 같이 어울려 다니는 사람의 무리를 낮잡아 이르는 말.
- 하바리(下-) : 품위나 지위가 낮은 사람을 낮잡아 이르는 말.
- 핫바지 : 시골 사람 또는 무식하고 어리석은 사람을 낮잡아 이르는 말.

• 훈장질(訓長-)

① 글방의 선생 노릇을 낮잡아 이르는 말.

② 학생을 가르치는 일을 낮잡아 이르는 말.

(6) • 간판짝(看板-) : '얼굴'을 속되게 이르는 말.

• 개고기 : 성질이 고약하고 막된 사람을 속되게 이르는 말.

• 개뼈다귀 : 별 볼일 없으면서 끼어드는 사람을 경멸하는 태도로 속되게 이르는 말.

• 개지랄 : 너저분하고 미운 짓거리를 속되게 이르는 말.

• 개차반 : 개가 먹는 차반인 똥이라는 뜻으로, 언행이 몹시 더러운 사람을 속되게 이르는 말.

• 괴짜(怪-) : 괴상한 짓을 잘하는 사람을 속되게 이르는 말.

• 구라 : '거짓말'을 속되게 이르는 말.

• 깡다구 : 악착같이 버티어 나가는 오기를 속되게 이르는 말.

• 꼴값 : '얼굴값'을 속되게 이르는 말.

• 넌덜머리 : '넌더리'를 속되게 이르는 말.

• 노가다(<どーかた(土方)) : 행동과 성질이 거칠고 불량한 사람을 속되게 이르는 말.

• 노가리 : '거짓말'을 속되게 이르는 말.

• 노라리 : 건달처럼 건들건들 놀며 세월만 허비하는 사람을 속되게 이르는 말.

• 논다니 : 웃음과 몸을 파는 여자를 속되게 이르는 말.

• 농땡이 : 일을 하지 않으려고 꾀를 부리며 게으름을 피우는 사람을 속되게 이르는 말.

• 눈깔 : '눈알'을 속되게 이르는 말.
• 눈치코치 : '눈치'를 강조하여 속되게 이르는 말.
• 니나노 : 술집에서 시중드는 여자를 속되게 이르는 말.
• 닭살 : '소름'을 속되게 이르는 말.
• 대가리 : 사람의 머리를 속되게 이르는 말.
• 동그라미 : '돈'을 속되게 이르는 말.
• 따까리 : 자질구레한 심부름을 맡아 하는 사람을 속되게 이르는 말.
• 따라지 : 보잘것없거나 하찮은 처지에 놓인 사람이나 물건을 속되게 이르는 말.
• 똘마니 : 범죄 집단 따위의 조직에서 부림을 당하는 사람을 속되게 이르는 말.
• 똥값 : 터무니없이 싼값을 속되게 이르는 말.
• 똥고집 : '옹고집'을 속되게 이르는 말.
• 똥배짱 : 허투루 부리는 배짱을 속되게 이르는 말.
• 마담뚜(madame-) : 부유층이나 특수층을 상대로 하는 직업적인 여자 중매쟁이를 속되게 이르는 말.
• 마빡 : '이마'를 속되게 이르는 말.
• 말라깽이 : 몸이 몹시 여윈 사람을 속되게 이르는 말.
• 멋대가리 : '멋'을 속되게 이르는 말.
• 무데뽀(むてっぽう(無鐵砲)) : 일의 앞뒤를 잘 헤아려 깊이 생각하는 신중함이 없음을 속되게 이르는 말.
• 묵사발(-沙鉢) : 얻어맞거나 하여 얼굴 따위가 형편없이 깨지고 뭉개진 상태를 속되게 이르는 말.
• 밥줄 : 벌어서 먹고살 수 있는 방법이나 수단을 속되게

이르는 말.

- 방망이 찜질 : 방망이로 사정없이 마구 때리는 일을 속되게 이르는 말.
- 방석집(方席-) : '요정(料亭)'을 속되게 이르는 말.
- 배때기 : '배'를 속되게 이르는 말.
- 배지 : '배'를 속되게 이르는 말.
- 보리타작(-打作) : 매를 심하게 때림을 속되게 이르는 말.
- 복부인(福婦人) : 부동산 투기로 큰 이익을 꾀하는 가정 부인을 속되게 이르는 말.
- 부르주아(프 bourgeois) : '부자(富者)'를 속되게 이르는 말.
- 빨갱이 : '공산주의자'를 속되게 이르는 말.
- 빵점(-點) : '영점(零點)'을 속되게 이르는 말.
- 뺑뺑이 : 춤 교습소에서 남녀가 춤추는 일을 속되게 이르는 말.
- 뻥까다 : '거짓말하다'를 속되게 이르는 말.
- 뽕짝 : '트로트'를 속되게 이르는 말.
- 삐끼 : 호객하는 사람을 속되게 이르는 말.
- 삥땅 : 다른 사람에게 넘겨주어야 할 돈의 일부를 중간에서 가로채는 일을 속되게 이르는 말.
- 사냥개 : '염탐꾼'을 속되게 이르는 말.
- 사바사바(さばさば) : 뒷거래를 통하여 떳떳하지 못하게 은밀히 일을 조작하는 짓을 속되게 이르는 말.
- 삼팔따라지(三八-) : 삼팔선 이북에서 월남한 사람을 속

되게 이르는 말.

- 상통(相–) : ‘얼굴’을 속되게 이르는 말.
- 상판대기(相–) : ‘얼굴’을 속되게 이르는 말.
- 세컨드(second) : ‘첩(妾)’을 속되게 이르는 말.
- 알랑방귀 : 교묘한 말과 그럴듯한 행동으로 남의 비위를 맞추는 짓을 속되게 이르는 말.
- 야코 : ‘콧대’를 속되게 이르는 말.
- 양아치 : ‘거지’를 속되게 이르는 말.
- 어깨 : 힘이나 폭력 따위를 일삼는 불량배를 속되게 이르는 말.
- 엉어터지다 : ‘얻어맞다’를 속되게 이르는 말.
- 여물통(–桶) : ‘입’을 속되게 이르는 말.
- 연장 : 남자의 성기를 속되게 이르는 말.
- 염병(染病) : ‘장티푸스’를 속되게 이르는 말.
- 염통머리 : ‘염치’를 속되게 이르는 말.
- 예수쟁이(Jesus–) : 기독교 신자를 속되게 이르는 말.
- 오리발 : 엉뚱하게 딴전을 부리는 태도를 속되게 이르는 말.
- 왕초(王–) : 거지 넝마주이 따위의 우두머리를 속되게 이르는 말.
- 용코로 : ‘영락없이’를 속되게 이르는 말.
- 우거지상(–相) : 잔뜩 찌푸린 얼굴의 모양을 속되게 이르는 말.
- 이마빼기 : ‘이마’를 속되게 이르는 말.
- 인정머리(人情–) : ‘인정(人情)’을 속되게 이르는 말.
- 자빠지다 : ‘눕다’를 속되게 이르는 말.

- 잔머리 : '잔꾀'를 속되게 이르는 말.
- 장땡 : 가장 좋은 수나 최고를 속되게 이르는 말.
- 절구통(-桶) : 뚱뚱한 사람을 속되게 이르는 말.
- 제비족(-族) : 유흥가를 전전하며 돈 많은 여성에게 붙어사는 젊은 남자를 속되게 이르는 말.
- 죽사발(粥沙鉢) : 매우 얻어맞거나 심하게 욕을 들은 상태를 속되게 이르는 말.
- 지랄 : 마구 법석을 떨며 분별없이 하는 행동을 속되게 이르는 말.
- 짱깨 : 중국인을 속되게 이르는 말.
- 쪼다 : 조금 어리석고 모자라 제구실을 못하는 사람을 속되게 이르는 말.
- 쫑파티(終 party) : 학기가 끝나거나 어떤 일이 끝난 것을 축하하기 위한 모임을 속되게 이르는 말.
- 채신머리 : '채신'을 속되게 이르는 말.
- 촌닭(村-) : 촌스럽고 어릿어릿하는 사람을 속되게 이르는 말.
- 콩밥 : 죄수의 밥을 속되게 이르는 말.
- 토끼다 : '도망가다'를 속되게 이르는 말.
- 튀다 : '달아나다'를 속되게 이르는 말.
- 혼꾸멍나다(魂-) : '혼나다'를 속되게 이르는 말.
- 화딱지(火-) : '화(火)'를 속되게 이르는 말.

4. 기타 천박한 표현

(7) • 신경 끄다
• 야마 돌다
• 눈알에 힘주다

5. 이성적 대립의 언어

이성적 대립에서도 비록 사전적 의미로는 욕설이라 할 수 없지만 그 이상의 혐오도가 있는 표현을 예사로 한다

(8) • 악덕 ○○ 자폭하라.
• 어용 무능 ○○ 물러가라.
• ○○을 기만하는 ○○을 처단하라.
• ○○을 쟁취하기 위해 투쟁하자.

(9) • 대통령 못해 먹겠다
• 17억 해먹은 자해 공갈 사기
(〈조선일보〉 기사 제목 2003. 11. 21.)
• 노예를 짐승처럼 부려먹었다.

천박하고 부정적 의미를 부가하는 말들이 있다. 노무현 대통령이 취임 초기에 '대통령 못해 먹겠다'라 하여 대통령의 언변(言辯) 수준을 놓고 말이 많았다. '도둑질이나 해먹어라', '사기꾼 노릇이나 해 먹을 놈'과 같이 '천박한' 행위에 '해먹다'가 붙고, '불경기에 장사 못해 먹겠다', '더러워서 못해 먹겠다'와 같이 자비적인 경우에 '해먹다'가 붙는다. '대통령'은 아무나 '해먹는' 직업이 아니다. 교양, 품위, 지성, 사회적 직위 등과 관련하여 막말에

대해 생각하게 한다.

(10) • 먹다 : 부려먹다. 이용해 먹다. 사기 쳐 먹다
• 빠지다 : 흔해 빠지다. 식어 빠지다. 늙어 빠지다
• 문드러지다 : 썩어 문드러지다.
• 떨다 : 염병 떨다. 지랄 떨다. 꼴값 떨다.

(11) • -대가리 : 맛대가리. 멋대가리
• -머리 : 채신머리. 소갈머리. 인정머리

〈참고〉 욕설 · 비방난무 '난장판' 국회 (〈연합뉴스〉 2002. 10. 10.)

10일 국회 정치분야 대정부질문은 연말 대선을 겨냥한 폭로전으로 인해 질문 도중 한나라당과 민주당 의원 간 거친 욕설과 고함, 인신공격 발언이 오가는 난장판으로 전락했다.

의석을 지킨 의원들은 한나라당 50여명, 민주당 30여명에 불과했고, 원내 총무단을 중심으로 상대당 질의 의원에게 야유와 삿대질, 욕설을 퍼부었다.

또 한나라당 이재오 의원이 노벨평화상 '로비설'을 주장하자 이어 질의한 민주당 전갑길 의원이 "이회창 후보도 로비해서 (노벨상을) 탈 수 있다면 어디 한번 해보라."고 반박했고, 전 의원의 '기양건설-이회창 커넥션' 주장에 한나라당 엄호성 의원이 반박에 나서는 등 공방이 꼬리를 물었다.

이재오 의원이 시사주간지 보도를 근거로 노벨상 로비설을 제기하자 민주당 김옥두 의원은 "의장은 왜 저런 저질 정치인에게 경고를 주지 않느냐."고 고함을 질렀고, "언제부터 최규선이 계보가 됐냐"(윤철상 의원), "3류 소설가로 나가라"(정균환 총무), "거기서 자폭해"(배기운 의원) 등 야유가 빗발쳤다.

전갑길 의원의 질문도중 한나라당 의석에서는 "미친 놈"이라는 막말

이 튀어나왔고 안영근 의원은 "그만해라 씨X, 말도 안 되는 소리 너무 오래 하잖아"라고 원색적인 욕설을 했으며, "김대업이 또 나왔구만"(김문수 의원), "전대업이다, 테이프는 없냐"(이승철 의원), "정신병자 아니냐"(이규택 총무) 등의 폭언이 이어졌다.

민주당 송석찬 의원이 이회창 후보 가계의 친일, 부동산투기, 병역비리, 원정출산 등의 의혹을 언급하자 한나라당 이규택 총무가 송 의원을 "야 연어"라고 부른 뒤 "에이 능지처참할 놈"이라고 욕설을 퍼부었고 이승철 윤경식 의원은 송 의원이 ㎡를 '입방미터'로 잘못 읽자 "제곱미터다, 제대로나 읽어"라고 야유했다.

이에 김옥두 의원은 "저게 진짜 대정부 질문이야. 품위 있는 질의였다"고 송 의원을 두둔했고 한나라당 박창달 의원은 전갑길 의원이 이 후보 부인 한인옥여사의 '하늘이 두 쪽 나도 집권' 발언을 비판하자 "집권해야지"라고 맞고함을 지르기도 했다.

추태를 지켜보던 유권자들은 혀를 차며 방청석을 떠나기도 했으며 박관용 의장은 의원 10명의 본질의가 모두 끝난 뒤 "국민이 관심을 갖고 지켜보고 있는 만큼 발언자나 경청하는 의원들 모두 품위를 지켜 달라."며 화난 듯 의사봉을 두들겼다. (맹찬형 기자)

〈 참고문헌 〉

김슬옹(1999) 『말을 번지르르하게 하는 저놈을 매우 쳐라』, 다른 우리.

김열규(1997) 『욕-그 카타르시스의 미학』, 사계절.

신기상(1992) 「우리말 辱說 연구」『국어교육』 79-80. 국어교육연구회.

정태륭(1997) 『한국의 욕설 백과』, 한국문원.

황성빈(1996) 『씨불알』, 풀잎문학.

4.27 너무 예쁜 것 같아요

언어는 언제나 변한다. 의미도 언제나 변하며 지금 이 순간에도 변하고 있다. 현재 의미가 변해가고 있음을 느끼는 말들을 찾아보기로 한다.

(1) ㄱ 너무 추워.
ㄴ 너무 예뻐.

'너무'는 ㄱ처럼 '정도가 지나치다'의 의미가 본래의 뜻이다. 그러나 최근 ㄴ처럼 '아주, 매우'의 뜻으로 쓰이는 경우가 흔하다.

(2) ㄱ 동생도 좋아하는 것 같아요.
ㄴ 내가 본 영화 참 재미있는 것 같아요.

'같다'는 ㄱ처럼 화자가 추측한 의미를 전한다. 그러나 ㄴ처럼 자신의 느낌을 제3자가 추측하듯 표현하는 경우를 흔히 듣는다.

(3) ㄱ 때가 한참 지났다.
ㄴ 몰라도 한참 몰라. 이것은 그것과 한참 다릅니다.

'한참'은 ㄱ처럼 '시간이 상당히 지나는 동안'이란 뜻이다. 그러나, ㄴ처럼 '많이, 크게, 엄청'이란 뜻으로도 쓰이고 있다.

(4) ㄱ 엽기적 충동, 엽기적인 살인 사건, 엽기 소설
ㄴ 엽기적인 그녀

'엽기적(獵奇的)'은 ㄱ처럼 '비정상적이고 괴이한 일이나 사물에 흥미를 느끼는. 또는 그런 것. 괴기적.'의 뜻이다. 그러나 최

근 ㄴ처럼 '독특한, 흥미를 일으키는, 또는 그런 행위'로도 쓰이고 있다.

(5) ㄱ 작업장(作業場), 작업실(作業室), 작업이 고되다.
ㄴ 지금 작업 중이다.

'작업'이라면 ㄱ에서처럼 힘든 노동의 수반을 생각하게 되는데 ㄴ에서처럼 '연애, 상대를 꾀는 일'의 뜻으로도 쓰이고 있다.

(6) ㄱ 업무관리(業務管理), 회사관리(會社管理), 직원을 관리해야 한다.
ㄴ 표정관리(表情管理)

'관리'는 ㄱ에서처럼 사무적인 의미인데 ㄴ서처럼 정서에까지 확대되어 쓰이고 있다.

(7) ㄱ 철학적 개념(槪念), 문학 개념(槪念)
ㄴ 예는 숙제에 대한 개념이 없어.

'개념(槪念)'은 ㄱ에서처럼 '어떤 사물 현상에 대한 일반적인 지식'인데 ㄴ에서처럼 '의욕, 관심'의 뜻으로도 쓰이고 있다.

(8) ㄱ 방, 안방, 큰방, 건넌방 …
ㄴ 약방(藥房), 책방(冊房), 전방(廛房) …
ㄷ 노래방, 빨래방, 찜질방, PC방, 비디오방 …

'방(房)'의 본디 뜻은 ㄱ인데, ㄴ처럼 확대 사용되던 것이 최근에는 ㄷ처럼 쓰이고 있다.

5장 외래어 · 외국어

5.1 외래어의 신선감

외국어를 쓰면 더러는 신선한 느낌을 준다. 외국어를 아는 사람은 뽐내기도 한다. 적절한 우리말이 없어 외국어를 쓰기도 하고, 적절한 우리말로 바꿔 쓸 수 있는데도 외국어를 쓰기도 한다. 그래서 외국어가 늘어난다. 외국어를 자주 쓰다 보니 외국어란 느낌이 들지 않을 정도로 친숙해지고, 외국어가 국어 음운에 동화되면 외국어에서 외래어의 범주에 들게 된다. 국어는 고유어, 한자어, 외래어로 나누니까 외래어는 국어의 범주에 들게 된다.

(1) • 시니어 클럽(senior club) / 노인회(老人會)
• 라이센스(license) / 면허(免許)

5.2 부처와 순대

외국어가 여러 경로를 거쳐 국어에 들어와 외래어의 자리를 굳히기까지는 다양한 모습을 겪기도 한다.

(1) • 햄버그 → 햄버그스테이크 → 함박스택
• 인도 뱅골(방갈로) 지방 → 방갈로(bungalow)

한자어를 제외한, 다른 언어에서 유래한 외래어 중에서 일반 생활에 자주 쓰이는 것들을 모아 본다. 이 자료는 주로 『금성판 국어대사전』에 의거한 것이다.

1. 그리스어

(2) • 누스(nūs) 모든 사물을 지배하는 근원적 원리.
• 로고스(logos) '말', '이성(理性)'이라는 뜻.
• 소피아(sophia) 지혜의 뜻. 사물에 대한 완전한 인식. 또는 최고선(最高善)에 대한 지식.
• 아가페(agapē) 신의 인간에 대한 사랑. 또는, 자기를 희생함으로써 실현되는 인간의 신과 이웃에 대한 사랑.
• 에로(erōs) 에로틱(erotic)한 것. ¶에로문학.
• 카오스(chaos) 천지 창조 이전의 혼돈의 상태.
• 파토스(pathos) 일시적인 격정이나 열정. 또는 예술에 있어서의 주관적·감정적 요소. ⇔ 에토스.
• 에토스(ethos) 성격·습성 등 개인의 지속적 특성. 예술 작품에 담긴 도덕적·이성적 특징. ⇔ 파토스.

2. 네델란드어

(3) • 가방(kabas) 가방.

- 레테르(letter) = 라벨.
- 마도로스(matroos) 주로 외항선(外航船)의 선원을 가리키는 말.
- 메스(mes) 수술이나 해부를 할 때에 쓰는 작은 칼. 해부도(解剖刀).
- 스포이트(spuit) 잉크 · 물약 따위를 옮겨 넣을 때 쓰는, 고무 주머니가 달린 유리관. 액즙 주입기.
- 키니네(kinine) 금계랍(金鷄蠟).
- 프로(procent) = 퍼센트. (『금성판 국어대사전』은 포르투갈어로)
- 핀트(brandpunt) 초점. 요점.
- 호크(hock) (단추처럼 쓰이는) 옷의 벌어진 곳을 맞물려 잠그는 갈고리 모양의 물건.

3. 독일어

(4)
- 게놈(Genom) 배우자에 함유된 염색체. 혹은 유전자 전체.
- 게르마늄(Germanium) 탄소원소의 하나.
- 게마인샤프트(Gemeinschaft) 공동사회.
- 게슈타포(Gestapo) 나치스 독일의 비밀 국가 경찰.
- 기브스 → 깁스(Gips) 석고(石膏)라는 뜻. '깁스 붕대'의 준말.
- 나프탈린(Naphthalin) 나프탈렌(Naphthalene)의 속칭.
- 뢴트겐(Röntgen) '뢴트겐선(-線)'의 준말. =엑스선(X線).

• 룸펜(Lumpen) 부랑자 또는 무직자.

• 룸펜인테리겐치아(Lumpen-intelligentsia(러)) 실직한 지식층의 사람.

• 아르바이트(Arbeit) 일 · 노동 · 연구의 뜻. 본래의 직업 이외의 임시로 하는 부업.

• 아우토반(Autobahn) 독일의 자동차 전용 고속 도로.

• 아이젠(Eisen) 등산할 때 구두 밑에 덧신는 쇠로 만든 구두.

• 알레르기(Allergie)

① 어떤 종류의 물질의 섭취 또는 접촉으로 생체 내에 항체가 만들어져 같은 물질의 재섭취 또는 재접촉으로 항원 항체 반응이 일어나 병적 증상이 일어나는 상태.

② 어떤 사물을 머리에서 거부하는 심리적 반응.

• 에델바이스(Edelweiss) 솜다라. 산솜다라.

• 왁친(Vakzin) = 백신(vaccine).

• 요오드(Jod) 할로겐족 원소의 하나. 옥소(沃素). 옥도(沃度).

• 자일(Seil) 등산용 밧줄.

• 카이저수염(Kaiser鬚髥) (독일 황제 빌헬름 2세의 수염에서 온 말.) 양쪽 끝이 위로 굽어 올라간 코밑 수염.

• 캅셀(Kapsel) = 캡슐(capsule).

• 코펠(Kocher) 냄비 · 접시 · 주전자 등이 짝이 되어 있는 휴대용 취사 도구.

• 테마(Thema) 창작이나 논의의 중심 과제나 주제.

• 테제(These) 정립(定立). 정치적 · 사회적 운동의 기본

방침이 되는 강령.

- 필하모니(Philharmonie) '음악 애호'의 뜻으로, 교향악단 명칭에 쓰이는 말.
- 호른(Horn) 금관악기의 하나.
- 히스테리(Hysterie) 정신적 원인으로 발생하는 병적인 정신 상태.

4. 라틴어

(5)
- 깝바(capa) 특별한 종교 의식 때 주교나 사제가 입는 소매 없는 외투 형태의 긴 옷.
- 미사(〈 미살(彌撒))(missa) 로마 카톨릭 교회에서, 예수의 최후의 만찬을 기념하여 행하는 제사 의식.
- 비브리오(vibrio) 그람음성간균(gram陰性桿菌)의 한 종. 콜레라균.
- 살모넬라균(salmonella菌) 사람 · 포유류 · 조류 등의 장에 주로 기생하는 병원성의 세균.
- 알로에(aloe) 백합과 알로에속의 식물의 총칭.
- 에고(ego) 자아(自我). ¶에고이스트. 에고이즘. 에고티즘.
- 이돌라(idola) '우상(偶像)'이라는 뜻. 올바른 인식을 방해하는 고정 관념.
- 이드(id) 개인의 무의식중에 잠재하는 본능적 에너지의 원천. 쾌락을 추구하고 불쾌를 피하며 만족을 구하려고 하나 자아(自我)와 초자아(超 自我)의 통제를 받음.
- 페니스(penis) = 음경(陰莖).

5. 러시아어

(6) • 보드카(vodka) 러시아의 대표적인 술.
• 보스토크(Vostok) 소련의 유인 우주선.
• 볼셰비키(Bol'sheviki) 다수파라는 뜻. 러시아 사회 민주 노동당의 좌파.
• 살류트(salyut) 소련의 유인 궤도 우주 정거장.
• 아지트(agitpunkt) 비합법적 활동, 특히 좌익 활동의 비밀 본부. 또는 비합법 운동가나 조직적 범죄자의 은신처.
• 인텔리겐치아(intelligentsia) 지적 노동에 종사하는 사회 계층. 또는 지식 · 학문 · 교양 있는 사람.
• 차르(tsar) 제정(帝政) 러시아 시대의 황제의 칭호.
• 토치카(tochika) 중화기를 갖춘 견고한 진지.
• 페치카(pechika) 러시아 · 만주를 비롯한 극한 지방의 벽난로.

6. 만주어

(7) • 두만(tuman) 만(萬). ¶두만강.
• 바리(fala) 마소에 잔뜩 실은 짐.
• 순대(sunt'a) 순대.

7. 말레이시아어

(8) 사롱(sarong) 인도네시아 · 말레이시아 · 폴리네시아 · 스리랑카 등지에서 남녀 구분없이 입는 스커트와 비슷한 의상.

8. 몽고어

(9) • 가라말(〈 quara:검다+말) 털빛이 검은 말.
• 구렁말(〈 küreng:갈색+말) 황마(黃馬).
• 결따마(-馬)(ǯe'erdeqnfr : 붉은 갈색+마) 붉은 빛에 가까운 누른빛의 말.
• 보라(매)(boro) 그 해에 난 새끼를 길들여 사냥에 쓰는 매.
• 난추니(način) 매의 수컷.
• 말(morin) 포유류 말과에 속하는 총칭.
• 송골(매)(šoŋqor) 매.
• 수라(水剌)(šülen 탕(湯)) 임금에게 올리는 진지.
• 털릭(天翼 terlig) 무관(武官)의 공복(公服).

9. 범어

(10) • 가사(袈裟 kasaya) 법의의 일종.
• 가타(伽陀 ḡathā) 부처의 공덕이나 가르침을 찬미하는, 노래로 된 글귀. 게(偈).
• 나락(奈落 · 那落 Naraka) 지옥(地獄).
• 나무(南無 Namas) '부처에게 돌아가 의지한다'는 뜻으로, 부처 · 보살 · 경문(經文)의 이름 앞에 붙여 절대적 믿음을 나타내는 말. ¶나무관세음보살.
• 나후(羅睺 Rāhu) 별의 이름. 해와 달을 가려 일식 · 월식을 일으킨다 함.
• 낙차(落叉 laksa)
① 구지(俱胝)의 백분의 일. 곧 십만(十萬).

② 큰 수(數).

• 다고바(dagoba) 사리(舍利)를 간직한 탑(塔).

• 링가(linga) 인도에서 숭배하는 신의 표상. 음경 모양의 돌기둥으로, 시바사당(Siva祠堂)에 모심. 양석(陽石).

• 마하(摩訶 mahā) 다음에 오는 말을 찬미・강조하기 위한 접두어(接頭語) 모양으로 쓰이며, '큼', '위대함', '뛰어남' 등의 뜻을 나타내는 말.

• 만다라(曼陀羅・曼荼羅 Mandala)

① 불법을 깨닫기 위하여 수도하는 도량 (道場)이나 壇.

② 불법(佛法)의 모든 덕을 원만하게 갖춘 경지. 또는, 그러한 경지를 나타낸 그림.

• 모니(牟尼 Muni) '선인(仙人)'이라는 뜻. '석가'의 존칭.

• 보리(〈菩提 Bodhi) 불교 최고의 이상인 불타 정각(正覺)의 지혜.

• 보살(菩薩 Bodhisattva) 위로 부처를 따르고 아래로 중생을 제도하는, 부처의 버금이 되는 성인.

• 부처(Buddha) 불교의 교조인 석가모니.

• 사리(舍利・奢利 śarīra) 불타나 성자(聖者)의 유골.

• 삼매(三昧 samādhi) 잡념을 떠나서 오직 하나의 대상에만 정신을 집중하는 경지.

• 술(surā) 알코올 성분이 있고 마시면 취하는 음료의 총칭.

• 아가타(阿伽陀 agada) 온갖병을 고친다는 인도의 영약(靈藥). '술'을 달리 이르는 말.

• 아라한(阿羅漢 arhat)

① 소승불교의 교법을 수행하는 성문(聲門) 4과 가운데 가장 높은 지위.

② 여래의 열 가지 칭호 중 하나 무생(無生). 무진(無眞).

• 아란야(阿蘭若 āranya) '한적한 수행처'라는 뜻. 절 · 암자 따위를 일컫는 말.

• 아승기(阿僧祇 asamkhya) 산수로 표현할 수 없는 가장 많은 수. 또는 시간. 무량(無量). 무한(無限).

• 요가(yoga) 고대 인도에서 행해진 종교적 실천법. 물질의 속박에서 자유로워지는 것을 목표로 함. 오늘날은 심신의 건강법으로 이용되고 있음.

• 정(定 Ramādhi) 마음을 한 곳에 집중하여 움직이지 않는 상태. 선정(禪定).

10. 베트남어

(11) • 아오자이(aosai) '긴 옷'이라는 뜻. 베트남 여성의 민속옷. 기다란 상의와 헐렁한 바지로 이루어짐.

11. 아라비아어

(12) • 지하드(jihād) '성전(聖戰)'이라는 뜻. 이슬람교의 신앙을 전파하거나 방어하기 위한 이교도와의 전쟁.

• 헤자브(hejāeb) 이슬람권에서 여성이 입는 베일을 겸한 망토 모양의 의복.

12. 에스파냐어

(13) • 가스파초(gazpacho) 에스파냐 요리의 하나.

• 게릴라(guerilla) 적의 빈틈을 엿보아 기습을 가함으로써 적을 교란시키는 소규모의 비정규 부대.

• 룸바(rumba) 19세기 초기 쿠바의 아프리카계 주민 사이에서 일어난 춤곡.

• 메리야스(madias) 면사(綿絲)나 모사(毛絲)로 신축성이 있게 촘촘히 짠 직물.

• 카페테리아(cafeteria) 손님이 원하는 음식을 스스로 가져다가 먹는 간이 식당.

• 플라멩코(flamenco) 에스파냐 남부 지방의, 기타 반주로 하는 민요와 무용.

13. 영어

(14) • 라디오(radio)

• 아이론(iron) 인두. 머리인두.

• 텔레비전(television)

• 택시(taxi) 영업용 승용차.

• 트럭(truck) 화물 자동차.

14. 이탈리아어

(15) • 갈란테(galante) '우미하게'의 뜻.

• 다카포(da capo) 처음부터 되풀이하여 연주하라는 뜻. 약호는 C.D.

• 도(do) 레(re) 미(mi) 파(fa) 솔(sol) 라(la) 시(si) 서양 음악의 7음계 이름.
• 렌토(lento) '아주 느리게', '느리고 무겁게'의 뜻.
• 마돈나(Madonna) '나의 부인'이라는 뜻. 성모마리아를 그린 그림이나 소상(塑像). 기품있고 아름다운 부인이나 애인을 이르는 말.
• 마피아(Mafia)
  ① 이탈이아 시칠리 섬의 독특한 결사적 사회 조직. 또는 이에 따른 범죄·범죄자.
  ② 미국 대도시에 기생하는 이탈리아계의 범죄조직. 마약과 도박으로 재원을 얻고 있음.
• 메스토(mesto) '슬프게', '우울하게'의 뜻.
• 메조(mezzo) '절반의', '중간의'의 뜻.
• 발레리나(ballerina) 발레를 하는 여자 무용가.
• 비올라(viola) 현악기의 하나.
• 소나타(sonata) 16세기 중기 바로크 초기 이후에 발달한 악곡의 형식.
• 솔로(solo) 독창(獨唱)이나 독주(獨奏).
• 스파게티(spaghetti) 국수 모양의 이탈리아 음식.
• 아다지오(adagio) '매우 느리게'의 뜻.
• 아르코(arco) 현악기의 활.
• 아리아(aria) 오페라에서, 오케스트라의 반주가 있는 서정적 독창.
• 아모레(amore) '애정을 가지고'의 뜻.
• 안단테(andante) '느리게'의 뜻.

- 임파스토(impasto) 유화(油畵)에서, 물감을 겹쳐 두껍게 칠하는 기법.
- 카지노(casino) 룰렛·카드놀이 등으로 도박을 하는 공인 오락장.
- 템포(tempo) '시간'이라는 뜻. 악곡을 연주하는 속도.
- 토르소(torso) 머리·발·손이 없이 몸통만으로 된 소상(塑像).
- 파쇼(fascio) 이탈리아의 파시스트당. 파시즘적인 운동·경향·단체를 가리키는 말.
- 판타지아(fantasia) 〉 판타지(fantasy) 환상곡(幻想曲).
- 프리마돈나(prima donna) 오페라에서 주역을 맡은 여성 가수.
- 프리모 우오모(primo uomo) 오페라에서 주역 남성 가수.
- 피날레(finale) 종곡(終曲). 최후의 막(幕).
- 피네(fine) 마침.
- 피에타(Pieta) '경건한 애도'의 뜻. 성모 마리아가 형사(刑死) 예수를 무릎에 안고 슬퍼하는 광경을 표현한 작품.
- 피자(pizza) 여러 양념을 얹어 동글납작하게 구운 밀가루 음식.
- 핀셋(pincette) 'V'자 모양의 작은 집게.

15. 일본어

(16) • 가나(かな(假名)) 일본 문자 가나.

- 가다(かた(肩)) '어깨'란 뜻으로 불량배.

- 가다빵(かた(堅)-) 비스킷 모양의 작은 빵.
- 가다쿠리(かたくり(片栗)) 얼레짓가루.
- 가라오케((カラオケ. 〈カラ(空)-orchestra) 녹음 반주. 노래방.
- 가라테(からて(唐手)) 당수(唐手).
- 가리방(ガリばん(版)) 줄판.
- 가마니(かます(叺)) 가마니.
- 가마보코(かまぼこ(蒲鉾)) 어묵.
- 가보(かぶ) 화투 따위의 놀음에서 아홉 끗을 이르는 말.
- 가부키(かぶき(歌舞伎)) 일본 고유의 전통 연극.
- 가스지지미(gas ちぢみ) 가스사로 짠 쭈글쭈글한 직물.
- 가오마담(かお(顔)madam) 다방이나 요정 등에 고용된 안주인. (사전에 미등재)
- 게라(ゲラ 〈galley) 원고대로 짜 놓은 활자판을 담아 두는 목판.
- 게라쇄(ゲラ刷) 교정쇄(校正刷).
- 게이샤(げいしゃ(藝者)) 일본의 기녀(妓女).
- 지지미(ちぢみ) 신축성이 많은 면직물의 한 가지.
- 고도리(ごとり(五鳥)) '다섯 마리의 새'라는 뜻으로 고스톱에서, 매화 · 흑싸리 · 공산명월의 열끗짜리 석 장으로 이루어지는 약.
- 곤냐꾸(こんにゃく(蒟蒻)) 우무.
- 곤로(こんろ(焜爐)) 풍로(風爐).
- 구두(くつ) 가죽구두.
- 구루마(くるま(車)) 짐수레.

- 냄비(なべ(鍋)) 냄비.
- 노리아이(のりあい(乘合)) 승합(乘合).
- 니스(ニス. 〈 varnish) 바니시.
- 다꾸앙(たくあん(澤庵)) 단무지.
- 다스(ダース. 〈 dozen) 타(打).
- 단도리(だんどり(段取)) 채비.
- 담배(タバコ. 〈 tabaco(에스파냐어))
- 덴푸라(テンプラ(天婦羅). 〈 tempero 포르투갈어) 튀김.
- 도떼기시장(と(取る)떼기-市場) 도매시장
- 돈가스(とん(豚)カス) 포크 커틀릿. 돼지고기 튀김.
- 마루타(まるた(丸太)) 통나무.
- 마메콩(まめ(豆)+콩) 껍질째 튀겨 소금을 뿌린 강낭콩. 맥주 안주 등으로 쓰임.
- 몸메(もんめ(匁)) 돈쭝.
- 몸뻬(もんぺ) 주로 여성들이 노동용·보온용으로 입는 바지.
- 부(ぶ(分)) 푼.
- 분빠이(ぶんぱい(分配)) 분배.
- 빵꾸(パンク) 고무 타이어 등에 구멍이 나는 것, 또는 그 구멍.
- 삐라(びら. 〈 bill) 전단(傳單).
- 사분(경상·제주 방언)(シャボン. 〈 sabão 포르투갈어) 비누.
- 사이(さい(才)) 목재 체적의 단위.
- 삼뿌라(サンプラ. 〈 sanplatina) 산플라티나. 니켈과

크롬의 합금.

- 샤미셍(しゃみせん(三味線)) 일본의 대표적인 현악기.
- 손구루마(–くるま(車)) 손수레.
- 스리(すり(掏模)) 소매치기.
- 스키야끼(すきやき) 쇠고기·닭고기 등과 야채를 기름·설탕·간장·맛난이 등으로 조미하여 끓인 음식.
- 시보리(しぼり(絞)) 물수건.
- 아망위(あまぐ(雨具)) 외투 비옷 따위의 깃에 덧붙여 머리에 뒤집어쓸 수 있게 된 모자.
- 앙꼬(あんこ(餡子)) 떡이나 빵의 안에 든 팥. 팥소.
- 엑기스 (エキス. 〈 extract) 진액.
- 오뎅(おでん(御田)) 생선묵·유부(油腐)·무·곤약(崑蒻) 등을 꼬챙이에 꿰어 장국에 끓인, 일본식 술안주 또는 반찬.
- 와사비(わさび(山葵)) 고추냉이.
- 우동(うどん) 가락국수.
- 잉꼬(いんこ(鸚哥)) 앵무샛과의 일종. ¶잉꼬부부(–夫婦).
- 조끼(チョッキ. 〈 jaque포르투갈어) 동의(胴衣).
- 짬뽕(ちゃんぽん) 초마면(炒碼麵).
- 히로뽕(ヒロポン 〈 philopon) 각성제의 하나.
- 함바(はんば(飯場)) 공사장의 밥집.

16. 중국어

(17) • 깐풍기(干烹鷄) 중국요리의 하나. 토막 친 닭고기에 녹

말을 묻혀 튀긴 다음 양념 초간장에 살짝 조린 음식.

- 난젠완쯔(南煎丸子) 중국 완자 볶음 요리의 하나. 곱게 다진 돼지고기를 둥글게 빚어 튀기듯 지진 다음 파·마늘·고기를 썰어 넣어 익히고 녹말을 풀어 위에 끼얹음.
- 남바위(腦包) 추위를 막기 위하여 머리에 쓰는 쓰개.
- 노틀(노두아(老頭兒)) 늙은 남자를 속되게 이르는 말.
- 라면(拉麪·老麪) 밀가루를 주재료로 한 중국식 국수의 하나.
- 라유(辣油) 참기름에 고추를 볶아 우려낸 기름. 고추기름.
- 아삼륙(二三六) 골패의 쌍진아·쌍장삼·쌍준륙의 세 쌍. 서로 꼭 맞는 짝.
- 자장면 (작장면(炸醬麪)) 자장면.
- 쿠냥(姑娘) 미혼의 젊은 여자.
- 쿵푸(工夫) 중국식 권법(拳法)의 하나.
- 피단(皮蛋) 달걀의 노란자는 까맣고 흰자는 갈색이 되게 한 중국 요리.

17. 포르투갈어

(18)
- 가루다(carta) 놀이딱지.
- 가빠(capa) 긴 외투 모양의 비옷.
- 금몰(金mogol)

  ① 금을 도금한 장식용의 가느다란 줄. 또는 금실로 꼬아 만든 줄.

② 금실을 가로로 견사(絹絲)를 세로로 하여 짠 직물.

• 나사(羅紗 〈raxa) 양털 또는 거기에 무명·명주·인조견사 등을 섞어서 짠 모직물.

• 덴푸라(テンプラ 〈tempora) 튀김.

• 메리야스(meias) 면사(綿絲)나 모사(毛絲)로 신축성이 있게 촘촘히 짠 직물.

• 몰(mogol) 모사·금사·은사 등을 철사 2개에 촘촘히 끼우고 비틀어서 끈 모양으로 만든 것. ¶금몰. 은몰.

• 미라(mirra) 썩지 않고 건조되어 본디 상태에 가까운 모습으로 남아 있는 인간 또는 동물의 시체.

• 봉봉(bonbon) 사탕 속에 과즙이나 브랜디·위스키 등을 넣은 캔디.

• 비로드(veludo) 벨벳(velvet 영어). 우단(羽緞).

• 빵(pão) 빵.

• 조로(じょろ(如露) 〈jorro) 물뿌리개.

• 프로(procento) = 퍼센트(percent) (『표준국어대사전』은 네델란드어로)

18. 프랑스어

(19) • 뷔페(buffet) 뷔페.

• 고무(gomme) 고무.

• 기요틴(guillotine) 무겁고 날카로운 칼이 위에서 떨어지면서 수형자(受刑者)의 목을 베게 되어 있는 장치.

• 누가(nougat) 백색의 무른 캔디의 하나. 흔히 땅콩이

나 살구를 섞어 만듦.

- 뉘앙스(nuance) 음색, 명도, 채도, 색상, 어감 따위의 미묘한 차이. 또는 그런 차이에서 오는 느낌이나 인상. 느낌. 말맛. 어감.
- 데카당(décadent) 퇴폐파.
- 데카당스(décadece) 퇴폐주의.
- 데카당티슴(décadentisme) 퇴폐주의.
- 데포르마시옹(déformation) 회화나 조각에서, 대상이나 소재가 되는 자연물의 형태를 표현자의 주관에 따라서 바꾸어 표현하는 기법.
- 데포르메(déformer) 데포르마시옹하는 일.
- 라벨(label) 상표나 품명 등을 인쇄하여 상품에 붙여 놓는 종이 조각.
- 레스토랑(restaurant) 서양식 음식점.
- 로망(roman) 중세 유럽의 애정·무용담 등을 중심으로 한 전기적(傳奇 的)·모험적·공상적인 통속소설. 로맨스(romance).
- 로코코(rococo) 17~18세기에 걸쳐 유럽에서 유행하였던 미술·건축·음악 등의 양식.
- 루(roux) 버터 등을 녹여 밀가루를 가하면서 볶은 것. 소스나 수프 등을 진하게 하는 데 씀.
- 루즈(rouge) 입술 연지.
- 룸살롱(room(영어)+salon) 칸막이가 되어 있는 방에서 술을 마실 수 있게 설비한 술집.
- 르포(reportage) '르포르타주'의 준말.

• 르포르타주(reportage) 신문 · 방송 · 잡지 등에서 현지로부터의 보고기사(報告記事). 기록문학(記錄文學). 보고문학(報告文學).

• 리무진(limousine) 운전석과 뒷좌석 사이를 유리로 칸막이를 한 호화로운 대형 승용차.

• 리에종(liaison) 인도-유럽어에서, 보통 때는 발음되지 않는 어미의 자음이, 다음 어두(語頭)의 모음과 결합하여 발음되는 현상. 특히 프랑스어에 많음.

• 마담(madame) 원뜻은 '마님', '부인'. 술집이나 다방의 여자 주인.

• 마로니에(marronnier) 칠엽수과의 낙엽 교목.

• 마세(massé) 당구에서, 큐를 수직으로 세워 치는 방법.

• 마요네즈(mayonnaise) 샐러드용 소스의 한 가지. 달걀노란자 · 샐러드유 · 식초 · 소금 등을 섞어 만듦.

• 마티에르(matière) 화면(畵面)에 나타난 그림의 재질적 효과. 질감(質感).

• 메티에(métie) 어떤 직업에 기본적으로 습득해야 할 기술상의 재치나 손재주. 문학예술에서는 기법을 말함.

• 모티프(motif) 문학 및 예술 작품에서, 창작 동기가 되는 중심적 제재(題材).

• 몽타주(montage) '조립하다'의 뜻. 복수의 상(像)을 합성하여 하나의 화면을 구성하는 일.

• 무스(mousse) 머리를 단정하게 하는 비누거품 모양의 크림.

• 미라주(Mirage) 프랑스의 타소 회사가 개발 제작한 일

련의 전투기와 폭격기 이름.

- 바라크(baraque) 주둔군(駐屯軍)을 위해 지은 막사. 있는 재료를 이용해 임시로 허술하게 지은 집.
- 바리캉(bariquant) 주로 짧은 머리를 자르기 위한 이발용 기구.
- 바캉스(vacance) 주로 피서나 휴양을 위한 휴가.
- 바통(bâton) 배턴.
- 발레(ballet) 연극의 대사 대신에 춤에 의해 진행되는 무용극 예술.
- 베레(béret) 차양이 없고 둥글납작하게 생긴 모자. 베레모(-帽).
- 봉봉(bonbon) 과즙이나 브랜디, 위스키 따위를 넣어 만든 사탕.
- 부르주아(bourgeois)
  ① 중세 유럽사회에서의 중산계급의 시민.
  ② 근대 사회에서의 자본가 계급에 속하는 사람.
- 부케(bouquet) 작은 꽃다발.
- 부티크(boutique) 고급 기성복 · 장신구 · 양장 소품 따위를 파는 가게.
- 실루엣(silhouette) 윤곽 안을 검게 칠한 사람의 얼굴 그림.
- 살롱(salon) 상류 계급 사회의 사교를 위하여 모이는 곳.
- 샹들리에(chandelier) 천장에 매달아 드리우게 된, 여러 개의 가지가 달린 방사형 모양의 등(燈).
- 샹송(chanson) 프랑스 대중 사이에서 널리 불리는 가요.

• 쇼비니슴(chouvinisme) 나폴레옹을 신과 같이 숭배한 한 병사 쇼뱅(N. Chovin)의 이름에서, 광신적인 애국주의. 또는 극단적인 배외주의(排外主義).
• 슈미즈(chemise) 여자의 양장용 속옷의 하나.
• 아라베스크(arabesque) '아라비아풍(風)'이라는 뜻. 아라비아에서 창안된, 직선 · 당초 무늬 등을 융합한 환상적인 무늬. 다양성 있는 문예 작품.
• 아라카르트(à la carte) '식단(食單)에 따라서'라는 뜻. 호텔 · 식당 등에서 손님이 자기 식성에 따라 한 가지씩 마음대로 주문하는 요리.
• 아르누보(art nouveau) '새로운 예술'이라는 뜻. 19세기 말기에서 20세기 초기에 걸쳐 프랑스에서 유행한 건축 · 공예 · 회화 등 여러 예술의 새로운 양식의 하나. 덩굴풀 등 식물의 곡선을 즐겨 사용한 것이 특징임. 신예술.
• 아르데코(art dēco) 'art dēcoratif'의 준말로 장식미술이라는 뜻. 1910년대에서 30년대에 걸쳐 프랑스 파리를 중심으로 서유럽에 번창한 장식 양식. 그 이전의 아르누보가 곡선을 주로 한 데 대하여 현대 도시 생활에 알맞은 실용적이고 단순 · 직선적 디자인을 특징으로 함.
• 아르티장(artisan) 기술은 뛰어나나 예술성이 결여한 직인적(職人的)인 예술가.
• 아방가르드(avant-garde) '전위대(前衛隊)'라는 뜻. 제1차 세계대전 무렵부터 프랑스 등에서 일어나 예술 운동. 기성의 예술 관념이나 형식을 부정하고 혁신적 예술

을 주장함. 입체파 · 미래파 · 추상파 · 초현실파 등의 총칭. 전위파. 예술 활동에서 첨단적인 활동을 하는 사람.

• 아베크(avec) '…와 함께'의 뜻. 동반(同伴). 특히 남녀 간의 동행(同行).

• 아틀리에(atelier)

① 화가 · 조각가의 작업실. 화실(畵室).

② 특정한 스승을 중심으로 한 예술가 집단. 르네상스기의 이탈리아 이후 유파의 성립에 공헌함.

• 앙가주망(engagement) 사회참여. ¶앙가주망 문학.

• 앙상블(ensemble) 전체적인 어울림이나 통일. 조화.

• 앙케트(enquête) 사람들의 의견을 조사하기 위하여 같은 질문을 여러 사람에게 물어 회답을 구하는 것. 또는 그러한 조사 방법.

• 앙코르(encore) '다시 한 번'의 뜻. 출연자의 훌륭한 솜씨를 찬양하여 박수 등으로 재연을 요구하는 일. 호평을 받는 연극 · 연화 등을 다시 한 번 공연하거나 상영 · 방송하는 일.

• 앙티로망(anti-roman) 어떤 효과를 목적으로 전통적인 소설 형식이나 관습을 부정한 프랑스의 실험적 소설.

• 앵데팡당(endépendants) '독립한 사람들'의 뜻. 프랑스 정부가 주최하는 미술전람회에 대항하여 '프랑스 독립미술가 협회'를 조직하여 1884년 이래 무심사 · 무상의 전람회를 개최함.

• 앵티미슴(intimisme) 현대 프랑스 시단의 한 경향. 따뜻하고 친밀한 정을 표현하는 시작의 태도를 말함.

• 앵포르멜(informel) '비정형 회화(非定形繪畫)'라는 뜻. 제2차 세계 대전 후 프랑스를 중심으로 유럽에서 일어난 추상회화의 한 경향.
• 에스프리(esprit) '정신' 또는 '기지(機智)'의 뜻. 특히, 문학에서는 자유 분방한 정신작용을 뜻함.
• 에티켓(étiquette) 신사 · 숙녀가 지켜야 할 예절이나 예법.
• 오브제(objet) '물체'라는 뜻.
① 인식의 대상이나 목적물.
② 자연의 물체나 기성품 또는 그 부분품을 모아 작품으로 만든 것.
• 장르(genre) '종류'라는 뜻. 문학 · 예술에 있어서 부문 · 종류 · 양식 · 형(型).
• 카무플라주(camouflage) 불리하거나 부끄러운 것 등을 의도적으로 위장하는 것.
• 카바레(cabaret) 무대 · 댄스 홀 등의 설비를 갖춘 서양식의 고급 술집.
• 카스텔라(castella) 밀가루에 달걀 · 설탕 · 물엿 등을 넣고 반죽하여 오븐에 구운 양과자.
• 카페(café) 커피 등 음료와 양주 및 간단한 서양음식을 파는 집.
• 카페오레(café au lait) 밀크가 든 커피.
• 캉캉(cancan) 2박자 · 4박자의 빠른 프랑스 춤.
• 코냑(cognac) 프랑스 코냐크 지방의 명산인 고급 브랜디.

• 콜라주(collage) 화면에 종이·헝겊 등을 붙여 독특한 재질감의 효과를 내는 미술 기법.
• 콘쿠르(concours) 음악·미술·영화 등을 장려하기 위하여 여는 경연회.
• 콩테(conté) 크레용의 하나. 갈색·흰색·검은 색의 세 가지가 있음.
• 콩트(conte) 장편(掌篇).
• 쿠테타(coup d'État) 무력으로 정권을 빼앗는 것.
• 크레용(crayon) 그림을 그리는 막대 모양의 채색 재료.
• 크로키(croquis) 움직이는 사람이나 동물을 짧은 시간에 스케치하는 것.
• 파피에콜레(papier collé) 화면의 일부에 신문지·벽지 따위의 조각을 붙여서 회화적 효과를 얻는 그림의 기법. 나중에 콜라주로 발전함.
• 판타롱(pantalon) 아랫부분이 나팔 모양으로 벌어진 여자용 바지.
• 팔레트(pallette) 물감을 섞는데 쓰이는 얇은 판자로 된 화구.
• 포에지(poésie) 시(詩)의 세계가 갖는 정취.
• 프로(prolétaliat) '프롤레탈리아'의 준말. ¶프로문학.
• 프롤레타리아(proletariat) 자본주의 사회에서, 노동력 이외에는 생산 수단을 가지지 못한 노동자. ≒프로(prolétariat).
• 프로테(froté) 화필에 물감을 묻혀 화면에 문질러 바르는 기법.

• 피망(piment) 서양 고추.
• 피앙세(fiancé) 남자 약혼자.
• 피앙세(fiancée) 약혼녀.
• 피에로(perrot) 연극이나 서커스에 등장하는 어릿광대.

19. 핀란드

(20) 사우나(sauna) 핀란드식 증기탕(蒸氣湯).

20. 헤브루어

(21) • 라비(rabbi) 유태교의 율법사(律法師)·율법 학자.
• 랍비(rabbi) ⇒ 라비.
• 에덴(Eden) '기쁨'이라는 뜻. 구약성서 창세기에서, 인류의 시조 아담과 이브를 위하여 하느님이 만든 낙원.
• 탈무드(Talmud) '교훈(敎訓)'의 뜻. 유태인 율법학자의, 사회전반의 사상(事象)에 대한 구전(口傳)·해설을 집대성한 책.

21. 힌디어

(22) • 차도르(chador) 이슬람교도 여성이 외출할 때 얼굴을 가리기 위하여 머리에서 어깨로 뒤집어쓰는 네모진 천.
• 카키색(khākī色) 누른빛에 엷은 다색(茶色)이 섞인 빛깔. 주로 군복에 많이 쓰임.

5.3 담배와 냄비

외국 사람이 한국인으로 귀화(歸化)하듯이 외국어가 한국어로 귀화한 말이 귀화어(歸化語)다. 귀화어도 처음에는 외국어였다가 어느 단계에서 외래어가 된 것인데, 외래어 중에서 국어에 널리 쓰이면서 외래어란 느낌조차 들지 않을 정도로 국어 음운에 동화하면 귀화어라 할 수 있겠는데, 외국어와 외래어의 경계도 명확히 긋기 어렵고 외래어 중에서 귀화어를 구분하는 경계도 명확히 긋기 어렵다.

(1) • 가가(假家) 〉가개(『訓蒙字會』) 〉가게
• 고방(庫房) 〉고ᄫᅡᆼ 〉고왕 〉광
• ᄆᆡ샹(每常) 〉ᄆᆡ샹 〉ᄆᆡ양 〉마냥
• 목면(木棉 중국음 무미엔) 〉무명
• 布 〉보 〉뵈 〉베
• 승(僧) 〉중
• 뎍(笛) 〉뎌 〉저
• 통소(洞簫) 〉퉁소

(2) • 묵(墨mò) 〉먹
• 옥(玉)+촉서(蜀黍shǔshǔ) 〉옥수수
• 필(筆piet) 〉붓
• 필률(觱篥bìlì) 〉피리

(3) • 강남(江南)+이 〉강냉이
• 승(僧)+님 〉스님
• 이+ᄉᆡᆼ(生) 〉이승

• 저+싱(生) 〉저승

(4) • 대(帶) 〉띄 〉띄+다 → 띄다 〉띠다
• 척(尺) 〉자 〉자+이(使動)+다 → 자이다 〉재다

(5) • 타바코(tabacco) 〉담배
• 나베(なべ(鍋) 〉냄비
• buddha 〉佛體 〉부텨 〉부쳐 〉부처
• 몽고어 허깨비 qodoɣ 〉곡독(郭禿) 〉곡둑 〉꼭둑 〉꼭둑+각시 〉꼭두각시

〈참고문헌〉

신기상(2005)『現代國語 漢字語』, 북스힐.
崔昌烈(1986/1993 : 250-286)『우리말 語源硏究』, 一志社.

5.4 지그재그로

외국어가 국어에 유입되어 국어와 동화되는 과정에 나타나는 현상 중 하나는 외국어와 고유어의 합성(合成)이다. 한자어의 유입이 가장 오래기 때문에 한자어와의 합성이 제일 많고, 서구 외래와의 합성도 점점 늘어나고 있다.

1. 한자어+고유어

가. 명사

(1) 안경집(眼境-), 책받침(冊-), 장수말벌(將帥-)

나. 동사

(2) • 운동하다(運動-), 연구하다(硏究-), 기록하다(記錄-)
• 합성되다(合性-), 구속되다(拘束-), 연결되다(連結-)
• 감질나다(疳疾-), 겁나다(怯-), 탐나다(貪-)
• 공치다(空-), 합치다(合-), 해치다(害-)

다. 형용사

(3) • 충실하다(充實-), 정숙하다(靜淑-), 완고하다(頑固-)
• 변덕스럽다(變德-), 수치스럽다(羞恥-), 촌스럽다(村-)
• 감미롭다(甘味-), 순조롭다(順調-), 향기롭다(香氣-)
• 심술궂다(心術-), 잔망궂다(孱妄-), 험상궂다(險狀-)

라. 부사

(4) • 간절히(懇切-), 서서히(徐徐-), 특히(特-)
• 경망스레(輕妄-), 다정스레(多情-), 정성스레(精誠-)
• 근근이(僅僅-), 번번이(番番-), 층층이(層層-)
• 동시에(同時-), 불시에(不時-), 천만에(千萬-)

2. 서구외래어+고유어

가. 명사

(5) 빵떡(〈포〉pao-), 찐빵(-〈포〉pao)

나. 동사

(6) 깁스하다(Gips-), 리드하다(lead-), 체크하다(check-),

체크되다(check-), 킥하다(kick-), 히트하다(hit-), 모니터하다(monitor-)(사전 미등재) …

다. 형용사

(7) 그로테스크하다(grotesque-), 나이브하다(naive-), 루스하다(loose-), 리드미컬하다(rhythmical-), 리버럴하다(liberal), 리얼하다(real-), 샤프하다(sharp-), 스마트하다(smart-)

라. 부사

(8) 지그재그로(zigzag-)

〈 참고문헌 〉

신기상(2005)『現代國語 漢字語』, 북스힐.

5.5 감귤과 밀감

일본어와의 교류 중에 일본어를 잘못 받아들여 쓰는 것도 있고, 우리말을 두고 일본어를 쓰는 것도 있으며, 국어와 일본어의 표현이 꼭 같거나 흡사한 것도 있다.

(1) ㄱ 마을 / 부락(部落 ぶらく)
　　ㄴ 강제 동원 종군 위안부 / 정신대(挺身隊 ていしんたい)

ㄱ '부락(部落)'은 '소수 천민의 집단촌'이란 일본어다. 일본인

은 '부락민'을 따돌려 이지매하는 경향이 있다. 우리는 '부락' 대신에 '마을'을 쓰는 것이 바르다.

ㄴ. '정신대(挺身隊)'의 '정신(挺身)'을 일어사전은 'ていしん(挺身) : 스스로 앞장서서 몸을 바쳐 일함.'의 뜻으로 풀이한다. 우리가 이 말을 쓸 수는 없다. '강제 동원 종군 위안부' 등으로 고쳐 써야 된다.

(2) • 귤(橘) · 감귤(柑橘) / 밀감(蜜柑 みかん)
• 금귤(金橘) / 금감(金柑 きんかん)
• 조선(朝鮮) / 이씨조선(李氏朝鮮)
• 광복(光復) / 해방(解放 かいほう)

(3) • ~에 다름 아니다. / ~にちがいない。
• ~이 머리에 떠오르다. / ~があたま(頭)にうか(浮)ぶ
• ~이외 다른 것이 아니다. / ~ほか(他)ならない。
• 대표(代表)로 계시는 김영수씨 / だいひょうでいらっしゃる田中さん。
• 먹어 보다. / 食て見る。
• 목이 마르다. / のどがかわく。
• 병에 걸렸다. / びょうにかかった。
• 성명(聲明)을 내었습니다 / せいめいをたしました。
• 손에 잡힐 듯이 가깝다(보인다). / てにとらえるようにちかい(みえる)。
• 신의 장난 / かみさまのいたずら。
• 전화를 걸다. / 電化を掛ける。
• 전화를 끊다. / 電話を切る。

• 홈페이지에 올려 있습니다. / ホームページにのっています。
• 희생자(犧牲者)를 내었다. / ぎせいしゃ(犧牲者)をだした。

〈보충〉 '춘희(椿姬 つばきひめ)'란 외국 소설이 있다. 이 제목의 뜻은 무엇인가? 이 소설은 1848년에 발표된 프랑스의 소설가 뒤마(Alexandre Dumas, 1824~1895)의 장편 연애 소설 〈La Dame aux Camlias〉이다. 늘 동백꽃을 달고 있는 병든 창부(娼婦) 마르그리트(Margueritte)와 청년 아르망 듀발(Armand)의 비극적인 사랑을 그렸다. 「춘희」는 이탈리아 작곡가 베르디(Giuseppe Verdi) 작곡의 「라 트라비아타 La Traviata 방황하는 여자」로도 유명하다.
'춘희(椿姬)'를 직역하면 '동백아가씨'다.

〈 참고문헌 〉

정수현(1997) 『일본어적 표현의 연구』, 박이정.
박숙희(1996) 『우리말 속 일본말』, 한울림.

5.6 고스톱과 커닝

한국에서 만들어졌거나, 또는 일본을 비롯해 다른 나라에서 만들어진 것을 수입한 말로, 그 말의 원어민은 쓰지 않는 외래어가 있다. 영어에서 유래한 경우 흔히 이를 콩글리시(Konglish)라 한다.

(1) • 고스톱(go stop) : 화투놀이의 하나.
• 골인(goal in) : 골이나 바스켓 안에 공을 넣는 것. 결승

점에 도달하는 것.

• 네임 밸류(name value) : 지명도(知名度).

• 노 마크(no mark) : 경기에서 상대방의 방어가 없는 상태.

• 돈가스(豚-) : 돼지고기튀김. 포크 커틀릿(pork cutlet).

• 러닝셔츠(running shirts) : 남자의 위 속옷.

• 러브샷(love shot) : 남여가 술잔 든 팔을 서로 결어 마시는 것.

• 룸살롱(room+salon(프)) : 칸막이가 되어 있는 방에서 술을 마실 수 있게 설비한 술집.

• 룸쿨러(room cooler) : 냉방기(冷房機).

• 리어카(rear car) : 자전거 뒤에 달거나 사람이 끄는 바퀴가 둘인 작은 수레.

• 비프가스(beef-) : 비프커틀릿(beef cutlet).

• 스텐드 바(stand bar) : 서양식의 간이 술집. 긴 스탠드 앞에 의자를 늘어 놓았음.

• 스트립 쇼(strip show) : 여자가 음악에 맞추어 춤을 추며 차례로 옷을 벗어 나가는 선정적인 쇼.

• 스프링 코트(spring coat) : 봄·가을에 입는 가벼운 외투.

• 스킨십(skinship) : 피부의 상호 접촉에 의한 애정의 교류.

• 아지프로(asitation propaganda) : 선동적인 선전활동. ¶아지프로 문학.

• 에그 프라이(egg fry) : 기름에 부친 달걀.

• 오바이트(overeat) : 음식이나 술 따위를 많이 먹어서 속이 불편하여, 먹은 것들을 토하여 내는 일.

• 오토바이(auto bicycle) : 모터사이클(motorcycle).

• 오픈 게임(open game) : 주경기에 앞서서 하는 경기.
• 오피스 걸(office girl) : 여사무원.
• 오피스 컴퓨터(office computer) : 사무용 컴퓨터.
• 오피스텔(office hotel) : 간단한 주거시설을 갖춘 사무실.
• 와이셔츠(white shirts) : 셔츠(shirt).
• 치어걸(cheer girl) : 운동경기장의 여자 응원단원.
• 캐치폰(catch phone) : 통화 중인 전화에 호출 신호를 보내어 연결시키는 전화기.
• 캐치볼(catch ball) : 공을 던지고 받고 하는 연습.
• 커닝(cunning) : 시험 중의 부정행위.
• 커트라인(cut line) : 합격권의 최저선.
• 콘센트(concentric plug) : 전기 배선과 코드의 접속에 쓰이는 기구.
• 콜드파마(cold permanent) : 열을 사용하지 않는 퍼머넌트 웨이브 방법.
• 콩글리시(Konglish) : 코리안+잉글리시(Korean+English)
• 테마송(Thema song) : 주제가.
• 파이팅(fighting) : '잘 싸우자'는 뜻으로 운동선수들이 외치는 구호. 응원 구호.
• 페트병(PET甁) : 음료를 담는 일회용 병.
• 포 볼(four ball) : 야구에서, 사구(四球).
• 핸드폰(hand phone) : 휴대 전화기(携帶電話器)
• 휴대폰(携帶 phone) : 휴대 전화기(携帶電話器)
• 햄버그(hamburger) : 햄버그스테이크를 둥근 빵에 끼운 샌드위치.

〈참고〉 햄버그스테이크(hamburg steak) 소고기·돼지고기를 잘게 다져 빵가루와 양파 등을 넣고 둥글납작하게 구운 서양 요리. 독일 함부르크 지방의 요리가 미국의 대표적인 음식이 되었다. 독일의 지명 '함부르크'가 '햄버그'로 오인되면서 '햄(ham)'에 연유하여 '에그버그, 피시버그'란 음식 이름을 낳게 된다.

- 홈 스틸(home steal) : 야구에서, 주자가 홈베이스로 도루하는 것.
- 홈뱅킹(home banking) : 가정에서 받을 수 있는 은행업무.
- 홈인(home in) : 야구에서, 주자가 홈베이스로 살아 들어오는 것.

1. 엉터리 한국영어 / 영어

(2)
- 그룹 사운드(group sound) / band
- 린스(rinse) / hair conditioner
- 모닝 콜(morning call) / wake-up call
- 백 넘버(back number) / uniform number
- 백밀러(back mirror) / rear view mirror
- 비닐 백(vinyl bag) / plastic bag
- 비닐 하우스(vinyl house) / green house
- 스탠드(stand) / desk lamp
- 에어컨(air con) / air conditioner
- 오바이트(overeat) / vomit
- 원피스(one piece) / dress

• 커닝(cunning) / cheating
• 퀵 서비스(quick service) / quick delivery
• 파이팅(fighting) / cheer up
• 핸드폰(hand phone) / cellular phone
• 핸들(handle) / steering wheel

2. 치유가 불가능한 토착 콩글리시 (최용식 2005 참조)

(3) • Change the Life (대한생명)
• First in Mobile (KTF)
• Hi Seoul (서울시)
• Huamn Tech (삼성전자)
• Humanism thru Digital (SBS)
• I'm LG카드 (LG 카드사)
• Korea Team Fighting (KTF)
• Let's KT (한국통신사)
• Milk Itself (서울우유)
• Samsung DigitAll (삼성전자)
• Smart & Soft (삼성전자)
• Think Benefit (삼성카드)
• Think Star KB*b (국민은행)
• Word Best (삼성전자)

(4) • Again 1966 (붉은악마) → 1966 Again
• Be the Reds → Be a Red
• Bravo your life! (삼성생명) → Bravo to you!

- Buy Korea (현대증권) → Buy into Korea
- Digital Exciting Anyall (삼성전자)
  → Digitally Exciting Anycall
- goal ceremony → goal celebration
- Human Bank Human Life (농협)
  → Humane Bank Humane Life
- Love story in Harvard (SBS 연속극)
  → Love story at Harvard
- Seoulworldcup Stadium (상암동 월드컵경기장)
  → Seoul World Cup Stadium
- Sexy Mild (동산C&G의 화장품) → Sexy & Mild
- Welcome! Oilbank (현대 오일 뱅크)
  → Welcome to Oilbank

3. 전혀 다른 의미로 쓰이고 있는 토착 콩글리시

(최용식 2005 참조)

(5)
- big deal
- cluster
- new deal
- road map
- well-being
- workout

〈참고〉 '일본식 영어' 베낀 정부 (〈조선일보〉 [기자수첩] 2006. 6. 7.)

지난 5일 서울 세종로 정부청사 1층에서 '쿨 비즈 코리아' 선포식이 있었다. 제11회 세계환경의 날을 맞아 환경부, 행정자치부, 산업자원부 공동 주최로 사무실에서 넥타이를 매지 않고 시원한 옷차림을 하자는 캠페인이다. 이날 김명곤 문화관광부 장관과 유인촌 서울문화재단대표 등은 넥타이를 매지 않거나 반팔 셔츠 차림으로 패션쇼도 벌였다.

정부 설명에 따르면, '쿨 비즈(Cool Biz)'란 간편한 옷차림을 함으로써 실내 냉방 온도를 높여 에너지를 절약하고 온실가스(이산화탄소) 발생량을 줄이자는 운동이다. 취지는 좋은데, '쿨 비즈'란 용어는 어디서 온 것일까. 우리 정부가 만들어낸 것일까. 그렇지 않다.

이 용어는 일본 것을 그대로 베낀 것이다. 일본은 몇 년 전부터 여름철 에너지 절약을 위해 실내 냉방온도를 28도로 맞추고, '노타이' 차림으로 근무하자는 캠페인을 벌여왔다. 일본 정부는 지난해 이 운동을 '쿨 비즈'라고 명명했다.

'쿨 비즈'란 용어는, 실은 영어 사전에도 없는 엉터리 영어다. 굳이 뜻을 풀이하자면 '참신한 사업(직업)' 정도가 된다. 일본 사람들이 이상한 말을 만들어 에너지 절약 캠페인을 벌이는 것을 외국인이 상관할 바는 아니다. 하지만 이것을 우리 정부가 그대로 갖다 쓰는 것은 전혀 다른 문제다. 정부 차원의 캠페인에 아무런 검토나 비판의식 없이 일본 명칭을 베끼는 것 자체가 한심한 일이다. 더구나 우리말에는 이미 잘못된 '일본식 영어'가 범람하고 있다. '와이셔츠(바른 영어는 dress shirt)'나 '핸들(〃 steering wheel)' 같은 엉터리 '일식 영어' 때문에 외국을 가는 한국인이 낭패를 보기 일쑤다.

일본에서 겨울철에 내복이나 겉옷을 덧입음으로써 난방비를 줄이자는 운동을 '웜 비즈'라고 부른다. 우리 정부는 이것도 따라 할 것인가. (지해범·국제부장)

〈참고〉 '커닝'은 '치팅'이 옳다

(〈조선일보〉 [조선일보를 읽고] 2002. 10. 22)

지난 18일자 A31면 '대학가 커닝 위험수위'를 읽고, '커닝'이란 용어의 부적절함을 지적하고 싶다. 시험에서 부정행위는 'cheat in an examination' 즉 'Cheating'이라고 해야 옳다. 시험부정행위를 하다 적발된 때는 "They were caught cheating in the examination."이라고 표현한다. 사회적으로 통용되는 말이고, 국어사전에 올라있다 해도 언론에서 잘못된 영어를 계속 사용하는 곤란하다고 생각한다.

전에 정치면에서 스킨십(skinship)이라는 용어도 보았는데 영어로는 바디 컨택트(body contact)라고 해야 한다.

월드컵을 계기로 '화이팅'이란 용어에 대해 논란이 일었던 것으로 아는데 결국 유야무야되고 말았다. 언론의 영향력은 매우 크다. 잘못된 영어 어휘사용으로 독자들을 오도하지 않았으면 한다.

(金政敏 프리랜서(상업영어)·대전 유성구)

〈참고〉 커닝·파이팅은 굳어진 우리말

(〈조선일보〉 [조선일보를 읽고] 2002. 10. 25)

23일자 오피니언면 '커닝은 치팅이 옳다'를 읽었다. 하지만 '커닝'이나 '파이팅'이 올바른 영어표현이 아니라고 하여 고쳐 써야 한다는 주장은 옳지 않다고 생각한다. '커닝'이나 '파이팅'이라는 말은 비록 영어에서 들어온 말이긴 하지만, 이미 우리 한국어 언중(言衆)이 자주 사용하여 우리말처럼 변한 한국어이기 때문이다.

역사적으로 보아도 우리말은 다른 언어와 많은 교류를 하며 발전해 왔으며, 외국말이 들어오는 과정에서 본 의미가 와전되거나 발음이 변하는 현상이 흔히 일어났다. '붓'은 중국말에서, '고구마'는 일본말에서 유래되었지만 이미 훌륭한 한국말이 되었다.

'아파트'(Apartment)나 '탕수육'(糖水肉) 또한 이미 한국말이라고 여겨질 만큼 보편화되었다. '비치파라솔'처럼 영어에 없는 정체 불명의 말도 어엿한 한국말로 자리잡고 있다.

'커닝'이라는 외래어도 한국 사람이라면 누구나 본뜻인 '교활한·교묘한'이라는 뜻이 아닌 '시험에서의 부정행위'라는 뜻으로 이해하고 사용하고 있다. 언어 순화는 당연히 필요한 것이지만, '커닝'을 '치팅'(cheating)으로, '파이팅'을 '고 고'(Go Go)로 사용하자는 주장은 우리말 대신 영어를 사용하자는 말과 같다고 생각한다.

오히려 우리는 이미 들어 온 '커닝'이나 '파이팅'을 사용하되 '시험부정행위'·'이겨라, 싸워라' 등 더 나은 우리말로 고치도록 노력해야 한다. (金賢燮 대학생·대구 수성구)

〈 참고문헌 〉

최용식(2005) 『한국 영어를 고발한다』, 넥서스.

5.7 톰과 제리

우리가 즐겨 쓰는 관용어·명언·명구 가운데는 서양에서 들어온 것도 많다. 이러한 관용어·명언·명구는 세계가 공통으로 쓰고 있으며 이것 역시 우리말을 풍요롭게 하고 있다. 그 몇 예를 보자.

(1) 뉴턴(Newton, Sir Isaac)의 사과, 돈 키호테(Don Quixote), 마녀(魔女) 사냥, 면죄부(免罪符), 모나리자(Mona Lisa)의 미소, 빌헬름 텔1(Wilhelm Tell)의 사과, 산타 마리아(Santa Maria), 샌드위치(sandwich), 소크라테스(Socrates)의 아내, 스파르타(Sparta)식 교육, 시시포스(Sisyphos)의 바위, 아마겟돈(Harmagedon), 아마존(Amazon), 아킬레스 건(Achilles腱), 아틀란티스(Atlantis), 엘도라도(El Dorado), 열려라 참깨, 원탁(圓卓)의 기사(騎士), 유토피아(Utopia), 콜럼버스(Columbus, Christopher)의 달걀, 트로이 목마

(Troy 木馬), 플라토닉 러브(platonic love), 피닉스(phoenix), 피라미드(pyramid), 햄릿(Hamlet), 허니문(honeymoon)

(2) • 건전한 육체에 건전한 정신이 깃든다.
• 겨울이 오면 봄은 멀지 않으리.
• 고양이 목에 방울을 달다.
• 국왕은 통치하더라도 군림하지 않는다.
• 그래도 지구는 돌고 있다.
• 나는 존재한다, 고로 나는 존재한다.
• 나에게 자유를 달라 아니면 죽음을 달라.
• 네 자신을 알라.
• 모든 길은 로마로 통한다.
• 번쩍인다고 모두 금은 아니다.
• 브루투스 너마저!
• 사느냐 죽느냐 그것이 문제로다.
• 사람은 생각하는 갈대다.
• 시간은 금이다.
• 악화는 양화를 구축한다.
• 약한 자여 그대 이름은 여자이니라.
• 예술은 길고 인생은 짧다.
• 짐이 국가이니라.
• 천재란 1%의 영감과 99%의 땀이다.
• 클레오파트라의 코가 조금만 낮았더라면 세계의 얼굴이 변하였을 것이다.

(3) • 바람과 함께 사라지다

• 엄마 찾아 삼만 리
• 미운 오리 새끼
• 톰과 제리
• 미녀와 야수

〈 참고문헌 〉

김성원(1990) 『동양명언집』, 明文堂.

김성원(1988) 『석가명언집』, 명문당.

송운하(1990) 『중국의 명언과 지혜』, 백만인출판사.

우현민(1992) 『四書五經의 名言』, 創造社.

편집부(1990) 『세계명언』, 보성.

편집부(1992) 『세계명언집』, 아카데미.

편집부(1993) 『名言大辭典』, 성문사.

홍윤기 엮음(1996) 『서양고사 일화』, 서문문고 87, 서문당.

6장 신조어와 사어

6.1 드러눕고 기어나간다

언어도 시대의 산물이라 언어를 통하여 그 시대, 그 사회의 단면(斷面)을 볼 수 있다.

1. 혈거생활을 암시하는 듯한 말들

(1) • 드러눕다
• 기어나가다

혈거시대(穴居時代)에 토굴이나 암혈(巖穴)에 들어가면 천장이 낮아서 반드시 눕지 않을 수 없었던 데에서 '드러눕다'가 생기고, 토굴에서 바깥으로 나가기 위해서는 기어서 나가야 하던 데서 '기어나가다'가 생겼으리라.(이탁(1957))

2. 암울한 사회를 반영하는 듯한 말들

(2) • 얻어맞다

• 얻어터지다

‘맞다, 터지다’는 약자의 입장에서 매운 분한 일인데, 어찌하여 ‘얻어’가 붙은 합성어가 쓰이는 것일까? 밥이나 옷을 ‘얻어먹고, 얻어입는’ 것이라면 몰라도 아무래도 ‘얻어맞다, 얻어터지다’는 다른 배경이 있을 듯하다. 아마도 규율이 엄격한 어떤 사회(집단)에서 하급자나 약자가 상급자나 강자에게 구타당하고도 그것을 숙명처럼 여겨야 했던 눈물겨운 상황에서 비롯된 말이 아닐까 추측한다.

3. 과거 여성의 대우를 짐작하게 하는 말들

(3) • 미망인(未亡人) : 옛날 중국에서는 남편이 죽으면 아내도 따라 죽어야 하는 풍습이 있었는데 남편이 죽었는데도 따라 죽지 못한 여인이 스스로를 지칭하던 말.

• 매휴(賣休) : 제 아내를 남에게 팔고 남편 된 권리를 포기하는 것.

• 기생(妓生) : 잔치나 술자리에서 노래나 춤, 또는 풍류로 흥을 돋우는 일을 업으로 하는 여자.

• 수청들다(守廳-) : 기생이 지방 수령에게 잠시 몸을 바치다.

(4) • 벙어리 삼 년 귀머거리 삼 년.

• 암탉이 울면 집안이 망한다.

• 북어와 여자는 사흘에 한 번씩 패야 된다.

4. 형벌제도를 엿보게 하는 말들

(5) • 육시(戮屍) : 죽은 사람에게 다시 참형을 가하는 것.

• 부관참시(副棺斬屍) : 죽은 뒤에 큰 죄가 드러난 사람에게 극형을 추시(追施)하던 일. 관을 쪼개어 시체를 베거나 목을 잘라 거리에 내걸었음.

• 태장(笞杖) : 태형(笞刑)과 장형(杖刑).

• 태형(笞刑) : 매로 볼기를 치는 형벌.

• 장형(杖刑) : 곤장으로 볼기를 치던 형벌.

• 곤장(棍杖) : 옛날에 죄인의 볼기를 치던 몽둥이. 버드나무로 넓적하고 길게 만들었음.

• 주리 : 죄인의 두 다리 사이에 주릿대를 넣어 비트는 형벌.

• 경(黥) : 도둑을 잡아 다스리던 몹시 심한 형벌.

• 오라 : 도둑이나 죄인을 묶을 때에 쓰던, 붉고 굵은 줄.

(6) • 육시랄 년

• 우라질 놈

5. 그 밖에 과거를 엿보게 하는 말들

(7) • 고려장(高麗葬) : 늙은이를 산 채로 광중(壙中)에 두었다가 죽으면 그 곳에 매장하였다는 고구려 때의 풍속.

• 산적(山賊) : 산 속에 숨어살면서 나그네의 재물을 빼앗는 도둑.

• 고수래 : 무당이 굿을 하거나 들에서 음식을 먹을 때, 귀

신에게 먼저 바친다는 뜻으로 음식을 조금 떼어 던지면 하는 소리.
- 보릿고개 : 묵은 곡식은 다 떨어지고 보리는 미쳐 덜 여물어 농가의 식량 사정이 가장 어려운 시기.
- 성청(成廳) : 세력이 있는 집의 하인끼리 뭉쳐 떼를 이룸.

(8) • 양반(兩班), 상놈(常-), 사대부(士大夫)
- 옘병 〈 염병(染病)
- 소인, 소생, 영감, 대감, 나으리 등의 호칭
- 품앗이, 머슴, 새경
- 상투, 비녀, 연지, 곤지, 요강

6. 강압적 군대사회가 반영된 말

(9) • 알아서 기어.
- 까라면 까라.

7. 전기가 들어오지 않던 시대가 반영된 동요

(10) • 학교 종이 땡땡땡 어서 모이자.
- 선생님이 문 앞에서 기다리신다.

8. 오늘을 반영하는 말들

(11) • 라이따이한 : 월남 여성과 한국인 사이에 출생한 월남인.
- 방 빼 : 집 없는 사람들의 서러움을 풍자하는 말.
- 방석집 : '요정'을 속되게 이르는 말.

• 블루필름(blue film) : 비밀리에 제작된 포르노 영화.

• 술상무 : 사업상 고객을 접대하며 원하지 않는 술이지만 자주 마셔야 하는 중역.

(12) DVD방, 냉방병, 노래방, 돈세탁, 떳다방, 붉은악마, 비디오방, 빨래방, 사이트, 신용불량자, 신용카드, 엠티, 오빠부대, 전자북, 족집게 가외, 주상복합 아파트, 태극전사, 패스트푸드, 햇볕정책, 홈쇼핑, 휴대폰

(13) • 386세대, 2030세대
• X세대, Y세대, N세대
• 야타족, 오렌지족, 미시족

9. 2002년을 반영하는 대표적인 말

(14) • 한일 월드컵
• 붉은 악마, 짜짝짜 짝 짝, 대~ 한~ 민~ 국~
• 부산 아시안 게임
• 태풍 '루사'
• 병풍(兵風), 공적자금(公的資金)
• 노사모

〈 참고문헌 〉

姜信沆(1979) 『無形의 證人』, 正和出版文化社.
姜信沆(1991) 『현대국어 어휘사용의 양상』, 太學社.
국립국어연구원(1994) 『신어의 조사연구』, 국립국어연구원.

이 탁(1959) 「언어상으로 고찰한 우리 고대 사회상의 편모」, 『한글』 124.

6.2 짱 잘 나가는 쓰파라치

말은 생명체와 같이 태어나 자라고 기운이 쇠퇴하면 사라진다. 사회의 여러 조건에 의해 새 말이 태어나 생존환경이 좋으면 오래도록 쓰이고 그렇지 못하면 이내 사라지고 만다. 모든 신생어가 다 사전에 등재되는 것은 아니고 얼마간 쓰이다가 사전에 등재되지도 못하고 사라지는 것도 무수히 많다. 사전에 오르지 못한 말이라 하여 가치 없는 말은 아니고 그 말이 쓰이는 동안만큼은 사전 등재 여부와 관계없이 훌륭히 말의 구실을 한다.

1. 사전에 미처 등재되지 못한 말

(1) • 간지나다 : 옷맵시가 있다.
• 꼴다 : 좋지 않다. 질이 낮다. ¶꼴았다/꼴은 음악
• 당근 : 당연함. ¶그야 당근이지.
• 말밥이다 : 당연하다
• 뽀대나다 : 옷맵시가 있다.
• 뿅 : 기분이 몹시 좋아 정신이 몽롱한 상태. ¶뿅 가다.
• 야리다 : 노려보다. 째려보다.
• 왕따 : 한 사람을 여러 사람이 따돌림.
• 졸라 : 아주. 매우. ¶졸라 좋다.
• 짜가 : 가짜. ¶그거 짜가 아냐?

• 짱 : 아주. 아주 좋은 것. ¶짱 좋다./짱이다./얼짱./몸짱

• 쨉 : 상대. ¶쨉도 안 돼.

• 쪼잔하다 : 성질이나 행위가 지나치게 잘다.
¶쪼잔한 짓./쪼잔한 놈

• 채널권 : 채널을 선택할 수 있는 권리.
¶채널권도 마누라한테 뺏겼다.

• 훨 : 훨씬. ¶훨 낫다./훨 좋다.

2. 기존의 어휘에 새로운 의미를 부여한 말

(2) • 긁다 : 카드를 통해 지불하다. ¶카드를 긁다.

• 기능성 : 뛰어난 기능이 있는. ¶기능성 등산복.

• 끄다 : 마음에 두지 않다. 마음에 두지 말다. ¶신경 꺼.

• 날리다 : 문자 메시지를 보내다. ¶문자 날리다.

• 때리다 : 부과하다. 언도하다.
¶세금을 때리다./3년형을 때리다.

• 때리다 : 전화를 걸다. ¶전화 때리다.

• 메이커 : 유명 메이커. ¶메이커 상품.

• 밥맛 : 싫은 상대를 이르는 말. ¶밥맛이야.

• 생얼 : 화장하지 않은 얼굴.

• 수준급 : 매우 높은 수준의 것.

• 싸다 : 화투 용어로 딸 수 있는 패를 따지 못하게 되다.

• 썰렁하다 : 이야기가 분위기에 맞지 않아 어색하다.

• 쏘다 : 한 턱 내다. ¶오늘은 내가 쏠게.

• 얇다 : 가늘다. ¶다리가 얇아진다./얇은 다리.

• 올리다 : 인터넷에 글을 쓰거나 그림을 띄우다.

¶인터넷에 올리다.

• 터지다 : 휴대 전화로 통화할 수 있게 상대방과 연결되다.

일본서도 터지는 휴대전화 나온다(〈중앙일보〉 기사 표제 2002.4.8.)

(3) • 개념이 없다 : 관심이 없다.

¶제는 과제에 대해서 개념이 없어.

• 끝내 주다 : 썩 좋다. 훌륭하다.

• 맛이 가다 : 상태가 좋지 않거나 정상이 아니다.

• 신경 끄다 : 관심을 기울이지 않다.

• 잘 나가다 : 일이 잘 풀리다. 인기가 치솟다.

3. 신조어

(4) • 프리터族 : Freeter Free+arbeit+er

(〈조선일보〉 2002. 3. 21)

• 코시안(Korea+Asian) : 한국에 사는 아시안 노동자

(2002. 9. 19. MBC 9시 뉴스)

• 쓰파라치 (2002. 5. 24. MBC9시 뉴스)

• 몸치 : 춤 못 추는 사람을 지칭하는 속어

(〈조선일보〉 2002. 6. 17)

• 산소학번 : 2002학년도 학번 O_2

오존학번 : 2003학년도 학번 O_3

• 라이따한 : 파월 한국인 아버지와 베트남 여인 사이에서 태어난 자녀.

• 떴다방 : '복덕방'에서 유래하여, 아파트 분양처를 찾아 다니며 소개업 행위를 하는 중개업자.

4. 2002년 월별 주요 신어

(5) • 1월 악의축, 취집(취직+시집)
• 2월 아파스텔(아파트+오피스텔), 폰빌
• 3월 알박기(개발예정지의 일부만 사서 시세보다 비싸게 파는 행위)
• 4월 복권족, 오노스럽다
• 5월 담파라치(담배+파파라치), 쓰파라치(쓰레기-)
• 6월 승리부(勝利符), 집으로족
• 7월 코쿤피스(소형 사무실), 레캉스(레저+바캉스)
• 8월 아dd하다, 컬러링
• 9월 영어(英語)족, 화식인(↔생식인)
• 10월 룸시어터, 스포츠살인(미국연쇄살인)
• 11월 외벌이(↔맞벌이), 이기자(Electronic+記者)
• 12월 축승회(祝勝會)

〈참고〉 "노비어천가…콜리건…" 국립국어硏, '신어보고서' 발간 (〈동아일보〉 2003. 2. 7.)

'악의축', '노비어천가(盧飛御天歌)', '콜리건(Korean hooligan)', 'R(red)세대', '화식인(火食人)' ….

2002년에 중앙 일간지나 방송 뉴스를 통해 새롭게 등장한 '신어(新語)'들이다. 국립국어연구원은 2002년에 새로 만들어져 쓰이기 시작한 신어 408개를 포함, 최근 만들어진 2696개의 신어에 대한 어원과 뜻풀이, 출처 등을 밝힌 '신어 보고서'를 7일 발간했다.

이 보고서에 따르면 2002년에 만들어진 신어는 외래어가 포함된 단어가 전체의 64%를 차지하고 있다. -족(族), -촌(村) 처럼 한자어 계통의 접미사와 결합한 파생어와 한자와 외래어, 외래어와 외래어 등이 합쳐져 만들어진 합성어의 비중이 커진 것이 특징.

갤러리촌(gallery+村), 외계어 따위는 파생어. 넷키즈(network+kids), 카파라치(car+paparazzi)는 합성어. 하지만 '우리가 남이냐족', '집으로 족' 등 한국어 어법에 어긋나는 것들도 많았다.

국어연구원은 "2002년 신어중 '히딩크학', '콜리건' 등 월드컵 축구대회 관련 용어가 많은 것은 언어가 사회 변화의 반영이라는 것을 보여주는 것"이라고 분석했다.(주성원 기자)

〈 참고문헌 〉

국립국어원(2007)『사전에 없는 말 신조어』, 태학사.

국립국어연구원(1994)『신어의 조사연구』, 국립국어연구원.

국립국어연구원(1996)『신어의 조사연구(현대시의 신어 연구)』, 국립국어연구원.

김한샘(2005)『2005년 신어』, 국립국어원.

박용찬(2001)『2001년 신어』, 국립국어연구원.

박용찬(2002)『2002년 신어』, 국립국어연구원.

박용찬(2003)『2003년 신어』, 국립국어연구원.

박용찬(2004)『2004년 신어』, 국립국어연구원.

6.3 스팸 메일

외국어도 유행을 탄다. 특히 인터넷의 보급에 따라 외국어, 외래어 외국어나 외래어를 섞어 만든 신조어가 늘어나고 있다.

1. 최근에 많이 쓰이는 외국어 외래어

(1)
- 다이옥신(dioxin)
- 마니아(mania)
- 메리트(merit)
- 바이오(bio)
- 배너광고(banner 廣告)
- 섹시(sexy)
- 인프라(infrastructure)
- 컨소시엄(consortium)
- 콘텐츠(contents)
- 팬션(pension)
- 폰팅(phone meeting)
- 퓨전(fusion)
- 플래시 몹(flash mob)
- 힙흡(hip hoop)

(2) 멜라닌, 보톡스, 비아그라, 사스, 소개팅, 악플러안티, 알카에다, 엠·바고, 웰빙, 콘텐츠, 하마스,

2. 컴퓨터, 인터넷 용어

(3) • 골뱅이(@ = 이메일 주소의 at)
• 기가바이트(GB gigabyte)
• 네티즌(netizen, network citizen)
• 네티켓(net etiquette)
• 도메인(domain)
• 메가바이트(MB megabyte)
• 모뎀(modem)
• 바코드(bar code)
• 사이버(cyber)
• 스팸(SPAM)
• 업그레이드(upgrade)
• 웹(World Wide Web)
• 웹진(web magazine)
• 이메일(email)
• 컴맹(computer盲)
• 킬로바이트(KB kilobyte)

〈 참고문헌 〉

국립국어원(2007) 『사전에 없는 말 신조어』, 태학사.
국립국어연구원(1994) 『신어의 조사연구』, 국립국어연구원.
국립국어연구원(1996) 『신어의 조사연구(현대시의 신어 연구)』, 국립국어연구원.
김한샘(2005) 『2005년 신어』, 국립국어원.

박용찬(2001) 『2001년 신어』, 국립국어연구원.
박용찬(2002) 『2002년 신어』, 국립국어연구원.
박용찬(2003) 『2003년 신어』, 국립국어연구원.
박용찬(2004) 『2004년 신어』, 국립국어연구원.

6.4 안냐세요 방가

인터넷 상에서나 휴대전화 문자에서는 시간의 제약, 문자 수의 제약에다 장난기가 더해져서 국어맞춤법을 무시한 표기들의 통용이 예사가 되어 버렸다. 그런 일면을 보기로 한다.

1. 새로운 의미로 전용된 말

(1) • 펴오다 : 인용하다 ¶펴온 글.
• 날리다 : 문자나 메일을 보내다. ¶문자 날려.
• 때려 : 걸어. ¶전화 때려.

2. 새로운 표현에 새로운 의미를 담은 말

(2) • 열라 : 매우. 아주. 열심히.
• 끼깔나게 : 기막히게.
• 럽하다 : 사랑하다.
• 리하이 : 다시 만나서 반갑다.
• 캄사 : 대단히 감사하다.

(3) 구름과자(담배), 김밥(담배), 깝치지마(내 앞에서 까불지마), 노딩(늙은 사람), 단점(단란주점), 대딩(대학생), 딱

알(성냥), 딱알이(라이터), 떡(담배), 만두(담배), 물개야(맞아), 백조(직업이 없는 사람), 비방(비디오방), 빠돌이(호스트빠 다니는 남자), 빠순이(술집 여자), 빽갈이(가수 뒤에서 춤추는 사람), 뽀데기(본드), 뽀롱나다(탄로나다), 뽕카(오토바이), 사발까다(거짓말하다), 생일빵(생일을 축하한다면서 때림), 순대(담배), 식후땡(식후 흡연), 쌔근하다(멋있다), 씨매리(못됐군), 아부당(맹세한다), 야자(야간 자율학습), 왕따시(아주 큼), 진탱(진짜), 짜바리 뜨다(경찰관이 나타나다), 짜져(빨리 없어져), 짝퉁(거짓), 하이까(도망가다)

3. 특수하게 조어된 말

(4) 10002(많이), 2000(이만), 2사람(이 사람), 8282(빨리빨리), 9름(그럼), 9여자(그 여자), d지다(디지다 ← 뒈지다), gㅔ시㉶ㄴ(게시판), n(애인), P보다(피보다), 나무욜(나무요일 ← 목요일), 냉무/냉無(내용 없음), 냉텅텅(내용 없음), 너無너無(너무너무), 밥5(바보), 방가방가(반갑다), 사랑한Day(사랑한데이 ← 사랑한다), 송방, song방(노래방), 있쥐, 있G(있지), 쪽8리다(쪽팔리다), 하2(하이, hi)

4. 소리 나는 대로 쓰기

(5) 같은데 → 가튼데, 것인가 → 거신가, 그렇군 → 글쿤, 많이 → 마니, 맞아요 → 마자요, 못 됐네 → 몬땐네 반가워 → 방가워, 받아 → 바다, 분위기 → 부뉘기, 살아요 → 사

라요, 실수 → 실쑤, 싫어 → 시러, 알아 → 아라, 열심히 → 열시미, 있음 → 이씀, 자기야 → 자갸, 축하 → 추카, 친구 → 칭구, 할 사람 → 할 싸람, 했어 → 해써

5. 축약, 탈락으로 줄여 쓰기

(6) -습니다 → -슴다, 게임 → 겜, 그냥 → 걍, 그러면 → 금, 그렇구나 → 글쿠나, 그렇군 → 글쿤, 그리구 → 글구, 금요일 → 그묠, 남자 친구 → 남친, 내일 → 낼, 너무 → 넘, 다음에 → 담에, 드디어 → 드뎌, 라디오 → 라됴, 마음 → 맘, 많이 → 마니, 메일 → 멜, 뭘요 → 몰료, 미안 → 먄, 반가워요 → 방가, 비디오 → 비됴, 선생님 → 샘, 수업 → 섭, 시험 → 셤, 싫어 → 시러, 안녕하세요 → 안냐세요, 애인 → 앤, 어떻게 → 어케, 어서 와요 → 어솨요, 없으신가요? → 업스?, 일요일→일욜, 재미 → 잼, 재미있어 → 잼써, 전부 → 점, 제일 → 젤, 좋아 → 조아, 즐거운 → 즐건, 지금 → 짐, 짜증나 → 짱나, 축하합니다 → 추카함다, 편안하게 → 편케, 한 번 더 → 함더

6. 약어

(7) 강력 추진 → 강추, 컴퓨터 → 컴, 아르바이트 → 알바, 즐거운 채팅 → 즐팅, 강제 퇴장 → 강퇴, 대화방 제목 → 방제, 비밀번호 → 비번, 정기 모임 → 정모, 공동 구매 → 공구, 남자친구 → 남친, 채팅방 주인 → 방주, 방장, 은근히 따돌리다 → 은따, 즐거운 게임 → 즐겜, 즐거운 통신 → 즐통, 야한

동영상 → 야동, 영원히 따돌림 → 영따, 통신장애 → 통장

7. 필요 없는 음을 첨가하기

(8) • ㅇ첨가 : 그런강, 없당, 없엉, 예쁘당, 끝났당, 했당, ~이당, 보장

• ㅅ첨가 : 하잇, 방갓

• ㅁ첨가 : 잘 지냈는감, 그런감, 아닌감, 믿어욤

• ㅂ첨가 : 옙

8. 의도적 오표기

(9) -십니다 → -심다, -요 → -여, 감사 → 감솨, 그리고 → 글구, 너도 → 너두, 놀자 → 널자, 농담 → 넝담, 드러옵쇼 → 드러50쇼, 어떻게 → 으뜨케, 뭐냐 → 모냐, 미친년 → 미친뇬, 믿어요 → 믿어욤, 싫어 → 시로, 아이디 → 아뒤, 안녕 → 안냥, 안뇽, 알지 → 알쥐, 오늘 → 오널, 오면 → 오므, 올려 줘 → 얼려줘, 웃음 소리 →아햏햏, 원조교재 → 원져, 이놈 → 이넘, 잘 모르지 → 댤모르디, 저런 → 뎌런, 절대로 → 절때루, 집 → 듑, 친구 → 칭구

9. 음소로 표기

(10) • 감사감사 → ㄱㅅㄱㅅ, ㄳ ㄳ

• 바이바이, 빠이빠이 → ㅂ2ㅂ2, ㅃ2ㅃ2

• 축하축하 → ㅊㅎㅊㅎ

• 츠츠츠(혀 차는 소리) → ㅊㅊㅊ

• 크크크, 키키키(웃음소리) → ㅋㅋㅋ
• 키득키득(웃음소리) → ㅋㄷㅋㄷ
• 호호호, 하하하, 히히히(웃음소리) → ㅎㅎㅎ

11. 표정기호

(11) • 노려보는 표정 : –.–+
• 놀란 표정 : ★.★ (@_@) 0.0 ⊙.⊙ –_–a (=_=;)
• 두리번거리는 표정 : (–.–)(–.–)(–.–)
• 땀 흘리는 표정 : ·; –.–;; ^^;
• 모르겠다는 표정 : (??)
• 미소 짓는 표정 : ^.^
• 슬픈 표정 : :–
• 얼굴 붉히며 웃는 표정 : *^.^*
• 영문을 모르겠다는 표정 : ~.~
• 우는 표정 : ㅜㅜ T.T ㅠㅠ ㅠ.ㅠ
• 웃는 표정 : *^^* ^0^~~♬ (^^)V 0: ☺ ☻
• 윙크하는 표정 : ^.~
• 인사하는 얼굴 표정 : (–.–) (––) (–.–)
• 졸린 표정 : –.– =.=
• 즐거운 표정, 만족한 표정 : ^0^
• 찡그린 표정 : 〉.〈
• 할 말이 없는 표정 : +_+
• 화난 표정 : 〉:–

휴대전화 언어

<table>
<tr>
<td>/＼ /＼ ~☆
☞" ▽ "☜
방긋방긋
나이뻐?
좋은하루</td>
<td>┌▶◀┐ 선물이얌
├┼──┤ 열어봐요
└┴──┘ 쨔~~~
행복한한주를선물
합니다(^^*)</td>
<td>맘에난상처에부쳐
(:::[]:::)1번밴드
(:::♡:::)2번밴드
(:::==:::)3번밴드
(:::※:::)4번밴드</td>
<td>>-= 111/ 니들이
◉-[:::] ~~~~~~
[:::] 게맛을
◉-[:::] ~~~~~~
>-= 111＼ 알아!</td>
</tr>
<tr>
<td>당신에게'ㅅ'으로
시작해서'해'로끝
나는말을해주고싶
어요..........
..........수고해</td>
<td>^ㅇ^♬^ㅇ^♬^ㅇ^
◉.◉◉.◉◉.◉
*^_^**^_^**^_^*
^0^^0^^0^^0^^0^
웃자웃자^^^^^^^</td>
<td>☆ ★
。☆☆ ★★ 。
(*^.^) (^ε^)
o(")") ("(")o
생일 축하해~</td>
<td>멀봐! 폰닫어!
+ /)/) (*)(*) +
+ (*^^3(^^*) +
♧_♣_♡_♣_♧
뽀뽀하는거첨봐?</td>
</tr>
<tr>
<td>씹은들어떠하리~
내가보낸문자씹깐
들어떠하리~!담에
그대가보낸문자두
고보세~♨</td>
<td>내문잔 스팸메일
이야~그냥무시해
버려~웃기지!!웃
기잖아~또한번무
시하면.그때다시
보낸다</td>
<td>♥^-----^♥사랑
기쁨♬^-----^♪
★^-----^★행복
and 행운가득한
하루되세염~</td>
<td>웃어요~♡
*^---------^*
이렇게.. 당신이
행복하길 내가
바라니까요..</td>
</tr>
<tr>
<td>▥▥ 피곤하지?
┌┘ └┐ 이거먹구
│비타│힘네!!
│민♡│(^-^)//
└──┘</td>
<td>┌────┐ 날씨가
♡손난로♡춥당~
└────┘ (>.<)
따뜻한 손난로야
감기조심해~^-^*</td>
<td>— —
◉ ◉
☞ ω ☜
메롱메롱메롱메롱
메롱메롱메롱메롱</td>
<td>★긴급수배★
죄명:흉기소유
(몸에 지니고다님)
특징:치명적임
몽타주:거울바봐.</td>
</tr>
<tr>
<td>"너를 안고 뛰다"
를 네자로 줄이면
....
★호박서리★
V(*^^*)V</td>
<td>♧ 。♧。♧
。＼행복한/。
♧—*^—^*—♧
。/즐거운＼。
♧죠은하루♧</td>
<td>아직이런말
이르다는거알아..
니가황당해
할거알지만..
그냥지금말할께..
♡빼빼로줘♡</td>
<td>기분좋은아침^.^
기분좋은사람^0^
기분좋은만남^-^
기분좋은하루^?^
짐부터"요이땅"</td>
</tr>
</table>

〈 참고문헌 〉

신기상(2003) 「통신문학작품에 쓴 표정기호에 관한 고찰」, 『한민족문학연구』 13, 한민족문학연구회.

이정복(2003) 『인터넷 통신언어의 이해』, 월인.

장소원 외(2002) 「컴퓨터 세상 속의 언어」, 『말의 세상 세상의 말』, 월인.

조오형 외(2002) 『컴퓨터 통신언어 사전』, 亦樂.

6.5 몰카와 홀딱쇼

국어의 합성어는 국어의 통사적(統辭的) 구성에 따라 합성되는 것이 일반이다.

1. 국어의 통사적 합성

가. 국어의 통사 구성

(1) ㄱ 주어 + 서술어 꽃이 핀다.
ㄴ 목적어 + 서술어 (…이/가) 꽃을 찾는다.
ㄷ 관형어 + 체언 향기로운 꽃
ㄹ 부사어 + 용언 활짝 피었다.
ㅁ 용언의 연결형 어미 + 용언 (…이/가) 깨어난다.

나. 국어이 통사적 합성

(2) ㄱ 힘들다 (주어 + 서술어)
ㄴ 맛보다 (목적어 + 서술어)

ㄷ 눈물　　(관형어(명사) + 체언)
새옷　　(관형어(관형사) + 체언)
작은집　　(관형어(관형사형) + 체언)
ㄹ 앞세우다　(부사어 + 용언)
ㅁ 들어가다　(연결형 + 용언)

국어의 통사 구성인 (1)에 준하여 (2)와 같은 합성어가 형성하게 된다. 그러나, 국어의 합성어가 반드시 국어의 통사 구성에 맞게만 조어되는 것은 아니고, 표준어라 하여 모두 통사적 합성어만 있는 것도 아니다.

2. 국어의 비통사적 합성

가. 동사어간 + 명사

(3) 곶감, 꺾쇠, 누비옷, 늦가을, 덮밥, 접의자

나. 형용사어간 + 명사

(4) 굳기름, 늦가을, 밉상(相), 옥니, 맞구멍

다. 부사 + 명사

(5) 따로국밥, 볼록거울, 뾰족지붕, 산들바람, 오목거울, 척척박사

라. 동사어간 + 동사

(6) 돌보다, 맞붙다, 보살피다, 얽매다, 헐벗다

위의 (3)~(6)은 모두 비통사적으로 합성된 말들이다. 현재도 그런 비통사적인 합성어가 자꾸만 생성되고 있다. 어법에 벗어나지만 통용되는 예들을 모아본다.

3. 부사와 명사가 합성한 경우

(7) • 깜짝 : 깜짝쇼

• 나 홀로 : 나홀로차(-車), 나홀로방(-房), 나홀로족(-族)

나 홀로 소송

(〈조선일보〉 기사 제목에서, 2002. 8. 12.)

• 몰래 : 몰래카메라, 몰카, 몰래바이트, 몰래흡연

• 홀딱 : 홀딱쇼

4. 용언의 부사형, 의문형, 청유형, 명령형 어미가 체언을 수식한 경우

(8) • -아 : 막가파, 섞어차, 묻지마 청약, 묻지 마 관광, 밥퍼 운동 본부, 새로나 백화점

• -아라 : 배째라식

• -자 : 먹자판, 먹자골목, 먹자파, 놀자판, 팔자세, 사자세

• -냐 : 우리가 남이냐 족(-族)

용산역 광장의 '밥퍼 아줌마'

(〈동아일보〉 기사 제목, 2002. 10. 15.)

매출 격감… 막가파식 많아

(〈조선일보〉 기사 제목 2003. 10. 7.)

빚 탕감책… 안 갚아족 늘어

(〈KBS TV〉 자막 2003. 10. 23.)

5. 문법요소가 생략된 어근이 한자어를 수식한 경우

(9) 우아녀(女), 순수남(男), 느끼남(男), 단란주점(酒店)

알뜰男 살뜰女의 '데이트 코스'

(〈조선일보〉 기사 표제, 2003. 3. 14.)

'매력남(男)'은 '매력있는'의 '있는'이 생략된 것으로 보아 (9)에 준한다.

6.6 닭도리탕

서로 유사한 의미이거나 서로 유관한 낱말이 잘못 중복된 경우가 흔히 있다.

가. 유사한 뜻이나 음의 중복

(1) ㄱ 양발 : 양말(洋襪)+발

ㄴ 귀막 : 귀+고막(鼓膜)

ㄷ 서울장안 : 서울+장안(長安)

ㄹ 홀홀단신 : 홀홀(〈 홑)+혈혈단신(孑孑單身)

ㅁ 태국기 : 태극기(太極旗)+국기(國旗)

ㄱ '양말'의 '말'을 '발'로 혼동한 것으로, 양말은 발에 신는 것에서 비롯하였다.

ㄴ ‘고막’의 ‘고’를 ‘귀’로 혼동한 것으로, 고막이 귀에 있는 것에서 비롯하였다.

ㄷ ‘장안(長安)’은 중국 산시성(陝西省) 시안시(西安市)의 옛 이름으로, 한(漢)나라, 당(唐)나라가 도읍했던 곳이라 ‘서울, 도읍지’의 대명사로 쓴데서 비롯하였다.

ㄹ 고유어 ‘홀’이 ‘혈’과 음도 유사하고 뜻도 유사한 것에서 비롯하였다.

ㅁ ‘태극기’의 ‘극’과 ‘국기’의 ‘국’을 혼동한 것으로, 태극기도 국기의 하나인데서 비롯하였다.

나. 한자어와 고유어가 중첩한 명사

(2) • 국화꽃(菊花-), 대관령고개(大關嶺-), 석유기름(石油-), 바람벽(-壁)
• 처갓집(妻家-), 지게문(-門)

다. 한자어와 고유어가 중첩한 동사

(3) • 주목(을) 끌다 : 주목하다(注目-) + 눈길(을) 끌다
• 박수(를) 치다 : 박수하다(拍手-) + 손뼉(을) 치다
• 주차(를) 대다 : 주차하다(駐車-) + 차(를) 대다

라. 한자어와 한자어의 중첩

(4) • 탄신일 : 탄신(誕辰)+생일(生日)
• 수경재배 : 수경(水耕)+재배(栽培)
• 괘종시계 : 괘종(卦鐘)+시계(時計)

마. 고유어와 일본어의 중첩

(5) • 삐까번쩍 : 삐까(ぴか)+번쩍
- 빠다시 : 빳(빳빳하다)+다시(あたら(新)しい)
- 왔다리갔다리 : 왔+다리(たり)+갔+다리(たり)
- 오리까시내리까시 : 오르+까시(ひ(冷)やかし)내리+까시(ひやかし)
- 모찌떡 : 모찌[もち(餠)]+떡
- 마메콩 : 마메[まめ(豆)]+콩
- 닭도리탕 : 닭+도리[にわとり(庭鳥)]+탕(湯)
- 수배하다 : 수배루[すべ(滑)る]+하다
- 앗쌀하다 : 앗사리[あっさり]+하다

바. 한자어와 일본어의 중첩

(6) • 식사라 : 식(食)+사라[さら(皿)]
- 마호병 : 마호[まほうびん(魔法甁)]+병(甁)

사. 고유어와 서구외래어의 중첩

(7) 빵떡 : 빵(포르투갈pão)+떡

아. 일본어와 서구외래어의 중첩

(8) 하리핀 : 하리[はり(針)]+핀(pin)

자. 서구외래어와 한자어의 중첩

(9) • 풀장 : 풀(pool)+장(場)
- 머그잔 : 머그(mug)+잔(盞)

• 깡통 : 깡(can)+통(筒)

• 베레모 : 베레(béret)+모(帽)

차. 국어에 외래어를 억지로 조합한 경우

(10) ㄱ 먹거리하우스(-house)

ㄴ 소개팅(紹介ting)

ㄷ 몰래바이트(-Arbeit)

ㄹ 쓰파라치(쓰레기-파파라치)

ㄱ 음식점 상호(商號)다.

ㄴ 소개받은 초면의 사람들의 모임이다. 'meeting'의 어형에서 연유한다.

ㄷ '불법으로 몰래 하는 과외공부'를 이른다.

ㄹ '카파라치' 이후에 생긴 말로 '몰래 쓰레기 버리는 행위를 신고하는 사람'을 이른다. ㄹ은 다음과 같은 예로 더 번져 쓰이고 있다

(11) ㄱ 카파라치(Car-파파라치)

ㄴ 꽁파라치(꽁초-파파라치)

(11) ㄱ은 '교통위반 전문 신고꾼'을, ㄴ은 '꽁초를 함부로 버리는 행위 전문 신고꾼'을 이르는 말로 '파파라치(어원확인)'에 연유한다.

〈참고〉 온라인신문 '知Key' 오늘 창간 (〈문화일보〉 2002. 10. 10.)

문화일보는 대학생 기자들의 참신하고 날카로운 시각으로 꾸며지는 온라인 신문 '知Key(지키)'를 10일 낮 12시부터 선보입니다.

'지키'는 문화일보 홈페이지(www.munhwa.co.kr)나 지키 홈페이지(www.zkey.co.kr)에서 볼 수 있습니다. 새 온라인 신문의 제호이자 대학생 기자들을 일컫는 '지키'는 지성·정보 등의 의미를 내포하는 '지(知)'와 '열쇠(Key)'의 합성어로 '지성으로 가는 열쇠', '건강한 언론문화의 지킴이'란 뜻을 담고 있습니다. –이하 생략–

〈참고〉 카파라치 내년부터 설 땅 없다 (〈한국일보〉 2002. 11. 3.)

경찰청, 신고보상금제 폐지 의사 밝혀

내년부터 교통위반 전문 신고꾼(일명 카파라치)이 설 자리를 잃을 전망이다. 국회의 '교통법규 위반 신고보상금제' 예산 삭감 방침에 이어 경찰청도 신고보상금제 폐지 의사를 밝혔다. (중략)

법규 위반 차량이 많은 곳에 전문 카파라치가 진을 쳐 운전자와 마찰을 빚어 왔고, 최근에는 카파라치 전문 교육기관과 인터넷 사이트까지 등장, 논란을 빚었다. (후략) (정상원 기자)

〈참고〉 '파파라조' 는 이탈리아 영화에서 유래된 말

(〈조선일보〉 1997. 9. 1)

유명인사들을 뒤쫓는 사진기자들을 일컫는 '파파라조'는 작고한 이탈리아의 명감독 페데리코 펠리니가 만든 것으로 알려지고 있다. 펠리니 감독의 지난 59년에 제작한 그의 출세작 「라 돌체 비타(달콤한 생활」에서 영화계와 상류사회를 엿보는 사진기자의 삶을 그려냈다.

'파파라조'는 영화 속에서 항상 스타의 사진을 찍을 기회를 노리는 작중인물의 이름으로, 이탈리아가 자랑하는 명배우 마르첼로 마스트로얀니가 그 역을 맡았다.

영화가 선보였을 때 이탈리아 관객들은 '파파라조'가 이런 부류의 기자들을 가리키는 말로 착각했다고 한다.

「라 돌체 비타」에서 마스트로얀니가 떼지어 몰려든 기자들의 시달림을 받는 장면은 나중에 루이 말 감독이 연출하고 브리지트 바르도가 주연을 맡은 「비 프리베(사생활)」에서도 그대로 재현됐다.

펠리 감독이 어떻게 해서 '파파라조'란 말을 만들게 됐는지에 대해서는 의견이 분분하다. 일부에서는 거만하고 억센 학교 급우의 이름을 따왔다고 주장한다. 그러나 한편에서는 사나운 모기를 가리키는 이탈리아어인 '파파타치'와 번개를 뜻하는 '라조'를 합한 말이라고도 설명하고 있다.

〈참고〉 파파라치 "길거리 널린 게 돈벌이" (〈조선일보〉 2006. 2. 28.)

(전략) 내달부터는 수도권 등 토지거래허가구역에서 허가받은 용도와 다르게 땅을 이용하는 토지소유자를 신고하면 50만원의 포상금을 주는 이른바 '토(土)파라치'도 실시된다. 법무부는 오는 5월 31일 전국지방선거 운동부터 불법선거 사범을 신고한 이에게 지급하는 포상금을 현재 최고 5000만원에서 5억원으로 올린다는 방침이다.

포상금을 노린 신고자들을 지칭하는 '식파라치'(불량·위해식품) '쓰파라치'(쓰레기 무단투기) '봉파라치'(1회용 비닐봉투) '노파라치'(노래방 불법영업) '세파라치'(탈세제보) '선파라치'(불법선거운동) 등 신조어도 대거 양산됐다. (후략) (박용근 기자)

6.7 골키퍼 있다고 볼 안 들어가나

속담도 끊임없이 생성되고 사멸한다. 최근에 생성된 속담성 성구나 유행하는 구문을 찾아보자.

가. 기존의 속담을 흉내 낸(패러디한) 속담

(1) • 열 번 찍어 안 넘어가는 나무 있다.
← 열 번 찍어 안 넘어가는 나무 없다.
• 얌전한 게 싱크대에 먼저 올라간다.
← 얌전한 게 부뚜막에 먼저 올라간다.

• 바쁘면 택시 타라.

← 바쁘면 돌아가라.

• 가다가 중지하면 가는 것만큼 이익이다.

← 가다가 중지하면 아니 가만 못하다.

• 젊어서 고생은 늙어서 병 된다.

← 젊어서 고생은 사서도 한다.

나. 최근에 생성된 유행어 구문

(2) • 골키퍼 있다고 볼 안 들어가나.

• 머리가 나쁘면 손이 고생한다.

• 고무신 거꾸로 신는다.

• 믿지 말자 화장발 속지 말자 조명발.

• 엄마 친구네 아들이다.

(3) • 고무줄 없는 빤츠.

• 귀신 씨 나락 까먹는 소리.

• 김밥 옆구리 터지는 소리.

• 번데기 앞에 주름 잡기.

• 앙꼬 없는 찐빵.

• 포크레인 앞에 삽질하기.

• 포크레인 앞에 숟가락질하기.

(4) • 남이야 전봇대로 이를 쑤시거나 말거나.

• 남이야 요강으로 꽈리를 불거나 말거나.

6.8 더불다와 에다

수많은 낱말 중에는 그 쓰임이 매우 한정적인 낱말이 있다. 그러한 보기 몇을 찾아본다.

한두 활용형으로만 쓰이는 낱말이 있다.

(1) • 데리다 : 동생 데리고 놀러 간다.
동생 데리러 유치원에 간다.
• 더불다 : 친구와 더불어 등산을 했다.

'데리다'와 '더불다'는 이른 바 '불완전동사(불구동사)'로 다양하게 활용하지 못하는 동사다. 다음 동사도 불완전 동사들이다.

(2) 위하다, 대한다, 관하다, 의하다, 비롯하다, 말미암다, 즈음하다

한두 곳에서만 한정적으로 쓰이는 낱말이 있다.

(3) ㄱ 에다 : 살을 에는 듯한 겨울 바람
ㄴ 턱 : 턱(도) 없다.

ㄱ '에다'는 '칼로 도려내다'란 뜻인데 '사과를 엔다', '오이를 에어 모양을 낸다' 등의 표현은 들어본 적이 없다. '살을 에는 듯한 바람', '가슴을 에는 듯한 아픔'이란 표현에만 한정되어 쓰인다.

ㄴ '턱'은 명사이긴 하지만 그 뒤에 여러 조사가 자연스럽게 붙지 못하고 '턱없다', '턱도 없다' 정도의 쓰임밖에 없다.

6.9 돐과 무우

생명력을 잃어 쓰이지 않게 된 말은 죽은 말, 곧 사어(死語), 폐어(廢語), 유령어(幽靈語)다.

국어사전에 현대 국어에서 거의 쓰지 않는 많은 양의 사어에 가까운 낱말이 수록되어 있다.

(1) 가거(假居), 가경(歌磬), 가경(加敬), 가계(加階), 가계(加笄) …

사전에 수록된 어휘 중 사어는 얼마나 될까? 〈표준국어대사전〉에 수록된 어휘 수는 508,771이다. 1990년대에 생산된 '한국어교재, 교과서, 교양, 문학, 신문, 잡지, 대본, 구어, 기타의 자료 176건, 1,531,966어휘를 대상으로 조사한 국립국어연구원(2002)의 『현대국어 사용 빈도 조사』에 의하면 〈표준국어대사전〉에 수록된 어휘의 11.% 정도가 쓰인 것으로 나타났다.

순위	빈도	항목	순위	빈도	항목
1.	25,567	것/의	11.	8,852	않다/보
2.	22,064	하다/동	12.	7,004	사람/명
3.	18,553	있다/보	13.	6,583	우리/대
4.	18,202	있다/형	14.	6,332	이/관
5.	11,506	되다(어른이~)/동	15.	6,305	그/대
6.	10,915	수(방법)/의	16.	6,245	아니다/지
7.	10,758	하다/보	17.	6,045	보다/동
8.	10,564	나/대	18.	5,967	등(等)/의
9.	9,413	그/관	19.	5,813	때/명
10.	8,969	없다/형	20.	5,678	거(것)/의

순위	빈도	항목		순위	빈도	항목
19886	5	가곡(歌曲)	~	22314	5	흰쥐
22315	4	가감(加減)	~	25485	4	힘줄
25486	3	가가(假家)	~	30137	3	힐난하다(詰難-)
30138	2	가가대소(呵呵大笑)	~	38206	2	힘겨루기
38207	1	가(假)	~	58436	1	힘점(-點)

그러므로 사전에 수록된 508,771개 어휘 중 족히 80%는 이미 사어(死語)나 다름없다 해도 좋을 것이다.

언어의 자의성(恣意性)과 사회성(社會性)의 획득은 인위적 노력만으로 되는 것이 아니지만, 표준어 사정에 의해서 어떤 어휘를 쓰지 않기로 결정하면 인위적으로 어휘의 생명을 뺏는 일이라 하겠다. 1989년 3월부터 표준어에서 제외된 표기 몇을 들면 다음과 같다.

(2) • 돐 → 돌
• 마춤복 → 맞춤복
• 강남콩 → 강낭콩
• 삯월세 → 사글세
• 무우 → 무

옛 문헌의 표기와 오늘의 표기가 다른 것들 몇 예를 들면 다음과 같다.

(3) • 까마귀 〈 가마괴
• 철사 〈 텰ᄉᆞ(鐵絲)

• 가볍다 〈 가ᄇᆡ얍다

• 싸다 〈 ᄡᆞ다

위의 (2)와 (3)의 경우는 표기가 달라졌을 뿐 낱말 그 자체는 살아있다. 넓은 의미에서 사어의 범주에 넣을 수 있겠으나 진정한 사어는 아니다.

(4) • 틔 : 대쪽으로 만든 매.
• 파발 : 보발(步撥). 파발꾼(擺撥-).
• 디다 : 헐하다.
• 이싯다 : 일고 씻다. 도태하다.
• 헤디르다 : 급히 해쳐나가다.

조상들이 쓴 말 가운데 기록에도 없고 우리에게 전해지지 않아서 우리들이 알 수 없는 말들이 진정한 사어다. 옛 문헌에는 있으나 현재 전혀 소용되지 않는 (4)와 같은 말들은 사어에 가깝다.

(5) • 노 : 실·삼·종이 따위로 가늘게 비비거나 꼰 줄.
• 끈 : 물건을 묶거나 꿰는 가늘고 긴 물건.
• 비닐 끈, 나일론 끈
• 노끈 : 노로 된 끈.

오늘날의 언어대중 다수가 '노'를 잘 알지 못한다. 오직, '끈'과 어울려 '노끈'에서 명맥을 유지하고 있으며, '노끈'을 '끈'과 같은 것으로 알고 있지 않을까.

(6) • 기차놀이

• 낫치기놀이

'기차놀이(汽車-)'는 기차가 나온 뒤에 붙여진 이름이지만, 놀이의 모습을 보아 기차가 나오기 이전에도 있었을 법하다. '낫치기놀이'는 없어져 간다. 농촌의 어린이가 줄어들고, 비록 농촌의 어린이라 해도 낫치기 아닌 다른 놀이를 즐기기 때문이다.

어떤 행위가 있다고 반드시 행위에 대해 명명(命名)되는 것은 아니고, 행위가 없어졌다하여 그 이름이 바로 없어지는 것도 아니다.

7장 표 기

7.1 너 짬 날 때 이 술 한 잔 딱 해 봐

한글 맞춤법은 문장의 각 단어는 띄어 씀을 원칙으로 한다.(한글 맞춤법 제2항) 다만 조사만 그 앞말에 붙여 쓴다.(한글 맞춤법 제42항) '4.5. 촬영감시구역' 참조. 이 원칙에 따른 정확한 띄어쓰기란 쉽지 않은데 무엇보다 단어(單語)인가 구(句)인가에 따라 띄어쓰기가 달라진다.

가. 한 음절 단어가 연이은 경우

(1) • 한 개
• 차 한 대
• 좀 더 큰 것
• 저 큰 집 한 채
• 너 술 좀 확 깬 뒤 와.
• 난 쉴 때 늘 이 차 한 잔 해.
• 너 짬 날 때 이 술 한 잔 딱 해 봐.

• 너 참 그 글 쓸 때 이 말 좀 꼭 써 줘.

나. 두 음절 단어가 연이은 경우

(2) • 믿을 만한 사람 골라 보내.
• 우리 동네 우물 옆의 돌에 이끼 끼어 있다.
• 푸른 가을 하늘 아래 이런 붉은 꽃이 어디 다시 있나.

‣ 단음절로 된 단어가 연이어 나타날 적에는 붙여 쓸 수 있다.(한글 맞춤법 제46항)

(3) • 그 때 그 곳 → 그때 그곳
• 좀 더 큰 것 → 좀더 큰것
• 이 말 저 말 → 이말 저말
• 한 잎 두 잎 → 한잎 두잎

‣ 보조용언은 띄어 씀을 원칙으로 하되, 경우에 따라 붙여 씀도 허용한다.(한글 맞춤법 제47항)

(4) • 불이 꺼져 간다. → 불이 꺼져간다.
• 내 힘으로 막아 낸다. → 내 힘으로 막아낸다.
• 어머니를 도와 드린다. → 어머니를 도와드린다.
• 그릇을 깨뜨려 버렸다. → 그릇을 깨뜨려버렸다.
• 비가 올 듯하다. → 비가 올듯하다.
• 그 일을 할 만하다. → 그 일을 할만하다.
• 일이 될 법하다. → 일이 될법하다.
• 비가 올 성싶다. → 비가 올성싶다.
• 잘 아는 척하다. → 잘 아는척하다.

다. 띄어쓰기에 따라 의미가 달라지기에 의미의 혼란을 일으키기도 한다. 다음 문장은 어떻게 띄어 쓰는가에 따라 그 의미가 다르다.

(5) • 너라면먹을래?
- 저사람이사간다.
- 삼촌도와주세요.
- 서울서방을찾는다.
- 다친목을위해서야.
- 우리네사람이과욕을했다.

라. 띄어 쓴 것은 같지만 띄어 쓴 곳의 휴지(休止)의 강약에 따라 의미가 달라지기도 한다.

(6) • 우리∨학교ˇ도서관 / 우리ˇ학교∨도서관
- 대학∨교양ˇ한문 / 대학ˇ교양∨한문
- 그런∨소리ˇ하지ˇ마라 / 그런ˇ소리∨하지ˇ마라

7.2 명품 40% ↓

문자와 기호를 혼용하여 기호가 기호 본디 의미 외의 의미를 가지게 되기도 한다. ('5.20 그림으로 나타내는 의미 및 상징' 참조)

(1) • 명품 40% ↓ ↓=할인
- 당신은 이제 ☆가 되셨습니다. ☆=스타
- 特☆한 선물을 드리겠습니다. ☆=별

- 아빠 ♡해. ♡=사랑
- 그럼 20000 끝 20000=이만
- 축Car 드립니다! (SK Telecom 광고문) Car=카=하(賀)
- 내 사랑 유자C (음료 상품 이름) C=씨
- made ◬ Korea (2007년 대선 선관위 광고문) ◬=人=in

문자, 숫자, 기호를 혼용하여 문자, 숫자, 기호의 본디 음·명칭·뜻 이외의 음·명칭·뜻으로 읽히게 되기도 한다.

(2) 참잉[참ing] (크라운제과 제품 이름)

7.3 훈글

눈길을 끌기 위해서, 외국어 음과 유사하게 하려고, 멋 부리기 위해서 등의 이유로 의도적으로 맞춤법에 어긋나게 쓰기도 한다.

가. '한글 맞춤법'에 허용된 문자 이외의 문자를 쓰는 경우

(1) • 훈글 (HWP 워드프로세서 프로그램 이름)
- 씨올의 소리 (잡지 이름)

나. 의도적으로 맞춤법을 무시하고 소리나는 대로 쓰는 경우 (6.4 안냐세요 방가 참조)

(2) • 3000만 돌파기념 추카추카 대잔치 (SK telecom 광고문 2002.)
- 안냐세요 (휴대전화 문자에서)

다. 상품명에서 볼 수 있는 의도적 오용

(3) • 나드리(화장품 이름) ← 나들이

• 누가바(빙과 이름) ← 누가 봐

7.4 ☰ ☱ ☲ ☳ ☴ ☵ ☶ ☷

문자만이 음성언어를 대신하는 것은 아니다. 우리 주변에는 교통 표지판을 비롯해 기호나 그림으로 음성언어를 대신하고 문자를 대신하는 것이 많이 있다.

1. 기호의 체계

(1) • 수학의 기호 : + − ± × ÷ = ≒ ≠ 〈 〉 ∩ ∪ √

• 악보 : ♬ ♪ ♩ 𝅗𝅥 ♮ ♯ ♭ 𝄞 𝄐 𝄢 𝄋

• 64괘 : ☰ ☱ ☲ ☳ ☴ ☵ ☶ ☷

• 트럼프 : ♠ ♧ ♡ ◇

2. 그림 언어의 체계

가. 지도표지

(2) • 육지, 바다, 강과 하천, 산, 화산

• 국계, 시 · 도계, 시 · 군계, 읍 · 면계

• 도로, 철도, 항로, 항공로

• 온천, 해수욕장, 공원, 광산, 명승고적, 성벽, 등대

• 도시, 절, 학교

나. 교통표지

(3) • 주의표지 : 위험, 터널, 아동보호, 횡단보도 …
- 규제표지 : 서행, 양보, 일시정지, 주차금지 …
- 지시표지 : 우회전, 비보호 좌회전, 일방통행 …
- 노면표지 : 노상장애물, 아동보호구역, 횡단보도예고 …
- 보조표지 : 거리, 구역, 노폭, 안전속도 …
- 신호등 : 자동차와 보행자를 위한 신호들

다. 그 밖의 것

(4) • 남녀 화장실 : 남녀 그림 / 남녀 모자 그림
- 남녀 목욕탕 : 남녀 그림
- 온수·냉수 표시 : 수도꼭지의 붉은 색과 푸른 색
- 보조 문자 : ! ? # $ % & ~ " " ※ § → ∴
- 보조 기호 : ☼ ☁ ϟ ☂ ☃ ☢ ✉ ✂ ✋
- 남녀(암수)의 기호 : ♂♀
- 기호+문자 : (검) ㉾ (품) ㊞ ㈜
- 타자기 자판의 부호 : ~ ! @ # $ % ^ & * ( )
- 컴퓨터 자판의 부호 : [Enter↵] [Esc] [Back Space] [Insert] [Sys Req] [Del]
- 기타 안내 : ☞ ☎ †

라. 화물 취급에 대한 그림

(5) • 우산 그림 → 비 맞추면 안 됨.
- 갈고리에 빗금 친 그림 → 취급시 갈구리 사용하면 안 됨.
- 위로 향한 화살표 그림 → 아래위를 뒤집으면 안 됨.
- 금이 간 컵 그림 → 깨어지기 쉬운 화물.

(6) • 해 : 일장기(일본 국기), 청천백일기(중화민국 국기)
• 별 : 군인, 장군 계급장, 성조기(미국 국기)

(7) • 모래시계 : 컴퓨터 프로그램 실현까지 '대기'.
• 해골 : 독극물.
• ♡ : 심장, 사랑.

3. 각종 휘장

(주)도서출판 디딤돌　　　　분리배출표시

〈참고〉 내년 1월부터 분리배출표시제 시행 (〈조선일보〉 2002. 12. 25.)

소비자들이 폐기물의 재활용 여부를 쉽게 알 수 있도록 하기 위해 내년 1월부터는 제품 용기와 포장재에 분리 배출 표시가 찍히게 된다. (중략)

분리배출표시는 3개의 화살표가 하나의 삼각형을 이루고 그 가운데에 PET, 철, 유리, 종이팩 등의 글씨가 쓰인 형태로 포장재 정면이나 측면에 가로 · 세로 8mm 이상의 크기로 인쇄·각인되거나 라벨이 부착된다. (具聖宰 기자)

〈 참고문헌 〉

박영준 외(2002:290-296) 『우리말의 수수께끼』, 김영사.

7.5 Who RU?

영어를 필요 이상으로 쓴다고 눈살을 찌푸리게 하는 오늘이다. 영어나 영문자를 국어인양 섞어 쓰기도 하고, 축약, 여러 문자의 조합 등 다양하게 비틀어 쓰는 것도 흔하게 볼 수 있다.

(1) • wow : 와우 개강이다! (어느 대학교 학생회 현수막)
- & : 차&음료. 의상&소품. 샌들&가방&선글라스.
- vs : 한국vs일본. 삼성vs현대.
- -tic : 이 맛은 정말 고구마틱하다. 여고생틱한 나이의 여인.
- z- z- z- z- : 잠든 상태 표현

(2) • 4 = for. 4me, 4you, all4U, It's 4U
- 2 = to. too. 2me, 2you, 2U me2
- 4ever = forever
- 2gether = together
- 2nite = tonight
- w8 = wait
- gr8 = great
- b4 = before
- n, N = and. you n me, youNme
- Hiway = highway
- BBQ = barbecue
- T = tea. Ttime
- RU = are you. Who RU?, RU OK?

- INVU = I envy you.
- CU = see you
- Sk8er Boi (Avril Lavigne가 부른 노래 이름)

이런 것을 교묘히 이용한 상품명이나 상호 등도 있다.

(3)
- ATOZ (아토즈, A에서 Z까지, 자동차 이름)
- CINEBUS (씨네버스, 영화전문잡지)
- buynjoy (바이엔조이, 인터넷쇼핑몰)
- LOVE味 (러브 미(米), 농협 쌀 광고)

8장 우리말의 리듬

8.1 리듬이란

리듬(또는 율동(律動))이란 소리나 운동이 규칙적이고 파상적(波狀的)으로 되풀이되는 흐름이다.

자연계에 무수한 종류의 리듬이 있다.

파도, 바람에 일렁이는 보리밭, 파도가 밀어 올린 사구의 파형(波形) 무늬, 바람이 만든 사막의 파형 무늬, 해바라기 씨나 옥수수 알갱이의 가지런한 배열 이런 것들이 모두 자연의 리듬을 보여 준다.

동물의 생리와 반복적 행위에는 리듬이 있다. 인간도 그렇다.

(1) • 호흡, 맥박
- 걸음, 수영, 날갯짓, 씹는 작용
- 도마질, 다듬이질, 망치질, 디딜방아 찧기, 절구질, 도리깨질
- 체조(맨손체조, 율동체조, 에어로빅 체조)

- 온갖 동물의 울음소리
- 인간의 말

이 가운데 인간의 말은 매우 다양하고 미묘한 리듬의 반복이다. 말의 리듬을 파고들면 그 다양하기가 무한하다. 그러하기 때문에 말의 리듬을 어떤 한 기준으로 모두를 말하기는 어렵다. 그러나 대체로 리듬은 강약(强弱), 고저(高低), 장단(長短), 반복(反復), 압운(押韻) 같은 요소들로 분류해 볼 수는 있다.

8.2 의성어와 의태어

인간의 말 중에 신체 동작이나 행위를 나타내는 말인 의성어나 의태어에는 리듬이 뚜렷하다.

(1) • 달가닥달가닥, 댕그랑댕그랑, 덜커덩덜커덩, 따다닥따다닥,
• 부르릉부르릉, 우당탕우당탕, 철썩철썩, 쿵더쿵쿵더쿵

(2) • 건들건들, 까불까불, 껌벅껌벅, 느릿느릿, 덜렁덜렁, 반짝반짝,
• 아장아장, 어슬렁어슬렁, 엉금엉금, 터벅터벅, 흔들흔들

(3) • 텨ㄹ썩, 텨ㄹ썩, 텩, 튜르릉, 콱.
텨ㄹ썩, 텨ㄹ썩, 텩, 쏴……아.
(최남선 〈해에게서 소년에게〉의 후렴)
• 어기야 디야/에야 디야, 에루화

8.3 자수율

음절 수나 글자 수에 의한 리듬, 곧 자수율(字數律)이 있다.

1. 샘 대신의 음절

(1) 무궁화꽃이피었습니다
　　1 2 3 4 5 6 7 8 9 10

어린이 놀이에서 열까지의 수를 '무궁화…'로 대신한다.

2. 3-3-3조

(2) • 일러라, 일러라, 일본놈.
　　• 삿치기, 삿치기, 삿밥바
　　• 멈추자. 살피자. 건너자.
　　• 세계로, 비래로, 기술로

3. 3-3-7조

(3) • 이 · 겨 · 라, 이 · 겨 · 라, 우 · 리 · 백 · 군 · 이 · 겨 · 라.
　　• 잘 · 한 · 다, 잘 · 한 · 다, 우 · 리 · 청 · 군 · 잘 · 한 · 다.
　　• 빅 · 토 · 리, 빅 · 토 · 리, V · I · C · T · O · R · Y.

4. 시의 자수율

다음 시조는 '3-5-3-4 / 3-3-4-4 / 3-5-4-3'의 자수율을 지녔다.

(4) 白雪(백설)이 ᄌᆞ자진 골에 구루미 머흐레라.
반가온 梅花(매화)ᄂᆞᆫ 어ᄂᆡ 곳에 픠엿ᄂᆞᆫ고.
夕陽(석양)이 홀로 셔 이셔 갈 곳 몰라 ᄒᆞ노라.
(이색(李穡)의 시조)

한시는 5언절구, 7언절구, 5언율시, 7언율시 등 행의 수와 한 행의 자수를 엄격히 규정하고 있어 이 자수율이 적용되는 대표적인 시다. 다음에 7언절구 한 예를 들어 본다.

(5) 沙白鷗白兩白白 (사백구백량백백)
不辨白沙與白鷗 (불변백사여백구)
漁歌一聲忽飛去 (어가일성홀비거)
然後沙沙後鷗鷗 (연후사사후구구)

갈매기도 희고 모래도 희고 모두가 희어,
모래와 갈매기가 구별조차 어렵구나.
어부가 한 곡조에 갈매기 날아가니,
그제야 모래는 모래고 갈매기는 갈매기로구나.
(김삿갓의 시)

8.4 음보율(音步律)

띄어쓰기와 호흡 단위와 음보의 관계

(1) ㄱ 경포대초등교
*경포∨대초∨등교　　경포대∨초등교

ㄴ 우리 학교 도서관 :

우리 ˇ 학교 ∨ 도서관　우리 ∨ 학교 ˇ 도서관

ㄱ 6음절 중 가운데 한 번만 휴지를 두어야 바른 의미가 된다.

ㄴ 강약의 두 휴지를 어디에 두느냐에 따라 의미가 달라지는 보기다.

이와 같이 띄어쓰기나 호흡단위는 의미를 바르게 나타내는 중요한 구실을 하고 그 호흡단위에 따라 음보가 달라짐을 알 수 있다.

1. 2음보

(2) • 선생님 ∨ 안녕하세요.
철수야 ∨ 안녕.
• 깨끗한 택시,∨ 친절한 기사 (서울 시내 택시에 붙여진 표어)
• 깨끗한 물,∨ 넉넉한 물 (수자원 개발공사(팔당)의 표어)

(3) 넋이로세 넋이로세 / 넋인줄을 몰랐더니 / 오늘보니 넋이로세 / 신이로세 신이로세 / 신인줄을 몰랐더니 / 오늘보니 신이로세 / 넋일랑이 오시거든 / 넋당삭에 모셔오고 / 신일랑은 오시거든 / 신상에 담아 모셔오고 / 신넋이 오시거든 / 화기사단에 모십시다. / 이넋이 오실적에 / 서울로 지끼다가 / 은장도 드는가세 / 어서석 비어내어 / 넋당삭 몰아올 때 / …… (채정례 쉬임굿의 사설 중에서) (뿌리깊은나무 민중 자서전 20권 : 171)

2. 3음보

(4) • 가위 ∨ 바위 ∨ 보.
• 멈추자. ∨ 살피자. ∨ 건너자. (사능 철도 건널목의 표어)
• 닦고 ∨ 조이고 ∨ 기름치자. (자동차 정비소의 표어)
• 새해 ∨ 복 많이 ∨ 받으세요.

3. 4음보

(5) • 일러라 ∨ 일러라 ∨ 일본 ∨ 노-놈.
• 두껍아 ∨ 두껍아 ∨ 뭐하~ ∨ 니-.
• 이겨라 ∨ 이겨라 ∨ 우리백군 ∨ 이겨라.

(6) • 새해 ∨ 복 ∨ 많이 ∨ 받으세요.
• 남겨진 ∨ 귀한 음식,∨ 자연 낭비 ∨ 환경 오염 (장터국수 젓가락 포장지의 표어)
• 다 왔다고 ∨ 방심 말고,∨ 끝까지 ∨ 안전 운행 (서울 톨게이트 전광판의 표어)
• 무심코 ∨ 버린 불씨 ∨ 금수강산 ∨ 재가 된다. (산불예방 표어)
• 떠난 사람 ∨ '자리' 못 잡고,∨ 남은 사람 ∨ '마음' 못 잡아 ('감원 신드럼' 확산 제하의 부제, 〈한국일보〉 96. 9. 13.)

8.5 음위율

음위율(音位律)은 운이 놓이는 위치에 따라 두운(頭韻), 요운(腰韻), 각운(脚韻)으로 나눈다.

1. 두운

(1) • 일러라 일러라 일본놈
• 삿치기, 삿치기, 삿밥바

2. 요운

(2) • 떠난 사람 자리 못 잡고, 남은 사람 마음 못 잡아 (신문 표제)
• 산도 희고 / 들도 희고 / 마을도 희다. (동시에서)
• 개미처럼 열심히, 꿀벌처럼 알뜰히

3. 각운

(3) • 외제 담배 연기 속에 질식하는 우리 경제. (국산담배 애용 광고문)
• 아름답게, 사이좋게, 슬기롭게 (교훈)
• 자유인, 평화인, 문화인 (교훈)
• 멈추자. 살피자. 건너자. (열차 건널목 표어)
• 세계로, 미래로, 기술로 (표어)
• 개미처럼 열심히, 꿀벌처럼 알뜰히
• 계획하는 하루, 실천하는 하루, 반성하는 하루

8.6 리듬의 유행

음악이 유행을 타듯이 단순 리듬도 유행을 탄다. 운동경기의 '이겨라! 이겨라! 대한민국 이겨라!'와 같은 3-3-7박자의 리듬에서 2002년 6월의 월드컵 대회의 응원 리듬 '대~한민국 (박수) 짝작 · 짝∨짝 · 짝'의 2/2박자로의 변화 같은 것이 그런 것이다.

〈 참고문헌 〉

김대행(1976)『한국시가구조연구』, 삼영사.

김대행 편(1984)『운율』, 문학과 지성사.

金完鎭(1987)「어학적 관점에서 본 고전시가의 운율」, 『국어국문학』97, 국어국문학회.

金完鎭 외(1996)『문학과 언어의 만남』, 신구문화사.

金完鎭(1996)「韻律論 三章」, 金完鎭 외(1996)에 수록.

서우석(1987)『詩의 리듬』, 문학과 지성사.

成基玉(1986)『한국시가 율격의 이론』, 새문사.

이승복(1995)『우리시의 운율체계와 기능』, 보고사.

鄭 光(1975)「韓國詩歌의 韻律研究試論」, 『應用言語學』7-2, 서울대학교 語學 研究所.

鄭炳昱(1954)「古詩歌 韻律論 序說」, 『崔鉉培先生還甲記念論文集』, 思想界社.

조동일(1982)『한국시가의 전통과 율격』, 한길사.

조창환(1986)『現代韓國詩의 韻律論的 研究』, 일지사.

한미경(2001)『현대시 율격과 낭송법 연구』, 충남대 석사학귀논문.

홍재휴(1983)『韓國古詩律格研究』, 太學社.

황희영(1969)『운율연구』, 형설출판사.

뿌리깊은나무(1992)『뿌리깊은나무민중자서전』20권, 뿌리깊은나무.

9장 말놀이

9.1 말놀이

놀이는 우리의 생활 중에 대단히 중요한 부분이다. 그 놀이의 종류는 이루 셀 수 없을 만큼 많은데 놀이 중에 '말놀이'가 있다.

말놀이는 '놀이'로만 끝나는 것이 아니다. 어떤 '말놀이'에는 실용성도 있고 또 어떤 말놀이에는 예술성도 있다. 그래서 일상 회화에도, 문예문에도, 광고문에도, 음담패설에도 다 말놀이가 있다. 이렇게 우리의 언어생활 속 곳곳에서 말놀이가 있어 우리의 언어생활은 한결 더 유쾌해진다.

말이 주는 재미는 대부분 그 내용이다. 다음은 여러 해 전에 유행하던 참새 시리즈 중의 하나다.

> 참새가 날아가다가 포수의 머리위에 똥을 쌌다.
> 화가 난 포수가 물었다. "야! 넌 팬티도 안 입냐?"
> 그러자 참새 왈, "넌 팬티 입구 똥 누냐?"

위의 것이 재미있는 것은 그 내용이다. 그러나 이 장에서는 내용이 아닌 말의 쓰임이 주는 재미에 어떤 것이 있는지 알아보기로 한다.

9.2 문자 배열 말놀이

1. 방형 배열

한시(漢詩)나 시조(時調)와 같은 정형시에서 흔하게 대하는 방형 배열이다.

(1) 事君以忠
事親以孝
交友以信
臨戰無退
殺生有擇 (세속오계(世俗五戒))

교훈(校訓), 사훈(社訓), 표어 등에서도 정열이 된 정방형을 쉽게 찾을 수 있다.

(2) 1. 국정 전반의 개혁
1. 경제 난국의 극복
1. 국민 화합의 실현
1. 법과 질서의 수호 (1998년도 국정지표)

(3) 자유인
문화인
평화인 (경기고교 교훈)

(4) 나는 과속 추월을 안 합니다.
나는 부당 추월을 안 합니다.
나는 신호 위반을 안 합니다.
나는 차선 위반을 안 합니다.
나는 개문 발차를 안 합니다.
(어느 버스의 다섯 가지 안 하기)

(5) 1. 소육다채(小肉多菜)
2. 소염다초(小鹽多酢)
3. 소당다과(小糖多果)
4. 소식다작(小食多嚼)
5. 소번다면(小煩多眠)
6. 소노다소(小怒多笑)
7. 소의다욕(小衣多浴)
8. 소언다행(小言多行)
9. 소욕다시(小慾多施)
10. 소차다보(小車多步) (10가지 건강수칙)

2. 삼각형 배열

방형 배열에 비해 적은 수이지만 삼각형 배열도 볼 수 있고 이 삼각형 배열은 다분히 유희가 의도적이다.

(6) 콩
나물
콩나물
콩나물국

콩나물무침
콩나물무침국
콩나물무쳐복음
콩나물무쳐복음국
콩나물삶아무쳐복음
콩나물고기완자끓여찜
콩나물쪄서말려데쳐무침
콩나물저려볶아쪄서다져국
콩나물잘라골라말려썰어찌게
콩나물자반섞어팍팍데쳐무쳐찜
⋮ (콩나물 요리 메뉴)

(7) 병원으로 옮기던 중 사망
병원으로 옮기던 중
병원으로 옮기
병원으로
병원
김영승 〈반성 831〉의 일부

(8) 山
山은
江源山
물도江原
골짜기의물
벼랑아래아래
수천길로둘러싼

太古의神秘가잠든

골짜기골짜기골짜기

맑았다푸렸다또맑았다

흰옥에푸른옥깔아흘린듯

유리알빤짝빤짝빤짝빠안짝　　朴永植의 「골짜기」의 일부

3. 그 밖의 배열

(9) 一直線을 그으며 날아간다.

팔락

　팔락

　　팔락

　　　팔락

　　　　팔락

　　　　　팔락

　　　　　　팔락

　　　　　　　팔락

내 가슴 空洞에 내려 앉는다.

　　　　　　　　　도

　　　　　　　　레

　　　　　　　미

　　　　　　파

　　　　　솔

　　　　라

　　　시

마지막 한 마리는 / 내가 붙잡았다.

具常 「가을 病室」의 일부

9.3 말 잇기 말놀이

1. 끝소리 잇기

(1) 백두산 → 산천 → 천국 → 국민 → 민족 → 족발 → 발톱 …

2. 끝 말 잇기

(2) • 모래알 모여서 돌맹이, 돌맹이 모여서 자갈돌, 자갈돌 모여서 큰바위 (동요)

• 원숭이 궁덩이는 빨갛다, 빨간 건 사과, 사과는 맛있다, 맛있는 건 바나 나, 바나나는 길다, 긴 것은 기차, 기차는 빠르다, 빠른 것은 비행기, 비 행기는 높다, 높은 것은 백두산, 백두산 뻗어내려 반도 삼천리….

• 전화 위에 무선 전화, 무선전화 위에 이동전화, 이동전화 위에 PCS (한솔 PCS 광고문)

• 사람은 책을 만들고, 책은 사람을 만든다. (독서주간 표어)

• 신은 인간을 만들었다.
인간은 자동차를 만들었다.
그리고
동부화재는 자동차보험을 만들었다. (동부화재 광고문)

(3) 하늘 / 다한 / 깃
깃 / 다한 / 山
산 / 다한 / 부리
부리 / 다한 너의 詩

(盧壽斌의 「새의 이야기」)

3. 대구(대칭)

한시에서 흔히 볼 수 있는 대구(對句)의 배열이다.

(4) • 협상 택한 한국노총,
투쟁 택한 민주노총 (〈新東亞〉 표제 1999. 4.)

• 특별한 사랑이 있습니다.
특별한 기쁨이 있습니다. (쌍용정유 광고문 1999.)

• 바로 쓰면 약이 되고,
잘못 쓰면 병이 된다. (유한양행 광고문 1999.)

• 빈익빈 부익부(貧益貧富益富)

9.4 앞소리나 끝소리 맞추기 말놀이

(1) • 리 리 리자로 끝나는 말은 개구리, 도토리, 미나리, 종아리, 유리, 항아리 … 윤석중 〈리자로 끝나는 말〉에서

• 깨끗한 물, 넉넉한 물 (한국수자원공사(팔당) 광고문)

• 공부할, 생각할, 행동할 자유가 있는 대학을
(어느 대학 학생회, 현수막)

• 슬기롭게, 사이좋게, 아름답게 (혜화여고 교훈)

• 四無 : 청약예금과 무관
거주지와 무관
세대주와 무관
재당첨과 무관 (어느 아파트 분양 광고문)

• 우리강산 푸르게
우리생활 복되게 (유한 킴벌리 광고문)

• 새로운 차를 새로 사는 새로운 방법 (대우 자동차 광고문)

• 도는 하얀 도라지
레는 상큼한 레몬
미는 파란 미나리
파는 예쁜 파랑새
솔은 작은 솔방울
라는 라일락의 라
시는 졸졸 시냇물
처음부터 다시 도 (도레미 노래 가사)

(2) 국가에는 헌신과 충성을
국민에겐 정직과 봉사를
직무에는 창의와 책임을
직장에선 경애와 신의를
생활에는 청렴과 질서를 (공무원의 신조)

(3) 당신은 리더인가 보스인가! 리더와 보스가 다른 11가지 이유

리더는 희망을 준다.	보스는 겁을 준다.
리더는 '가자'고 권한다.	보스는 '가라'고 명령한다.
리더는 공개적으로 일한다.	보스는 등뒤에서 일한다.
리더는 귀가 여러개 있다.	보스는 귀가 없다.
리더는 약점을 숨기지 않는다.	보스는 약점을 숨긴다.
리더는 앞에서 이끈다.	보스는 뒤에서 호령한다.
리더는 남을 믿는다.	보스는 남을 믿지 않는다.
리더는 사람을 이끌고 간다.	보스는 그들을 몰고 간다.
리더는 선의(善意)에 의존한다.	보스는 권위에 의존한다.

리더는 '우리'라고 말한다.　　　보스는 '나'라고 말한다.
(책 광고문)

(4) 가나다라마바사아자차 잊었구나 기역 니은 디귿 리을
기역자로 집을 짓고 지긋지긋 살쟀더니,
가갸거겨 가이 없는 이내몸이 그지없이도 되었구나.
고교구규 고생하던 우리낭군 구감하기가 짝이 없구나.
나냐너녀 나귀등에 솔질을 하여 순금 안장을 지여놓고 팔
도 강산을 유람을 할까.
노뇨누뉴 노세노세 젊어 노세 늙어지면 못 노리로다.
다댜더뎌 다닥다닥 붙었던 정이 그지없이도 떨어들 졌네.
도됴두듀 도중에 늙은 몸이 다시 갱소년 어려워라.
라랴러려 날아가는 원앙새야, 널과 날과 짝을 짓쟎다.
로료루류 노루장화는 안개가절인데 처처에 있건마는,
마먀머며 맞아맞아 맞았더니 임에 생각을 또 하는구나.
모묘무뮤 모지도다 모지도다 한양 낭군이 모지도다.
바뱌버벼 밥을 먹다 돌아보니 한양낭군이 보고지고.
사샤서셔 소슬 단풍 찬바람에 울고 가는 기러기야,
아야어여 아야 덥석 잡았던 손목 그지없이도 놓쳤구나.
오요우유 오동복판 거문고에 쇠줄 놓아 타노라니,
백학이 제 짐작하여 우줄우줄 춤을 춘다.
과궈놔눠 영리과천 지나실 길에 과문불입이 웬 말씀이오.
「국문뒷풀이」
(국립국악원(1994) 홍겨운 소리판,
생활국악대전집 6. 서울음반.)

(5) • 고추널고 닭내놓고 콩깨수수 널어놓고
• 일을가며 염소매고 헌빨래를 빨아널고
• 고추따다 깨를털고 팥거두고 콩거두고
• 밤따다가 감을따고 피를뽑다 명거두고
• 호박따다 벼를베고 허리펼수 없는데다
• 너무그리 말더라고 너무그리 말더라고
(김용택 「너무나 그리들 말더라고」 중에서)

• 도박? 대박^^ 쪽박ㅠㅠ
(〈인터넷 한겨레〉 토론제목, 2003. 2. 28.)
• 흡연권? 혐연권! (〈인터넷 한겨레〉 토론제목, 2003. 2. 28.)
• 쉽게 보지 않겠습니다.
쉽게 듣지 않겠습니다.
쉽게 말하지 않겠습니다.
고객을 더 신중하게 (동원증권 광고문 2002.)

9.5 축약 말놀이

실용을 위한 축약(縮約)에서도 말놀이를 찾아볼 수 있다.

(1) • 도개공 (도시 개발 공사)
• 문박 (문학박사 학위, 문학 박사)
• 원폭 (원자 폭탄)
• 전대협 (전국 대학생 대표자 협의회)
• 중3 (중학교 3학년, 중학교 3학년생)

• 체전 (체육 제전)
• 특소세 (특별 소비세)
• 한전 (한국전력공사, 한국전력주식회사)

(2) • 불낙 (불고기 낙지전골)
• 불낙곱 (불고기 낙지 곱창)
• 불백 (불고기 백반)
• 노가바 (노래 가사 바꿔 부르기)
• 아 · 나 · 바 · 다(아껴 쓰고, 나눠 쓰고, 바꿔 쓰고, 다시 쓰기) 운동 (1997. 10. 28. 서울YMCA)
• 엄친아 (엄마 친구 아들)
• 들따녹 (들어보고, 따라하고, 녹음듣고) (인우 미디어, CD 광고문)
• 직찍캠사 (직접 찍은 캠 사진)
• 컴맹 (컴퓨터 맹인)
• 넷맹 (인터넷 맹인)

(3) • 테크노피아 Technology + Utopia
• 에너토피아 Energy + Utopia (에너지관리공단)
• 에듀토피아 Education + Utopia (서울산업대학교)
• 뉴스토피아 News + Utopia (한국일보)
• 휴매니지먼트 Human + Management (선경그룹)

(4) • TV television
• PC personal computer
• SpaBee (Spaghetti & Beer, 성신여대 앞 경양식점)

- C.C. Campus cuple

(5) • I.B.M. (이왕 버린 몸)
- R.O.T.C. (로타리 오리 티김 센타)
- 고소영 (고려대, 소망교회, 영남)
- 금연 (연애금지)
- 노약자석 (노련하고, 약삭빠른 사람 자리)
- 도자기 (도서관에 자리 잡는 기계)
- 도처녀 (도도한 처녀)
- 미남 (미친 남자)
- 바보 (바라볼수록 보고 싶은 사람)
- 반투위 ((하숙집의) 반찬 투쟁위원회)
- 오리지날 (오리도 지랄하면 날 수 있다.)
- 옥떨메 (옥상에서 떨어진 메주)
- 유비통신 (유언비어 통신)
- 카드라 방송 (~라 하더라 방송)

9.6 이문자 혼용 말놀이

문자 혼용은 국한문 혼용, 알파벳과 한글의 혼용, 아라비아 숫자와 한글의 혼용, 문자와 그림의 혼용, 문자와 사진의 혼용 등 가지가지다.

(1) • 차 & 음료,
- 셔츠 & 타이 (언더우드(의류) 광고문에서),

- 행복한 순간 & 서러운 사연
- 화성침공 vs. 스타워즈
- 키&知 (2003. 광동제약 광고문)
- in터넷 정보방송 (삼보컴퓨터 광고문)
- This is 4 U. (This is for you.)
- str8 (straight)

(2) • … 매주 한 분을 추첨, 삼성출판사가 최근 출판한 '100과 사전' 한 질을 보내드립니다. (〈조선일보〉 굿모닝 디지틀 1996. 11. 16.)

- 20000 끝 (이만 끝)
  그럼 20000.(그럼 이만)
- 10√2 (love)
- 다음 노래에 나오는 수의 합은 얼마인가? (라디오 퀴즈에서)
  잘 있거라 나는 간다. 이별의 말도 없이
  떠나가는 새벽 열차 대전발 열시 오십분,
  세상은 잠이 들어 고요한 이 밤…

(3) • 無's hof (명륜동 육교 옆 술집 이름)

- 忍터넷
- 스키시즌 개막 설레는 스키어들
  올핸 '雪雪' 기지 않겠다. (〈문화일보〉 표제, 96. 11. 16.)
- 女름 (여름철 선그라스 패션쇼의 여인들의 사진 설명. (〈조선일보〉 99. 4. 20.)
- 다 보장 보험/多保障 보험 (AIG 생명보험, 2003.)

• 萬事不如튼튼

• 백 See 불여 일 Do (百聞不如一見) (컴퓨터 학습관련 글에서)

(4) • 큰아빠 ♡해요.

• 特☆한

• 별의 ☆ 선물 다 있지. (휴대전화 cyon 광고문 2003. 3.)

• 유럽축구 '★들의 대이동' (〈조선일보〉 2004. 8. 6.)

• s#arp (그룹 가수 이름)

• 이 美친 우은 누구일까 (Daum 광고화면에, 2008. 8.)

(5) 김삿갓의 언문풍월

데걱데걱登南山　데걱데걱 남산에 오르니

씨근벌떡息氣山　씨근벌덕 숨이 차는구나.

醉眼朦朧굽어觀　취하여 몽롱한 눈으로 굽어보니

울긋불긋花爛漫　울긋불긋 꽃들이 남만하도다.

言文眞書섞어作　언문과 진서를 섞어 지었다고

是也非也皆吾子　옳으니 그르니 하는 놈은 다 내 아들이다.

(6) 무르녹아 흩날리는 / 恨의 치맛자락을

나의 부드러운 / 오입쟁이

멋진 손가락으로 휘어잡아 어루만진다.

● 궁 宮

○ 상 商

● 각 角

○ 치 徵

● 우 羽　　(朴鐘和 「모란꽃을」의 일부)

(7)　　　▲▲▲ 우에

　　　　▲▲▲

그 상상봉에

　　　⊙ 하나

그리고 그 ▲▲▲ 아래

　　　　▼▼▼ 그림자

　　　　　　그 그림자 아래, 또

　　　　▼▼▼ 그림자,

　　　　　　아래

다닥다닥다닥다닥다닥다닥다닥다닥다닥다

　　凹凸한 지붕들, 들어가고 나오고,

찌그러진 △□들 일어나고 못 일어나고

찌그러진 ↑♀들

(황지우 「'일출'이라는 한자를 찬,찬,히,
들여다보고 있으면」의 일부)

인터넷이나 휴대전화를 이용한 문자 메시지에 이용하는 표정기호는 젊은 세대가 문자와 혼용하기를 즐기고, 표정기호 사용은 급속도로 다양화하고 있다.

9.7 의도적 오용 말놀이

의도적 오용으로 멋을 부리거나 눈길을 끌려는 유희가 있다.

1. 지금의 '한글 맞춤법'에 허용되지 않는 문자 사용

(1) • ᄒᆞᆫ글 (문서작성용 프로그램 이름)
• 씨ᄋᆞᆯ의 소리 (잡지 이름)
• ᄂᆞᆯ애 (서울외국어고 교지 이름)

2. 의도적으로 '한글 맞춤법'에 어긋나게 쓰기

(2) • 100% 내꺼! ← 내 것 (LG 미니스타 광고문)
• 빈혈약이요? 헤모큐만 마셨어요. ← 요 (약 헤모큐 광고문)

3. 의도적 연철

의도적 연철은 외국어와 유사한 음감(音感)을 노리는 상품명에 많다.

(3) • 나드리 ← 나들이
• 나오꾸나 ← 나 왔구나
• 누가바 ← 누가 봐
• 누네띠네 ← 눈에 띄네
• 머그면 ← 먹으면
• 모드니에 ← 모든 이에
• 유니나 ← 윤이 나
• 이버바 ← 입어 봐
• 타미나 ← 탐이 나

4. 의도적 경어법의 오용

(4) • (며느리가 시아버지에게) 아버님 대갈님에 검불님이 붙

으셨다.

- (교사가 학생에게) 저기 학생님 조용히 해 주세요.

5. 의도적 띄어쓰기의 오용

의도적으로 띄어쓰기를 무시하거나 잘못 띄어쓰기도 한다.

(5) • 아버지 가방에 들어가신다.
- 예수 가마귀 쫓다
- 아네모네 마담 (아! 네모네, 얼굴이 네모진 연예인 박경림의 애칭, 2002.)

(6) 13인의 兒孩가도로로질주하오.
(길은막다른골목이적당하오)

제1의아해가무섭다고그리오.
제2의아해도무섭다고그리오.
(중략)
제12의아해도무섭다고그리오.
제13의아해도무섭다고그리오.

13인의아해는무서운아해와무서워하는아해와그렇게뿐이모였소.
(다른사정은없는것이차라리나았소)

그중에1인의아해가무서운아해라도좋소.
그중에2인의아해가무서운아해라도좋소.
그중에2인의아해가무서워하는아해라도좋소.

그중에1인의아해가무서워하는아해라도좋소.

(길은뚫린골목이라도적당하오)
13인의아해가도로로질주하지아니하여도좋소.

(이상(李箱)의 「오감도 1호」)

6. 의도적 도치

(7) • 께주머니 ← 니 뭐 줄께.
• 교학 자가 ← 학교 가자.

7. 의도적 불필요음 달기

(8) • ㅇ음 달기 : 앙빵강 충궁항땡 뿡뿡뿡 엉망강 앙앙종동 뿡뿡뿡…
• ㅂ음 달기 : 지비에베 가바자바. 그브러버자바.
• ㅅ음 달기 : 나사르스씨시가사 조소타사.

8. 의도적 오호응

(9) • 아직 다 했어요?
벌써 못 했어요.
• 우리는 슬플께요.
• 나는 당황하고 싶다.

9. 의도적 한자, 외래 문자 섞어 쓰기

금기적(禁忌的)인 내용을 의도적으로 이렇게 표현하기도 한다.

(10) • room nihgt (방귀)

• HP, hand play (자위행위)

10. 노래말 거꾸로 읽기

KBS 2TV '가족오락관'에서 가요의 가사를 거꾸로 읽고 그 곡명을 알아맞히게 하는 놀이.

9.8 동일음 말놀이

같은 음의 음소나 음절 또는 낱말을 되풀이하는 말놀이가 있다.

1. 동일 자음의 유희

(1) 성공을 위한 'ㄲ'자 : 꿈 꾀 끼 깡 끈 꼴

2. 동일음 반복의 유희

(2) • 강장공장공장장은 강공장장이고, 된장공장공장장은 공공장장이다.

• 관절염! 고질병 아닌 고칠병
(〈동아일보〉 기사 제목 2002. 4. 1.)

• 나무 나비 나라 (민용태 시집 이름)

• 눈에 눈이 들어가니 눈물인가 눈물인가?

• 돈이고 나팔이고 다 싫다

• 못(釘)사오게 했더니 못(不) 사 왔군.

• 무소식이 희소식 (속담)

• 물난리 속에 먹을 물이 없다
(사설 제목, 〈중앙일보〉 2002. 9. 4.)
• 발칵 뒤집힌 발칸반도
(〈문화일보〉 기사 제목, 2003. 3. 13.)
• 벼슬이고 지랄이고 다 그만 둬.
• 봄 바람 타고 車… 車… 車…
(〈동아일보〉 기사 제목 2002. 4. 1.)
• 브라질 브라보 (〈조선일보〉 기사 제목 2002. 7. 1.)
• 뽕따를 뽕따서 먹어야 뽕따지 뽕따를 뽕따서 안 먹으면 뽕따가 뽕따냐? (뽕따 : 빙과 상품명 1997.)
• 스탑(stop) 관절염 시원하게 스탑
(종근당 류마스탑 광고문 2002.)
• 시간이 지나간 시간 (이사라 시집 이름)
• 앞으로의 인간은 인간이 쓰는 도구의 도구가 된다.
• 어흥, 조흥, 흥이 절로! (조흥은행 본점 광고문. 2002.)
• 오르는 물가 떨어지는 주가
(〈문화일보〉 기사제목, 2003. 4. 1.)
• 愉快 爽快 痛快 (한국통신 광고문)
• 음모론의 음모(신문 기사 제목)
• 창(窓)에 창(槍)이 들어가니 창구멍인가 창구멍인가?
• 쿠쿠 米學, 味學, 美學 (전기밥솥 쿠쿠 광고문. 2003)
• 파괴를 파괴하는 것이 파괴다.
• 한국의 窓, 세계의 窓 (중앙일보 광고문. 2002.)
• 畵虎畵皮難畵骨 知人知面不知心 〈明心寶鑑 省心 上〉

(3) 청산도 절로절로 녹수도 절로절로
산 절로 수 절로 산수간에 나도 절로
그 중에 절로절로 몸이니 늙기도 절로 ᄒᆞ리라.
(김인후의 시조)

(4) 말하기 좋다하고 남의 말 말을 것이
남의 말 내하면 남도 내말 하는 것이
말로써 말이 많으니 말 말을까 하노라.
(서경덕의 시조)

3. 동음이의어의 유희

(5) 학문(學問)과 항문(肛門)의 공통점
학문/항문에 힘쓴다.
학문/항문을 넓힌다.
학문/항문을 닦는다.

(6) 수능시험 때 수험생에게
(시험에 붙으라고) 엿을 준다.
(시험에 붙으라고) 찰떡을 준다.
(시험 잘 보라고) 거울을 준다.
(시험 잘 보라고) 안경을 준다.
(정답 잘 찍으라고) 도끼를 준다.
(문제 잘 풀라고) 휴지를 준다.

(7) • '檢 위기' 돌파 위해 '劍' 뽑은 듯
(〈한국일보〉 기사 제목, 2002. 2. 18.)

• '난타'로 세계 난타 (〈동아일보〉 기사 제목 2002. 4. 1.)
• 거품 빠진 韓流 걱정되는 寒流
(〈조선일보〉 기사제목 2006. 3. 23.)
• 독불장군 獨·佛, EU서 '왕따'
(〈조선일보〉 기사제목 2003. 9. 15.)
• 外交部는 倭嬌部
(외교부 경찰청장 독도순시 만류 〈조선일보〉 2005. 2. 2.)
• 동강(東江)을 동강내는 댐 공사 (신문 기사 표제, 99.)
• 말(馬)처럼 뛰는 말(言) (최수철의 단편소설 이름)
• 목청껏 기적(汽笛)을 울리면 기적(奇蹟)이 일어날 것이다. (〈나를 경영하는 지혜〉 송미옥(2003:88))
• 봄(Spring) 봄(Seeing) 지상 전시 공연
(〈교수신문〉 표제, 1997. 3. 3.)
• 先進化보다 '善進'化를 (〈조선일보〉 '시론' 제목 2005. 3. 9.)
• 新사업은 辛사업 (〈동아일보〉 기사 표제 1997. 9. 22.)
• 신의주 여의주 될까? (〈동아일보〉 기사 제목, 2002. 9. 24.)
• 여당이 NO해도 怒할 수 없는 盧
(〈조선일보〉 기사제목 2006. 5. 2.)
• 오노가 金? Oh, No! (스케이트 국제경기 오판 비판 기사 표제 〈문화일보〉 2002. 2. 22.)
• 우리 영화 榮華가 없다. (〈문화일보〉 1997. 3. 27.)
• 컬럼비아호 폭발 사고는 NASA가 나사 풀린 때문
(〈조선일보〉 2003. 8. 28.)
• 한탄하는 漢灘江 (〈조선일보〉 1998. 3. 25.)

4. 한자의 음과 의미를 이용한 유희

(8) • 1兆가 걸린 대학들의 錢爭(← 戰爭)
(〈조선일보〉 2004. 5. 6.)
• 대도무문(大盜無門 ← 大道無門)
(김영삼 정부의 부패자들에 관한 기사 표제, 1997. 3. 11.)
• 문민정부 死(← 四)년… 더 이상 참을 수 없다.
(○○대학교 학생회의 현수막에, 1997. 3.)
• 위대(胃大 ← 偉大)한 인간 (뚱뚱보, 대식가)
• 盧(← 勞)心焦思 (〈동아일보〉 가사 제목. 2005. 12. 26.)
• 가을엔 미남도 秋(← 醜)男 (신세계 광고문 2002. 8. 23.)
• 용의 휘황한 비상 기 · 세 · 燈 · 燈(← 騰騰)
(〈문화일보〉 기사 제목, 2002. 9. 7.)

(9) • 道時樂 기행 sbs 일요와이드 (sbs, 2002. 5. 12.)
• 多필요없다. 多들어있다.
(Lotte Canon, 디지털 멀티 플레이 광고문, 2003.)
• 多가져라. (그랜드 백화점 그랜드 힐 광고문. 2002. 9. 24.)
• 올해는 雪雪 기지 않겠다.
(스키철 앞둔 신문기사 표제, 〈문화일보〉 1996. 11. 16)
• 사랑海 수협은행(2005. 4.)
• 건강할 水만 있다면? (〈조선일보〉 2005. 3. 10.)
• 李 얼마 만이냐
(이승엽 45일만의 홈럼 기사 제목 〈조선일보〉 2004. 6. 16.)
• 더위를 茶 버리다 (〈조선일보〉 2004. 8. 10.)
• 이럴 수價 (a&a 광고문 2005. 1.)

• 대머리 男의 일이 아닙니다.

(〈조선일보〉 여성탈모 기사 제목 2005. 4. 27.)

• 7주 연속 雨울한 주말…25 · 26일 또 비

(〈한국일보〉 기사 제목, 2002. 10. 23.)

5. 유사음의 유희

(10) • 서방인지 남방인지 걸인 하나 내려왔다. (『춘향전』에서)

• 남이야 서방질을 하든 남방질을 하든.
(『우리말 상소리 사전』에서)

• 세월아 네월하고 허송세월한다.

• 사과를 하든 오과를 하든 난 모르오.

• 오해? 이해든 오해든 사람이 그럴 수 있어?

• 한보와 안보 (1997년 1~2월의 한보철강 부도와 황장엽의 망명 시국)

• 빨래 뼈빠지게 하지 말고, 때 빠지게 해야지요.
(세제 퍼펙트 광고문)

• 잘못을 고치지 않는 것을 일러 잘못이라 한다. 過而不改 是謂過矣 (『논어』)

• 오리(五厘)를 보고 십리(十里)를 간다. (속담)

• 새 정이 옛정만 못하다.

• 내 것이 내 것이고, 네 것이 내 것이다.

• 지하철은 사고철

• '뚱뚱한 아이' 이젠 장군감에서 놀림감
(〈주간동아〉 표제 2002. 4. 18. 330호)

• 관절염! 고질병 아닌 고칠병
(〈동아일보〉 기사 제목 2002. 4. 1.)
• 음모론의 음모(신문 기사 제목)
• 파티 즐기면 신세대 모르면 쉰세대
(〈주간조선〉 2003. 3. 10)

(11) 부자는 돈이 많아 사장하고 다니고
빈자는 돈이 없어 사정하고 다닌다.
부자는 개소주 마시고
빈자는 깡소주 마신다.
부자는 매일 쇠고기 반찬을 먹고
빈자는 매일 쇠고기 라면을 먹는다.
부자는 사우나에 가서 땀 빼고
빈자는 사우디에 가서 땀 뺀다.
부자는 지갑에 회원권을 넣고 다니고
빈자는 지갑에 회수권을 넣고 다닌다.
(인터넷 유머 사이트에서)

6. 의성어의 유희

(12) • 얼레리 꼴레리 (조롱할 때 쓰는 어린이 말)
• 디비디비딥 딥딥딥 (손뼉을 치며 하는 놀이에서 지르는 소리)

7. 조흥구의 유희

(13) • 얄리얄리 얄랑셩 얄라리 얄라 (〈청산별곡〉의 후렴)

- 위 위(偉偉) 다로러 거지러 다로러 (〈쌍화점〉의 후렴)
- 위 두어렁셩 두어렁셩 다링디리 (〈서경별곡〉의 후렴)
- 위 증즐가 대평성대(大平盛大) (〈가시리〉의 후렴)
- 아리랑 아리랑 아라리요 아리랑 고개로 넘어간다.(〈아리랑〉의 후렴)

9.9 대립어 말놀이

1. 대구

(1) • 가스 밸브를 잠그는 일은 당신의 행복을 여는 길입니다. (가스공사 광고문)

- 일초 방심 평생 후회 (어느 공사장의 표어)
- 마음을 하나로, 대구를 세계로. (대구시 표어 2004)
- 재난은 예방으로 안전은 실천으로 (소방방재청 2004. 12.)
- 출근할 때 통화 말고 퇴근할 때 음주 말자 (양평군 표어 2003)
- 지능화한 범죄 과학화한 수사 (2004)
- 설마하면 큰일날 불 안심하면 안전한 불 (수협구리공판장 2005. 1.)
- 그린벨트인가, 개발벨트인가 (〈한겨레신문〉기사 제목, 2002. 9. 16.)
- 살핀 만큼 안전하고, 잊은 만큼 위험한 불 (대한생명 광고문 2002.)

• 젊어서는 국토방위, 늙어서는 향토방위
(2001. 홍천군에서)

• '한나라당'인가 '各나라당'인가
(〈조선일보〉 기사 제목, 2003. 3. 31.)

2. 한시에서

僧 朝登立石雲生足 조등입석운생족
笠 暮飮黃泉月掛脣 모음황천월괘순
아침에 입석봉에 오르니 구름이 발아래서 생겨나고,
저녁에 황천담의 물을 마시니 달이 입술에 걸리도다.

僧 絶壁雖危花笑立 절벽수위화소립
笠 陽春最好鳥啼歸 양춘최호조제귀
깎아지른 절벽에도 꽃은 웃으며 서 있고,
더없이 좋은 봄날에도 새는 울며 돌아가오.

僧 影浸綠水衣無濕 영침록수의무습
笠 夢踏靑山脚不苦 몽답청산각불고
그림자가 푸른 물에 잠겼건만 옷은 젖지 않고,
꿈에 푸른 산을 올랐건만 다리는 아프지 않네.

僧 靑山買得雲空得 청산매득운공득
笠 白水臨來魚自來 백수임래어자래
청산을 사고 보니 구름은 절로 얻어지고,
맑은 물가에 오니 물고기가 절로 따라오오.

僧　月白雪白天地白　월백설백천지백
笠　山深夜深客愁深　산심야심객수심
　　달이 희고 눈이 희고 하늘과 땅이 희니,
　　산이 깊고 밤이 깊어 나그네 시름도 깊도다.
(김삿갓의 「詩會(시회)」 일부)

9.10 한시 말놀이

한시(漢詩) 유희는 김삿갓의 시가 대표적이다.

(1) 二十樹下三十客　이십수하삼십객
　　스무나무 아래의 서러운 나그네에게
　　四十村中五十食　사십촌중옷비식
　　망할 놈의 마을에서 쉰밥을 주는구나
　　人間豈有七十事　인간기유칠십사
　　사람에게 어찌 이런 일이 있는가
　　不如歸家三十食　불여귀가삼십식
　　집에 돌아가 설은 밥 먹느니만 못하도다.
(김삿갓의 「二十樹下(이십수하)」)

(1)은 함경도 어느 고을의 부잣집에서 냉대를 받고서 나그네의 배고픈 설움을 한문 수자 새김을 이용하여 표현하였다.

(2) 書堂乃早知　서당내조지　서당을 일찍부터 알고 와보니
　　房中皆尊物　방중개존물　방 안에 모두 귀한 분들일세.
　　生徒諸未十　생도제미십　생도는 모두 열 명도 못 되고

先生來不謁　선생내불알　　선생은 와서 뵙지도 않네.

(김삿갓의 「辱說某書堂(욕설모서당)」)

(2)는 어느 서당에 찾아가 하룻밤 재워주기를 청하나 훈장은 나그네를 미친 개 취급하며 내쫓으니 한시 독음(讀音)으로 이를 호되게 욕하고 있다.

(3) 臨門老尨吠孔孔　임문노방폐공공
문 앞에서 늙은 삽살개가 콩콩 짖으니
知是主人姓曰孔　지시주인성왈공
주인의 성이 공가인 줄 알겠네.
黃昏逐客緣何事　황혼축객연하사
황혼에 나그네를 쫓으니 무슨 까닭인가
恐失夫人脚下孔　공실부인각하공
아마도 부인의 아랫구멍을 잃을까 두려운게지.

(김삿갓의 「辱孔氏家(욕공씨가)」)

(3)은 공시네 집에서 하룻밤 묵어가게 해 달라는 청을 냉정히 거절하니 '구멍 공(孔)'자를 세 가지 뜻으로 써서 조롱하고 있다.

9.11 성어 파괴 말놀이

1. 기존의 성어(成語)나 낱말을 변형한 경우

(1) • 鐵(竹)馬故友 (인천 지하철 광고문)
• 同苦同落(樂) (MBC TV 프로그램 이름)

• 超强(糟糠)之妻 (〈조선일보〉 기사 표제 2001.)
• 唯我獨zone(存) (canon 카메라 광고문)
• 용비어천家(歌) (오피스텔 이름)
• 盧(勞)心焦思 (〈동아일보〉 기사 표제 2005. 12. 26.)

(2) 樂童(← 惡童)클럽 (MBC TV 프로그램 이름)
• 떠오른 女星(←女性) (〈조선일보〉 2001 첫 여성 장성(將星) 진급 관련 기사 표제)
• 암행어사 졸도(卒倒 ← 출또(← 出頭)야 (MBC 마당놀이 이름)
• 디知털 별이 반짝입니다. (숙명여대 광고문)

2. 전후 문맥에 맞춰 모순 어휘를 쓴 경우

(3) • 韓-藥 분쟁 百藥이 무효 (〈문화일보〉 기사 표제 1996.)
• 名藥이 없는 韓醫大 사태 (〈문화일보〉 기사 표제 1996.)
• 미국 경제? 미궁 경제! (〈조선일보〉 기사 표제 2001.)
• 법무부가 법을 안 지키니 (〈동아일보〉 사설 표제 2001.)
• 월드컵 空洞 위원장? (〈조선일보〉 共同 위원장의 허구를 암시하는 기사 표제 2001.)
• 오감도-李箱의 理想과 異常 (극단 '오늘'이 공연한 연극 이름)
• 총풍(銃風)은 결국 허풍(虛風)이었나? (〈주간조선〉 기사 표제 2001. 4. 26.)
• 세계는 넓고 숨을 곳은 많다. 『세계는 넓고 할 일은 많다』의 저자 김우중 대우그룹 회장의 잠적에 대한 조롱 (2001. 2.)

• 공정위는 공정한가
(〈동아일보〉 '기자의 눈' 표제 2001. 4. 14.)
• 한반도 평화통일의 걸림돌과 디딤돌
(〈한겨레신문〉 2001. 4.)
• '쌀맛 나는 세상' (쌀 유통업체 이름 2000.)
← cf. '살 맛 나는 세상'

9.12 파자와 조자의 말놀이

파자(破字)와 조자(造字)의 말놀이는 일찍이 한자 학습 과정에서 널리 행해지던 놀이다. 지금은 한자뿐만이 아니라 여러 문자에 두루 적용된다.

1. 받침 없이 노래 부르기,

(1) 사토끼 토끼야 어디로 가느냐

2. 다른 받침 붙여 노래 부르기

(2) 상통낑 통낑양 엉딩롱 강능냥

3. 노래 가사 알아맞히기

(3) ㄴㄴㄴㄴ ㄱㅌㅇ ㅇㅁㅇㄹ ㄱㅌㅇ
ㄴㄴ나ㄴ ㄱㅌ야 여ㅁㅇㄹ 가ㅌㅇ
나느나느 가테야 여모으로 가테야
(KBS TV 〈가족 오락관〉에서 1998.)

4. 한자어의 약어

(4) (농)작물(農作物), (동)갑계(同甲契), (모)범생(模範生)
중(대)시(重大視), 여(배)우(女俳優), 영(문)자(英文字)
주심(판)(主審判), 중고(품)(中古品), 초보(자)(初步者)
사(용자)(使用者), 노(동자)(勞動者), 월(요일)(月曜日)

5. 한자, 한문의 파자

(5) 東野有田에 邊土落이요 → 十
西林在鳩에 先鳥飛라. → 九

(6) 仙是山人佛弗人
신선은 산에 사는 사람이고 부처는 사람이 아니며,
(仙 → 山人, 佛 → 弗(=不)人)
鴻惟江鳥鷄奚鳥
기러기는 강에 사는 새이고 닭은 어찌 새인가(새가 아니다).
(鴻 → 江鳥, 鷄 → 奚鳥)
氷消一點還爲水
얼음이 한 점 잃으니 도로 물이 되고
(氷 → 丶水)
兩木相對便成林
두 나무가 서로 대하니 숲을 이룬다.
(木木 → 林)
(김삿갓의 시)

6. 한자의 조자

(7) 兩木相對便成林

두 나무가 서로 대하니 숲을 이룬다.

(木木 → 林)

(8) • 車자 아래 人 → 차에 치어죽을 꽥

• 男+女+男 → 삼각관계 녀

• 井자 가운데 점 주(丶) → 퐁당 퐁

7. 대칭배열

(9) • 가장 한심한 장가

• 다 같은 말은 같다

• 다 이심전심이다

• 다 좋은 것은 좋다

• 다시 합창 합시다

• 생선 사가는 가사선생

• 소주 만 병만 주소

• 지방상인 정부미 부정인상 방지

• 짐 사이에 이사짐

9.13 숫자와 전화번호의 말놀이

숫자의 배열이나 숫자 읽는 소리를 이용한 말놀이가 있다.

1. 숫자배열을 이용한 말놀이

(1) 크리스마스 이브에 기다리던 눈이 왔습니다.
스피드 011이 기쁜 마음으로 110분께
'축Car' 드립니다! (SK Telecom 광고문)

2. 숫자 읽는 소리를 이용한 말놀이

(2) • 101001210 잊지 말라 잊지 말라 영원히 잊지 말라 (이찌마루(いち(一)まる(圓)) 이찌마루(いち(一)まる(圓)) 영(零)원(one)이(二) 이찌마루(いち(一)まる(圓)))
• 1212사태 해결을 바라는 글
12.12 사태가 더 이상 시비(12)시비(12) 되지 않도록 일이(12) 하나둘 (12) 한이(12) 없게 일리(12) 있게 되길 빕니다.
• 그럼 20,000 (그럼 이만)

3. 전화번호 읽는 소리를 이용한 말놀이

(3) 5151 oil oil, 주유소
8277 빨리칠칠, 페인트 가게
6645 肉肉사오, 정육점
1504 한 번 오십사, 유흥업소
5288 고기 팔팔, 생성가게
2424 이사이사, 이사 업소
4989 사고 팔고, 고물상

9.14 억양이나 리듬의 말놀이

그 예가 흔하지는 않으나 억양을 이용한 말놀이도 있다.

1. 고저나 장단이 들어가야 말맛이 나는 표현

(1) • 얼레리LHL 꼴레리LHL:

• 삿치기HLL 삿치기HLL 삿밥바HLL

2. 돌아가면서 어느 음절을 높이는 말놀이

(2) • 모나리자H:LLL 모나리자LH:LL 모나리자LLH:L 모나리자LLLH:

• 히말라야H:LLL 히말라야LH:LL 히말라야LLH:L 히말라야LLLH:

• 코카콜라H:LLL 코카콜라LH:LL 코카콜라LLH:L 코카콜라LLLH:

9.15 의미의 말놀이

1. 아이러니

(1) • 오리 물에 빠져 죽다

(〈일간스포츠〉 연재소설 이름, 전호영 작 1997. 5.)

• 케이블 없는 케이블 TV 내년에 등장

(〈동아일보〉 표제 1997. 5. 10.)

2. 의미 전용(轉用)

(2) • 관심 꺼.

• 걱정 편히 쉬어.

3. 의미 대립

(3) • '산토끼'의 반대말

집토끼, 들토끼, 죽은 토끼, 판 토끼, 알카리 토끼, 끼토산

4. 억지 풀이

(5) • 영감 → 감은 감인데 못 먹는 감 (수수께끼)

• 안교수 → 교수가 아닌 사람. 교수가 될 수 없는 사람.

• 노교수 → 노(老)교수, NO 교수. 교수가 아닌 사람.

• 조교수 → 부교수로 승진 못해 언제나 조교수.

• 헌법 → 새로 고쳐도 새로운 법이 될 수 없는 법.

• 우리 대학은 남산타워다. 왜? 모두 쳐다보니까.

우리 대학은 중앙선이다. 왜? 함부로 넘보지 못하니까.

5. 방언 말놀이

• 국수와 국시의 다른 점은?

→ 봉지에 담아 주는 것은 국수, 봉다리에 담아 주는 것은 국시.

→ 국수는 밀가루로 빼고 국시는 밀가리로 뺀다.

• '할머니 오셨습니까.'를 세 글자로 줄이면? → 할맹교.

9.16 의미를 굴절시키는 말놀이

의미를 굴절시켜 만든 말놀이가 있다.

1. 대립적 내용을 굴절시킨 말놀이

(1) 내가 받으면 떡값, 남이 받으면 뇌물.
내가 하면 연애, 남이 하면 불륜.

2. 주로 부정적인 내용을 풍자하여 이름을 굴절시킨 말놀이

(2) • 문화재 방치국
→ 문화재 관리국의 문화재 관리 소홀을 풍자.
• 문화파괴부 → 문화공보부의 문화재 파괴 방치를 풍자.
• 비리청 → 병무청에 비리가 많음을 풍자.
• 저속도로
→ 고속도로에서 고속으로 질주하지 못함을 풍자.
• 지옥철, 고생철
→ 초만원 지하철, 이용 불편이 많은 지하철을 풍자.
• 청옥대 → 대통령 측근들이 줄줄이 감옥에 감을 풍자.

9.17 엉터리 외국어 말놀이

1. 우리말 어순으로 배열한 영어

(1) • 헬로야 쓰리 텐 달러가 왓트 송이냐.
→ 여보, 30달러가 무슨 소리냐.

• 파이브 이야즈 리브가 디스 이즈냐.

→ 5년 동거생활이 이것뿐이냐

• 유 다이 아이 다이 세임 다이다.

→ 너 죽고 나 죽고 같이 죽자.

(1)은 미군과 5년 동거하였는데 30달러를 주면서 헤어지자는 미군을 향해 악을 쓰는 동거녀의 말이라 하였던 60년대 초반의 우스개다.

(2) • 투맨 쩝쩝 원 맨 꼴까닥 아이 돈 노우

→ 두 사람 먹다가 한 사람 죽어도 모른다.

• 바늘 슬쩍맨 비컴 음매 슬쩍맨

→ 바늘 도둑이 소 도둑 된다.

• 스쿨 도그 쓰리 이어 풍월 싱

→ 서당개 삼년이면 풍월을 읊는다.

2. 우리말 음과 유사한 외국어

(3) • 그랜드케년 → 그런들 개년

• 디즈니 랜드 → 디질 년들

• 버지니아 → 보지니아

9.18 페르디 말놀이

1980~90년대는 대학생들이 만들어낸 개사곡이 매우 유행했었다. 그 중 많은 내용은 페르디 유희다.

‣ 한산섬 달밝은 밤에 고구마 밭에 홀로 앉아
큰 고구마 옆에 놓고 작은 고구마 깎아 먹을 제
어디서 이놈아 하는 소리 남의 애를 끊나니.

‣ 늬들이 게맛을 알어?
(롯데리아 패스트푸드점 햄버그 광고문)

이후 '니들이 ~을 알어'란 패러디가 많았다.

9.19 패담성 말놀이

성(性)이 전과는 눈에 띄게 다르게 개방되면서 음담패설도 흔하게 접하게 되고 그 음담패설에는 직설적 표현은 거의 없고 대부분이 유희적 표현을 쓰고 있다.

(1) 자료 생략

〈참고〉 퍼즐 puzzle 중 널리 알려져 유행하는 것에는 다음과 같은 종류가 있다. (『學園大百科事典』 학원사 간, 참조)

(1) 크로스워드 퍼즐 crossword puzzle 가로세로 교차하는 낱말 찾기 놀이.
(2) 보난자그램 bonanzagram 빈 칸에 알맞은 낱말 찾아 넣기 놀이.
(3) 애너그램 anagram 어구(語句) 속의 한 낱말을 바꿔 다른 의미로 바꾸는 놀이.
(4) 수학(數學) 퍼즐 수학적 요소로 풀어보는 놀이.

애너그램과 수학 퍼즐의 보기 몇을 들어보면 다음과 같다.

애너그램 anagram

어구(語句) 속에 있는 글자의 위치를 뒤바꿔 놓음으로써 같은 말이나 다른 말을 만드는 놀이로 다음과 같은 세 가지로 나뉜다.

① 애너님 ananym : 어구의 철자를 거꾸로 읽어 다른 듯이 되게 하는 놀이

live(살다) ↔ evil(악마)
god(신) ↔ dog(개)

② 팰린드롬 palindrome : 앞뒤 어느 쪽에서 읽어도 같은 의미가 되게 배열한 놀이

Madam, I'm Adam

③ 복잡한 애너그램 : 어구 안의 글자를 이리저리 뒤바꿔 놓음으로써 다른 말이 되게 하는 놀이

priest(사제) ↔ stripe(줄무늬) ↔ sprite(요정)
↔ ripest(가장 잘 익은) ↔ esprit(기지)

수학(數學) 퍼즐

수학적인 측면이 있는 퍼즐로 그 종류도 다양한데 계산적인 퍼즐 몇을 들면 다음과 같다.

• 123456789×9 = 1111111101
123456789×8 = 987654312

1×9+2 = 11

$12 \times 9+3 = 111$

$123 \times 9+4 = 1111$

$1234 \times 9+5 = 11111$

$12345 \times 9+6 = 111111$

$123456 \times 9+7 = 1111111$

$1234567 \times 9+8 = 11111111$

$12345678 \times 9+9 = 111111111$

$1^2 = 1$

$11^2 = 121$

$111^2 = 12321$

$1111^2 = 1234321$

$11111^2 = 123454321$

$111111^2 = 12345654321$

$1111111^2 = 1234567654321$

$11111111^2 = 123456787654321$

$111111111^2 = 12345678987654321$

〈 참고문헌 · 자료 〉

서정범(1985)『학원별곡』, 범조사.

(1988)『이바구별곡』, 범조사.

(1991)『허허별곡』, 범조사.

(1991)『너스레별곡』, 범조사.

(1995)『철렁별곡』, 한나라.

(1996)『어원별곡』, 범조사.

(1996)『억억별곡』, 한나라.

(1998)『거덜별곡』, 한나라.

국립국어연구원(1994)『현대 국어 약어 목록』, 국립국어연구원.

김성재(1973)『한국수수께끼 사전』, 집문당.

김완진 외 지음(1996)『문학과 언어의 만남』, 신구문화사.

김원길(2002)『안동의 해학』, 현암사.

김종진(1991)『유우머 드라마』, 은광사.

류수열(2000)「판소리 사설의 언어유희와 그 구연적 성격」,『국어교육』102호, 한국국어교육연구회.

박베드로(1989)『대학인들의 해학의 강』, 도서출판 한실.

서정태(1994)『신세대 사전 가가 가가가』, 일선출판사.

신영복(1996)『나무야 나무야』, 돌베게 출판사.

이영호, 홍서여(1994)『덩달이 시리즈,1,2』, 도서출판 서지원.

이정웅(1992)『웃음』, 문학아카데미.

정태룡(1994)『우리말 상소리 사전 (Ⅰ),(Ⅱ)』, 프리미엄 북스.

黃芝雨(1983)『새들도 세상을 뜨는구나』문학과 지성사.

참 고 문 헌

사전

국립국어연구원(2001)『표준국어대사전』, 두산동아.

김달호(1989)『바른말백과』, 慶雲出版社.

김민수 외(1993)『금성판 국어대사전』, 금성출판사.

김민수 편(1997)『우리말 語源硏究』, 태학사.

김영수(1995)『만물유래사전』, 프레스빌.

南廣祐(1982)『改訂 古語辭典』, 一潮閣.

박갑천(1995)『재미있는 어원 이야기』, 을유문화사.

박일환(1994)『우리말 유래 사전』, 우리교육.

사회과학원 언어학연구소(1992)『조선말대사전』, (평양)사회과학출판사.

서정태(1994)『신세대 사전 가가 가가가』, 일선출판사.

안옥규(1996)『어원사전』, 한국문화사.

劉昌惇(1974)『李朝語辭典』, 延世大 出版部.

李基文(1993)『改訂版 俗談辭典』, 一潮閣.

李弘稙(1799)『國史大事典』, 大榮出版社.
정태륭(1997)『한국의 욕설 백과』, 한국문원.
조오형 외(2002)『컴퓨터 통신언어 사전』, 亦樂.
편집자(1992)『조선말대사전』, (평양)사회과학출판사.
한글학회(1992)『우리말 큰사전』, 어문각.
『우리말 상소리 사전 (Ⅰ),(Ⅱ)』, 프리미엄 북스.
네이버 사전 http://dic.naver.com/

논저

姜信沆(1979)『無形의 證人』, 正和出版文化社.
姜信沆(1991)『현대국어 어휘사용의 양상』, 太學社.
국립국어연구원(1994)『신어의 조사연구』, 국립국어연구원.
국립국어연구원(1994)『현대 국어 약어 목록』, 국립국어연구원.
국립국어연구원(1996)『신어의 조사연구(현대시의 신어 연구)』, 국립국어연구원.
국립국어원(2007)『사전에 없는 말 신조어』, 태학사.
권오운(2002)『우리말 지르잡기』, 문학수첩.
金萬熙(1984) 韓國의 文字(孝悌)圖, 尙美社.
金萬熙(1988/92) 韓國의 壽福圖, 尙美社.
金完鎭 외(1996)『문학과 언어의 만남』, 신구문화사.
金完鎭(1987)「어학적 관점에서 본 고전시가의 운율」, 『국어국문학』 97, 국어국문 학회.
金完鎭(1996)「韻律論 三章」, 金完鎭 외(1996)에 수록.
金亨奎(1974)『韓國方言硏究』, 서울大出版部.

김계곤(1990) 『우리 말 · 글살이의 바른 길』, 어문각.
김대행 편(1984) 『운율』, 문학과 지성사.
김대행(1976) 『한국시가구조연구』, 삼영사.
김방한(1990) 『語源論』, 민음사.
김성원(1988) 『석가명언집』, 명문당.
김성원(1990) 『동양명언집』, 明文堂.
김성재(1973) 『한국수수께끼 사전』, 집문당.
김슬옹(1999) 『말을 번지르르하게 하는 저놈을 매우 쳐라』, 다른 우리.
김열규(1997) 『욕-그 카타르시스의 미학』, 사계절.
김원길(2002) 『안동의 해학』, 현암사.
김종진(1991) 『유우머 드라마』, 은광사.
김한샘(2005) 『2005년 신어』 국립국어원.
南星祐(1985/1993) 『國語意味論』, 영언문화사.
류수열(2000) 「판소리 사설의 언어유희와 그 구연적 성격」, 『국어교육』 102호, 한국국어교육연구회.
리의도(1997) 『말을 잘하고 글을 잘 쓰려면 꼭 알아야 할 것들』, 석필.
리의도(1999) 『이야기 한글 맞춤법』, 석필.
박갑수(1979/1980) 『사라진말 살아남는말』, 瑞來軒.
박갑천(1995) 『재미있는 어원 이야기』, 을유문화사.
박베드로(1989) 『대학인들의 해학의 강』, 도서출판 한실.
박숙희(1996) 『우리말 속 일본말』, 한울림.
박용찬(2001) 『2001년 신어』, 국립국어연구원.
박용찬(2002) 『2002년 신어』, 국립국어연구원.

박용찬(2003) 『2003년 신어』, 국립국어연구원.
박용찬(2004) 『2004년 신어』, 국립국어연구원.
박유희 외(2003) 『쓰면서도 헷갈리는 우리말 오류사전』 경당.
박일환(1994) 『우리말 유래 사전』, 우리교육.
박정도(1998) 『한문과 생활』, 박이정.
뿌리깊은나무(1992) 『뿌리깊은나무민중자서전』 20권, 뿌리깊은나무.
서우석(1987) 『詩의 리듬』, 문학과 지성사.
서정범(1985) 『학원별곡』, 범조사.
서정범(1988) 『이바구별곡』, 범조사.
서정범(1991) 『너스레별곡』, 범조사.
서정범(1991) 『허허별곡』, 범조사.
서정범(1995) 『철렁별곡』, 한나라.
서정범(1996) 『어원별곡』, 범조사.
서정범(1996) 『억억별곡』, 한나라.
서정범(1998) 『거덜별곡』, 한나라.
成基玉(1986) 『한국시가 율격의 이론』, 새문사.
송용주(1999) 『현대 국어 색상어의 형태·의미론적 연구』, 동아문화사.
송운하(1990) 『중국의 명언과 지혜』, 백만인출판사.
신기상(1992) 「우리말 辱說 연구」 『국어교육』 79-80. 국어교육연구회.
신기상(2003) 「통신문학작품에 쓴 표정기호에 관한 고찰」, 『한민족문학연구』 13, 한민족문학연구회.
신기상(2005) 『現代國語 漢字語』, 북스힐.

신영복(1996) 『나무야 나무야』, 돌베게 출판사.
심재기(1985) 『한국사람의 말과 글』, 志學社.
우현민(1992) 『四書五經의 名言』, 創造社.
이 탁(1959) 「언어상으로 고찰한 우리 고대 사회상의 편모」, 『한글』 124.
이남덕(1985) 『韓國語 語源 硏究 1-4』, 梨花女子大學校出版部.
이병건(1993) 『확실히와 학실히』, 한줄기.
이선웅·정희창(2002) 『우리말 우리글 묻고 답하기』, 태학사.
이승복(1995) 『우리시의 운율체계와 기능』, 보고사.
이영호, 홍서여(1994) 『덩달이 시리즈,1,2』, 도서출판 서지원.
이정복(2003) 『인터넷 통신언어의 이해』, 월인.
이정웅(1992) 『웃음』, 문학아카데미.
임창호(2005) 『헷갈리는 말 가려서 써야 뜻이 통한다』, 차송.
장소원 외(2002) 「컴퓨터 세상 속의 언어」, 『말의 세상 세상의 말』, 월인.
장진한(2001) 『이젠 국어사전을 버려라』, 행담.
鄭 光(1975) 「韓國詩歌의 韻律硏究試論」, 『應用言語學』 7-2, 서울대학교 語學 硏究所.
鄭炳昱(1954) 「古詩歌 韻律論 序說」, 『崔鉉培先生還甲記念論文集』, 思想界社.
정수현(1997) 『일본어적 표현의 연구』, 박이정.
조동일(1982) 『한국시가의 전통과 율격』, 한길사.
조창환(1986) 『現代韓國詩의 韻律論的 硏究』, 일지사.
조항범(1997) 『다시 쓴 우리말 어원이야기』, 한국문원.
조항범(1994) 『國語 語源硏究 叢說』, 太學社.

최용식(2005)『한국 영어를 고발한다』, 넥서스.
崔昌烈(1986/1993)『우리말 語源研究』, 一志社.
편집부(1990)『세계명언』, 보성.
편집부(1992)『세계명언집』, 아카데미.
편집부(1993)『名言大辭典』, 성문사.
한미경(2001)『현대시 율격과 낭송법 연구』, 충남대 석사학위 논문.
홍윤기 엮음(1996)『서양고사 일화』, 서문문고 87, 서문당.
홍재휴(1983)『韓國古詩律格研究』, 太學社.
황성빈(1996)『씨불알』, 풀잎문학.
黃芝雨(1983)『새들도 세상을 뜨는구나』문학과 지성사.
황희영(1969)『운율연구』, 형설출판사.

재미있는 우리말 아름다운 우리말

우리말의 쓰임새

2008년 10월 20일 1판 1쇄 인쇄
2008년 10월 25일 1판 1쇄 발행

글쓴이 • 신 기 상
펴낸이 • 조 승 식
펴낸곳 • (주) 도서출판 북스힐
등록 • 제 22-457 호
주소 • 서울시 강북구 라일락길 36
전화 • (02) 994-0071
팩스 • (02) 994-0073
이메일 • bookswin@unitel.co.kr
홈페이지 • www.bookshill.com
ISBN • 978-89-5526-521-7

가격 • 16,000원